Vorwort

Musik verbindet und schafft ein Gefühl von Gemeinschaft! Es wird immer wichtiger, eine gemeinsame Sprache zu sprechen, wenn Kinder aus verschiedensten Kulturen und sozialen Hintergründen zusammen sind.

Kinderlieder Band II ist eine Sammlung von alten und neuen Kinderliedern sowie Songs für den Musikunterricht an allgemeinbildenden Schulen. Durch die Tabulatur unter den Noten ist es möglich, die Melodie auch ohne Notenkenntnisse auf der Gitarre zu spielen. Die Akkorde sind, wie auch in Band 1, durch Zahlen ergänzt, so dass auch Gitarristen, die in der offenen C-Stimmung spielen direkt loslegen können.

Ich wünsche Dir viel Spaß und Freude beim Musizieren. Wenn Du Anregungen oder Verbesserungsvorschläge hast, freuen wir uns über eine Nachricht von Dir über die Homepage www.gitarre-leicht-lernen.de

Daniel Sommer

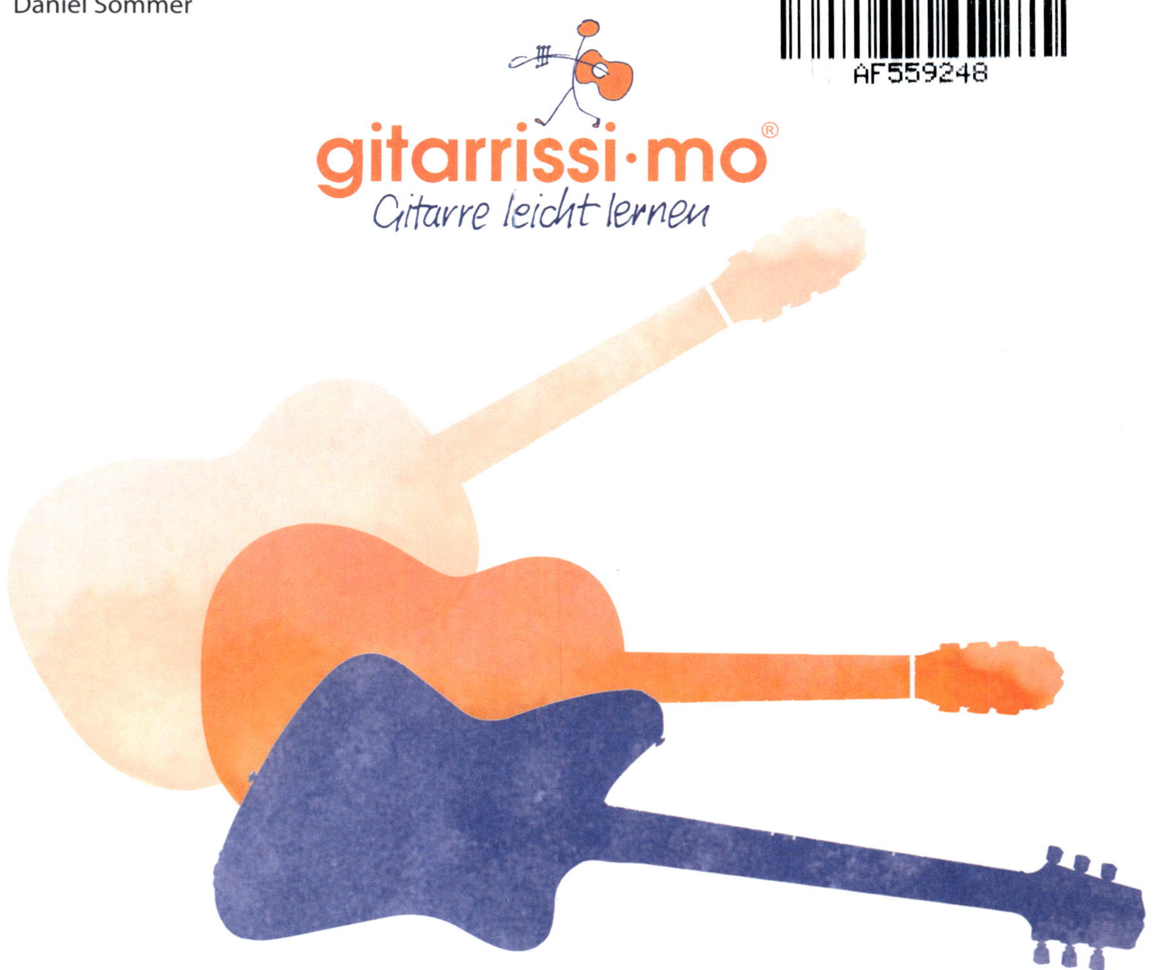

Über gitarrissi·mo®

„Die Musik wieder zu den Kindern bringen!", schrieb die Rheinische Post einmal über das Konzept von gitarrissimo®. Und genau darum geht es dem bundesweiten Netzwerk von Musikpädagogen, welches durch eine Vielzahl von Angeboten für Pädagogen und Kinder in Schule und Kita Konzepte entwickelt hat, durch die auf einfachste Weise und erfolgssicher ein Zugang zur Gitarre geschaffen wird.

Lehrer/-innen an Schulen und Erzieher/-innen in Kitas und OGS können einen entscheidenden Beitrag dazu leisten, dass Kinder gerne gemeinsam singen und musizieren. gitarrissimo® bietet hierzu die Fortbildungen für Pädagogen sowie musikpädagogische Projekte für Kinder ab 3 Jahren an (gitarrissimo®minikids, gitarrissimo®maxikids, gitarrissimo®school).

gitarrissimo® Liederbücher sind für den Musikunterricht an allgemeinbildenden Schulen konzipiert und zusammengestellt. Die Akkorde sind für die Begleitung mit der Gitarre oder der Ukulele aufgeschrieben worden. Durch die Ergänzung der Zahlen (Bünde) neben den Akkordsymbolen lassen sich alle Lieder problemlos mit der C-Gitarre begleiten.

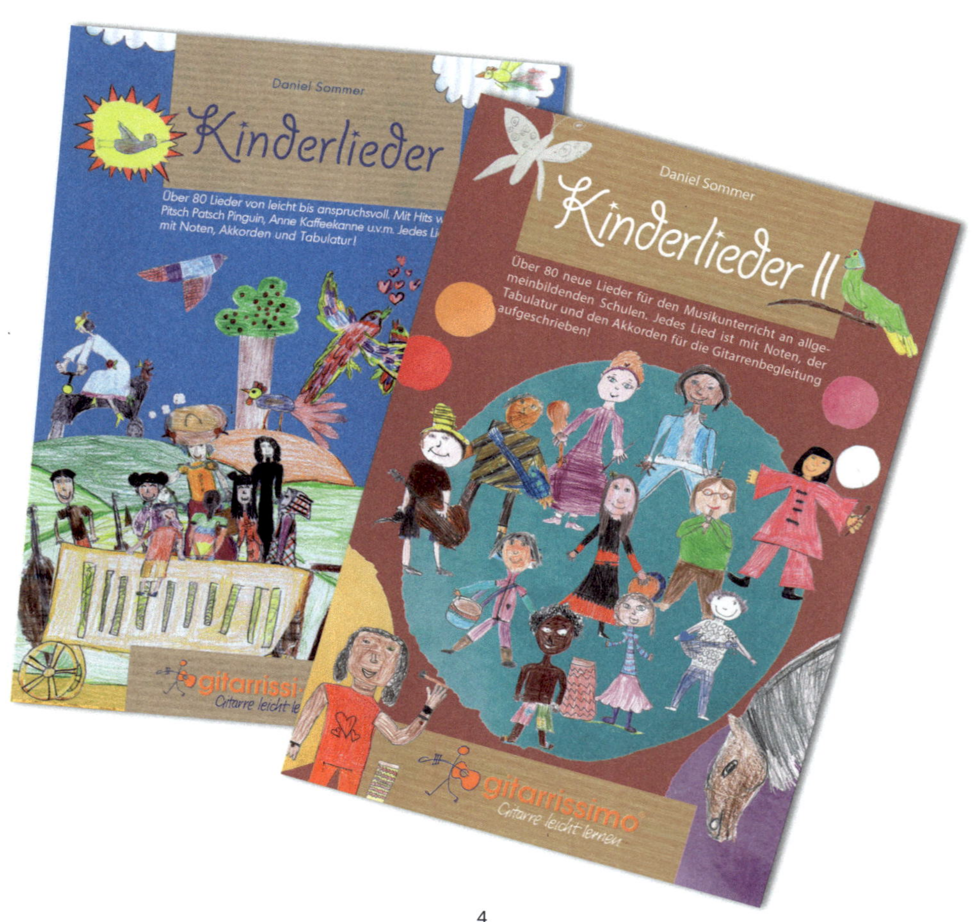

Über den Autor

Daniel Sommer ist Dipl. Sozialpädagoge, Gitarrist, Musikpädagoge, Dozent und Autor. Nach seinem Studium an der Universität-Gesamthochschule Siegen hat er im Jahr 2000 das Netzwerk gitarrissimo® gegründet und leitet seitdem bundesweit musikpädagogische Fortbildungen in Kooperation mit Jugendämtern, Schulen, Kitas und öffentlichen Trägern von sozialen Einrichtungen.

2014 erschien sein Buch „Kinderlieder". 2016 entwickelte er gemeinsam mit dem DRK Landesverband Nordrhein e.V. die zertifizierte Zusatzqualifikation „Die Gitarre im pädagogischen Handlungsfeld" für Lehrer/innen und Erzieher/-innen. 2017 veröffentlicht Daniel Sommer das Buch „Kinderlieder Band II".

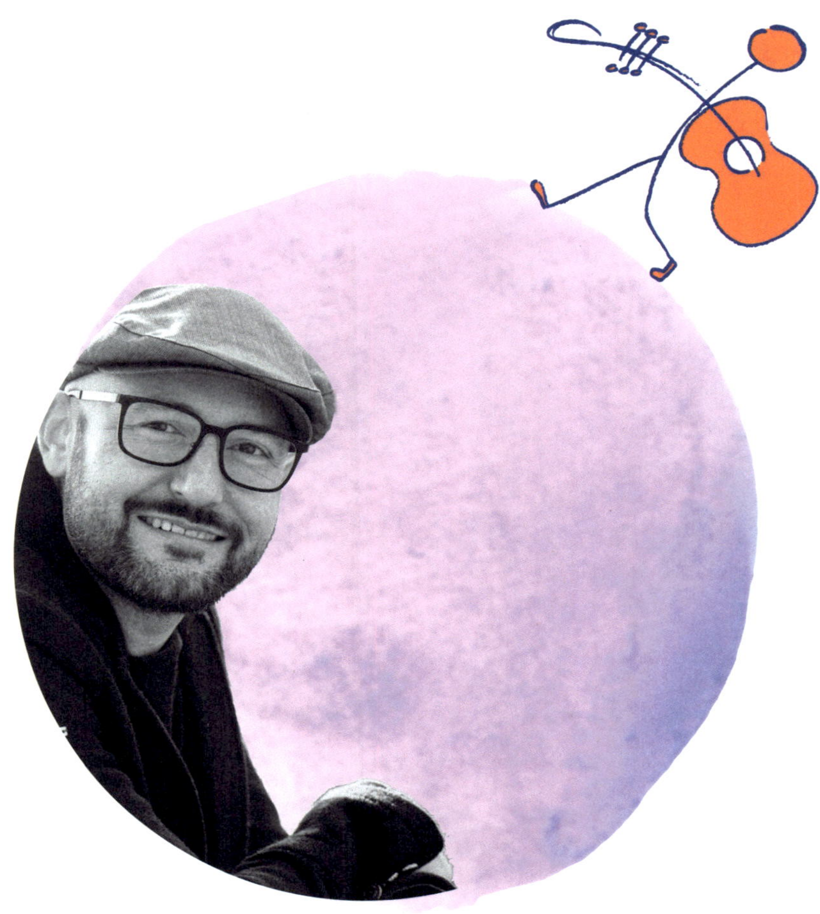

LIEDER AUS ALLER WELT

SONGS FÜR GROSSE KINDER

Die C-Gitarre

Die C-Gitarre ist eine auf den Akkord C (Dur oder Moll) gestimmte Gitarre.

Alternativ zur Standardstimmung E-A-D-G-H-E, bei denen die Griffbilder der verschiedenen Akkorde gelernt werden müssen, bietet es sich für Anfänger an, zunächst in diesem sog. „Open-Tuning" zu spielen. Die Saiten werden für den Akkord C-Dur beispielsweise auf die Töne C-G-C-G-C-E gestimmt, so dass die Gitarre „leer" angeschlagen bereits als C-Dur erklingt.
Lieder mit nur einem einzigen Akkord können also auf Anhieb begleitet werden, ohne dass die linke Hand etwas greifen muss.
Diese Methode wird gerne im musikpädagogischen Kontext genutzt, um mit Kindern ab drei Jahren oder ganzen Gruppen oder Klassen auf der C-Gitarre zu musizieren. Alle anderen Dur-Akkorde lassen sich durch einen Quergriff (Barré) mit dem Zeigefinger im jeweiligen Bund greifen. Da jeder Bund auf der Gitarre ein Halbtonschritt ist, kannst Du die Akkorde einfach abzählen. Im 1. Bund gegriffen, hast Du demnach den Akkord C#-Dur, im 2. Bund D-Dur, im 3. Bund D#-Dur, usw.

Die Halbtonschritte:

C	C#	D	D#	E	F	F#	G	G#	A	A#	H

Die Akkorde für die C-Gitarre:

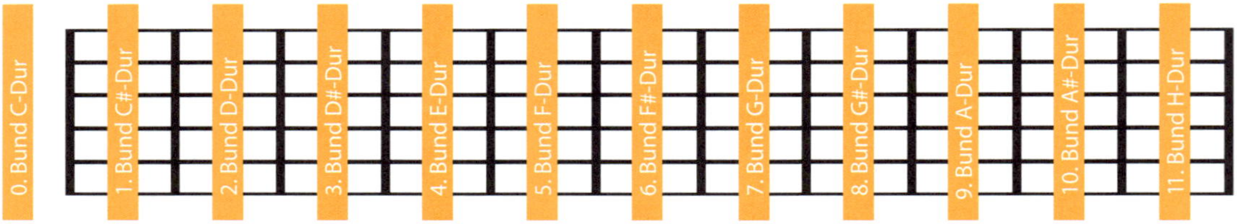

0. Bund C-Dur
1. Bund C#-Dur
2. Bund D-Dur
3. Bund D#-Dur
4. Bund E-Dur
5. Bund F-Dur
6. Bund F#-Dur
7. Bund G-Dur
8. Bund G#-Dur
9. Bund A-Dur
10. Bund A#-Dur
11. Bund H-Dur

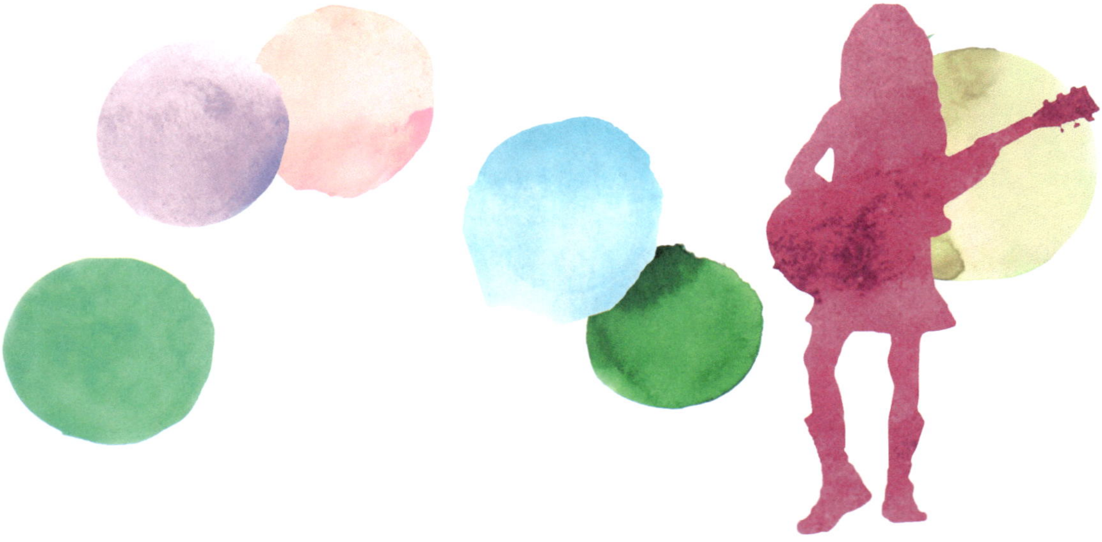

Die offene C-Stimmung:

STIMMUNG DER SAITEN FÜR DIE C-GITARRE:

Offene C-Dur Stimmung

Mit diesem Tuning hast Du Dir einen C-Dur Akkord gestimmt. Dieses Tuning ist die Basisstimmung für die C-Gitarre und eignet sich besonders gut, wenn Du Lieder mit drei Dur Akkorden spielen möchtest.

Die Töne C und G sind die Grundtöne für den Akkord C-Dur. Der Ton E auf der hohen Saite ist die sog. Dur-Terz, durch den der Akkord überhaupt erst zu einem Dur-Akkord wird.

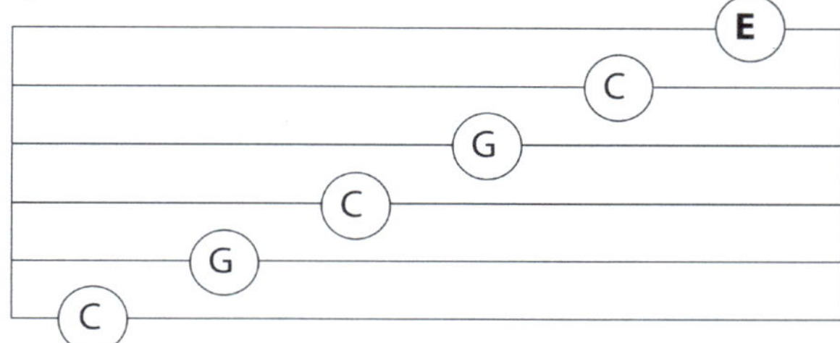

Offene C-Moll Stimmung

In der offenen C-Moll-Stimmung hast Du Dir die Gitarre auf den Akkord C-Moll gestimmt. Die hohe Saite wird auf den Ton D# gestimmt, und ist somit einen Halbton tiefer als in der offenen C-Dur-Stimmung. Nun sind alle Akkorde, die Du mit dem Quergriff greifst, ebenfalls Moll-Akkorde. Diese Stimmung eignet sich, wenn Du Lieder in Moll-Tonarten spielen möchtest. Sollte ein Dur-Akkord in dem Lied vorkommen, so darfst Du die hohe E-Saite (auf D# gestimmt) nicht mit anschlagen.

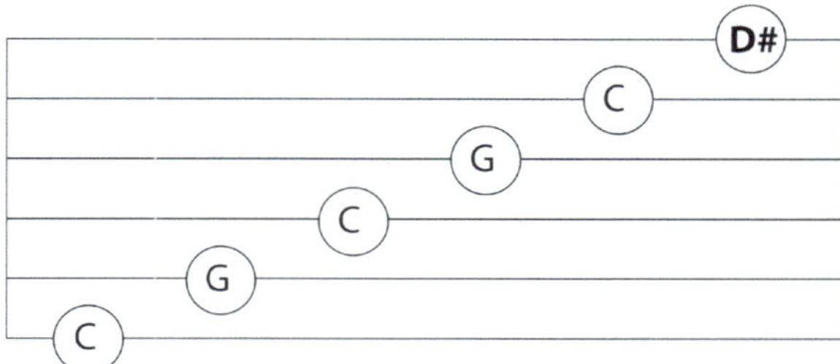

Neutrale C-Stimmung

In dieser Stimmung klingt Deine Gitarre weder nach Dur noch nach Moll. Dadurch, dass Du die hohe Saite ebenfalls auf den Ton C heruntergestimmt hast, klingen lediglich zwei verschiedene Töne gleichzeitig (C & G). Wenn Du Lieder mit vielen Dur- und Mollakkorden auf der C-Gitarre begleiten möchtest, so empfehlen wir dieses Tuning.

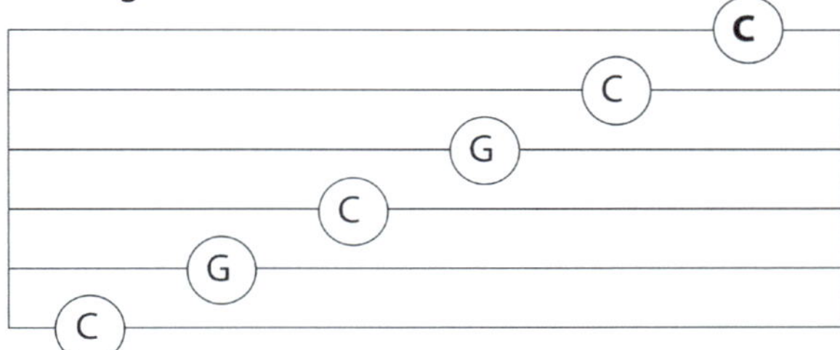

C-Ukulele

Wer mit der Ukulele spielt, kann die Saiten in der Standard-Stimmung für die Ukulele lassen und muss auch hier die normalen Akkorde greifen.

C-G-E-A

Du kannst die Ukulele selbstverständlich auch auf C-Dur stimmen, indem Du hohe Saite von A auf C erhöhst. Für die C-Ukulele nutzt Du dann folgende Stimmung:

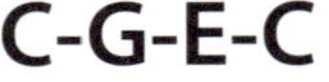

C-G-E-C

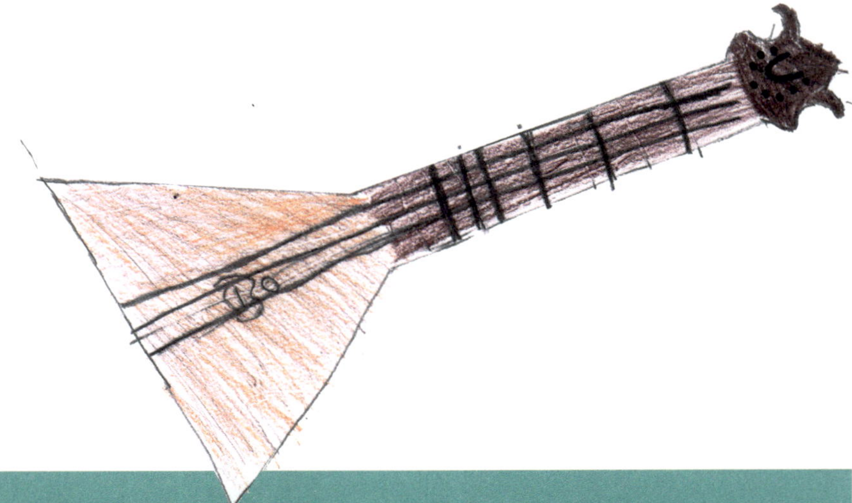

Stimmen der Gitarrensaiten in der Standardstimmung

Standard-Stimmung:
Die meisten Gitarristen spielen in der Standard-Stimmung **E-A-D-G-H-E** und greifen die verschiedenen Akkorde mit der linken Hand.

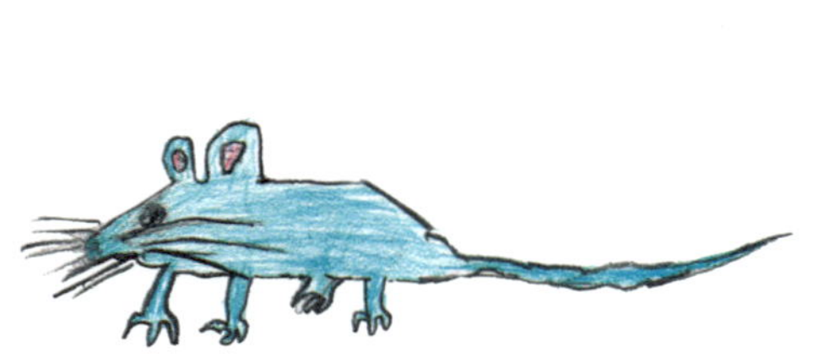

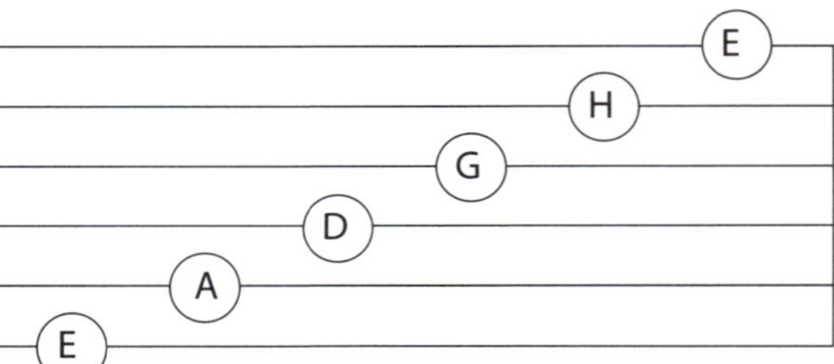

Tonarten/ Transponiertabellen

Mit Hilfe dieser Transponiertabellen findest du alle wichtigen Akkorde, die zu einer Tonart gehören. Wenn Du ein Lied in eine andere Tonart bringen möchtest, musst du die jeweiligen Stufenakkorde ersetzen. Tonika bleibt Tonika, Dominantakkord bleibt Dominantakkord usw.

Beispiel: Das Lied „Ich schenk´dir einen Regenbogen" wird mit den Akkorden D/2, A/9, G/7, Em/4m und Hm/11m gespielt. Es ist in der Tonart D-Dur notiert (Die Tonart erkennst Du übrigens immer am letzten Akkord eines jeden Liedes).
Wenn Du das Lied etwas tiefer singen möchtest, kannst Du es auch in C-Dur spielen und aus D/2 wird C/0, aus A/9 wird G/7, aus G/7 wird F/5, aus Em/4m wird Dm/2m und aus Hm/11m wird Am/9m.

Dur-Tonarten

Tonika	Dominante	Subdominante	Tonikaparallele	Dominantparallele	Subdominantparallele
C/0	G/7	F/5	Am/9m	Em/4m	Dm/2m
D/2	A/9	G/7	Hm/4m	F#m/6m	Em/4m
E/4	H/11	A/9	C#m/1m	G#m/8m	F#m/6m
F/5	C/0	B/10	Dm/2m	Am/9m	Gm/7m
G/7	D/2	C/0	Em/2m	Hm/4m	Am/9m
A/9	E/4	D/2	F#m/6m	C#m/1m	Hm/4m

Moll-Tonarten

Tonika	Dominante*	Subdominante	Tonikaparallele	Dominantparallele	Subdominantparallele
Cm/0m	G/7	Fm/5m	D#/3	B/10	G#/8
Dm/2m	A/9	Gm/7m	F/5	C/0	B/10
Em/4m	H/11	Am/9m	G/7	D/2	C/0
Fm/5m	C/0	Bm/10m	G#/8	D#/3	C#/1
Gm/7m	D/2	Cm/0m	B/10	F/5	D#/3
Am/9m	E/4	Dm/2m	C/0	G/7	F/5

*Dur-Akkord

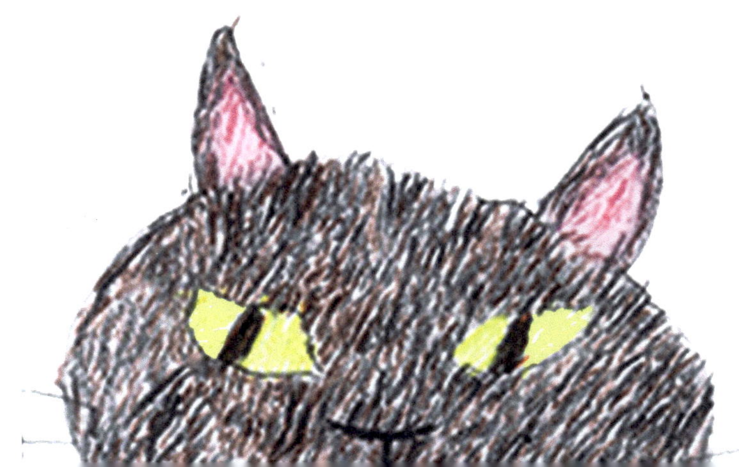

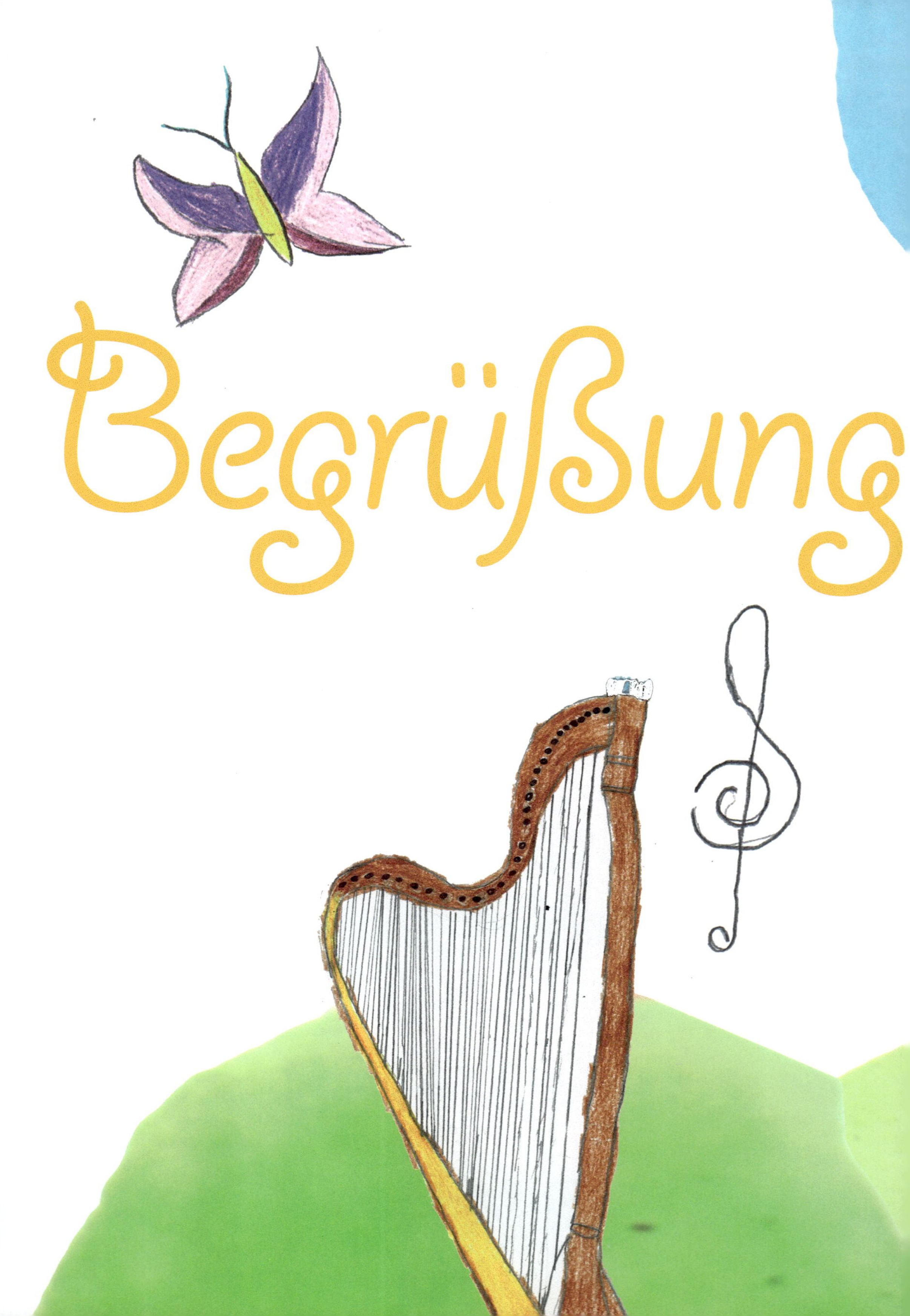
Begrüßung

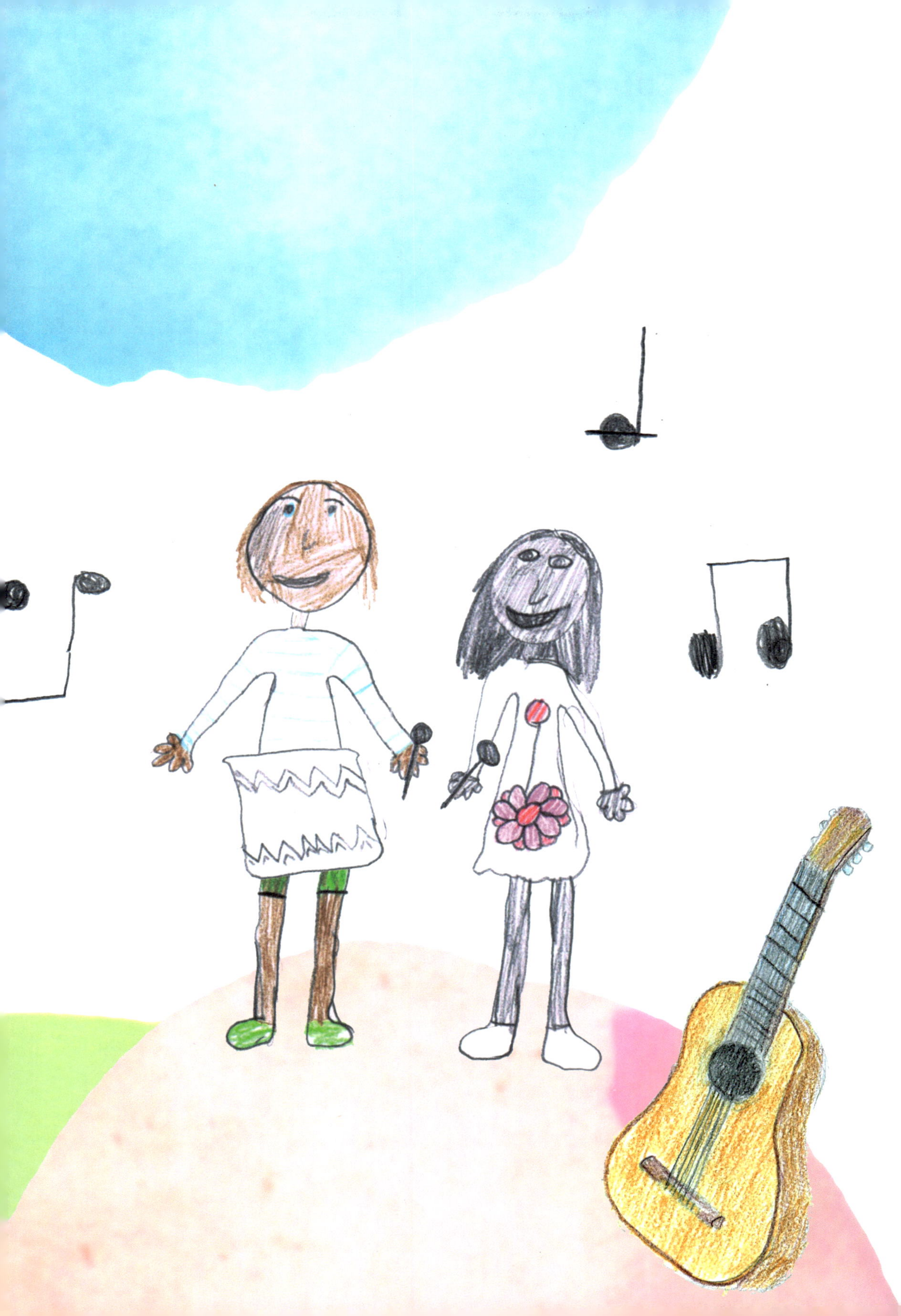

Guten Morgen, alle aufgewacht

D-Dur - Akkorde D G A

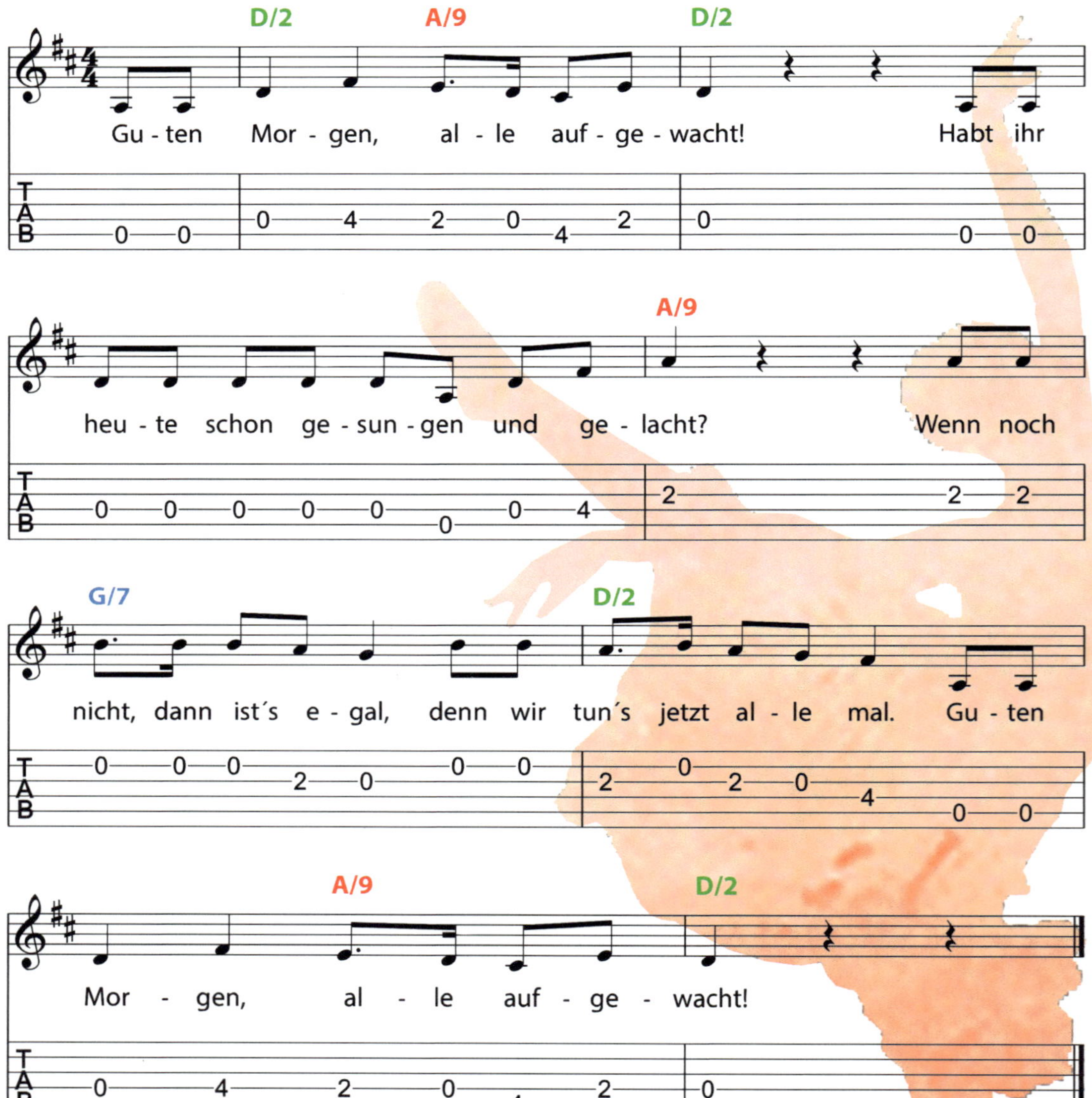

Ich will euch begrüßen

F-Dur - Akkorde FBC

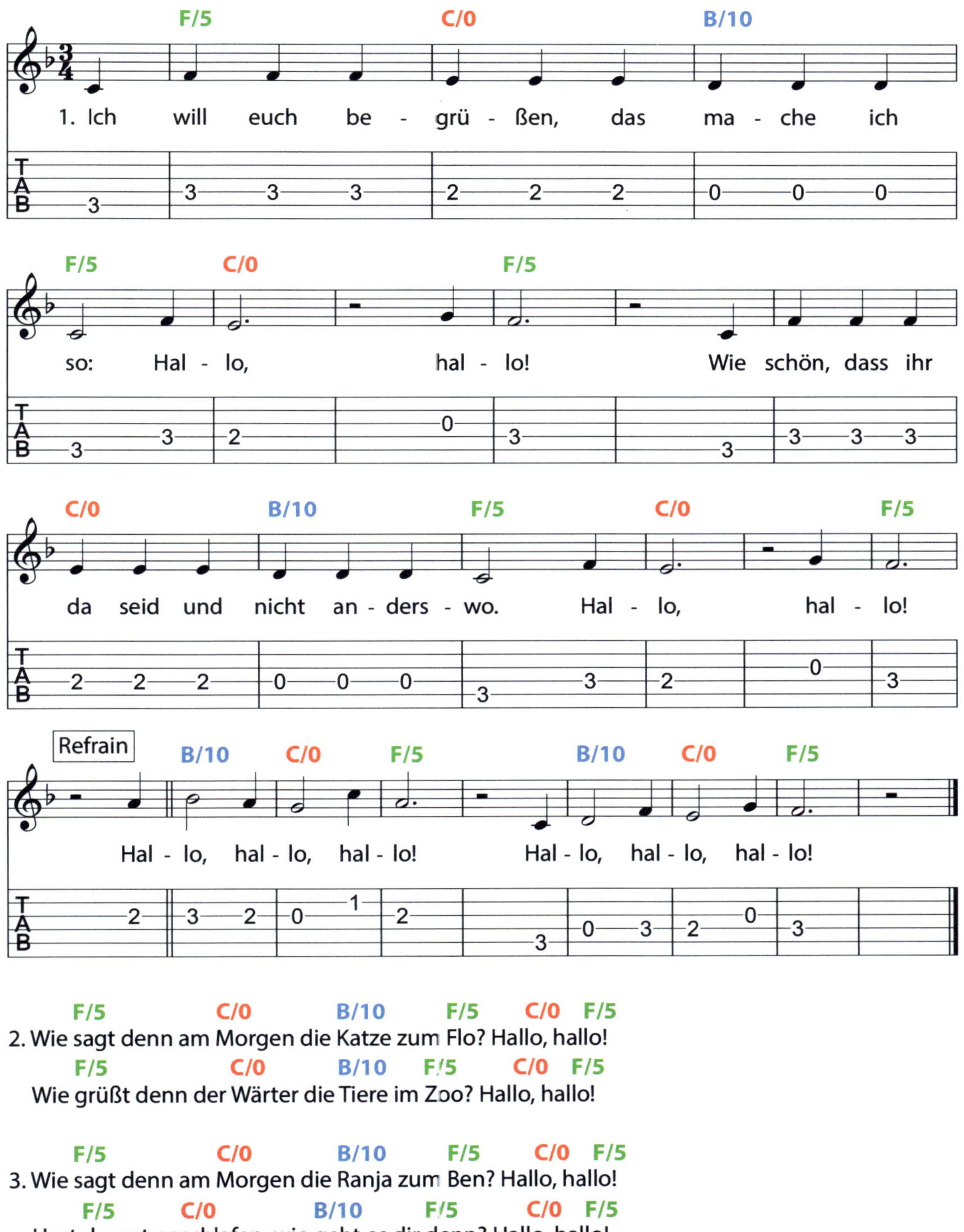

F/5 C/0 B/10 F/5 C/0 F/5
2. Wie sagt denn am Morgen die Katze zum Flo? Hallo, hallo!
F/5 C/0 B/10 F/5 C/0 F/5
Wie grüßt denn der Wärter die Tiere im Zoo? Hallo, hallo!

F/5 C/0 B/10 F/5 C/0 F/5
3. Wie sagt denn am Morgen die Ranja zum Ben? Hallo, hallo!
F/5 C/0 B/10 F/5 C/0 F/5
Hast du gut geschlafen, wie geht es dir denn? Hallo, hallo!

Ich bin da, du bist da

C-Dur - Akkorde C G

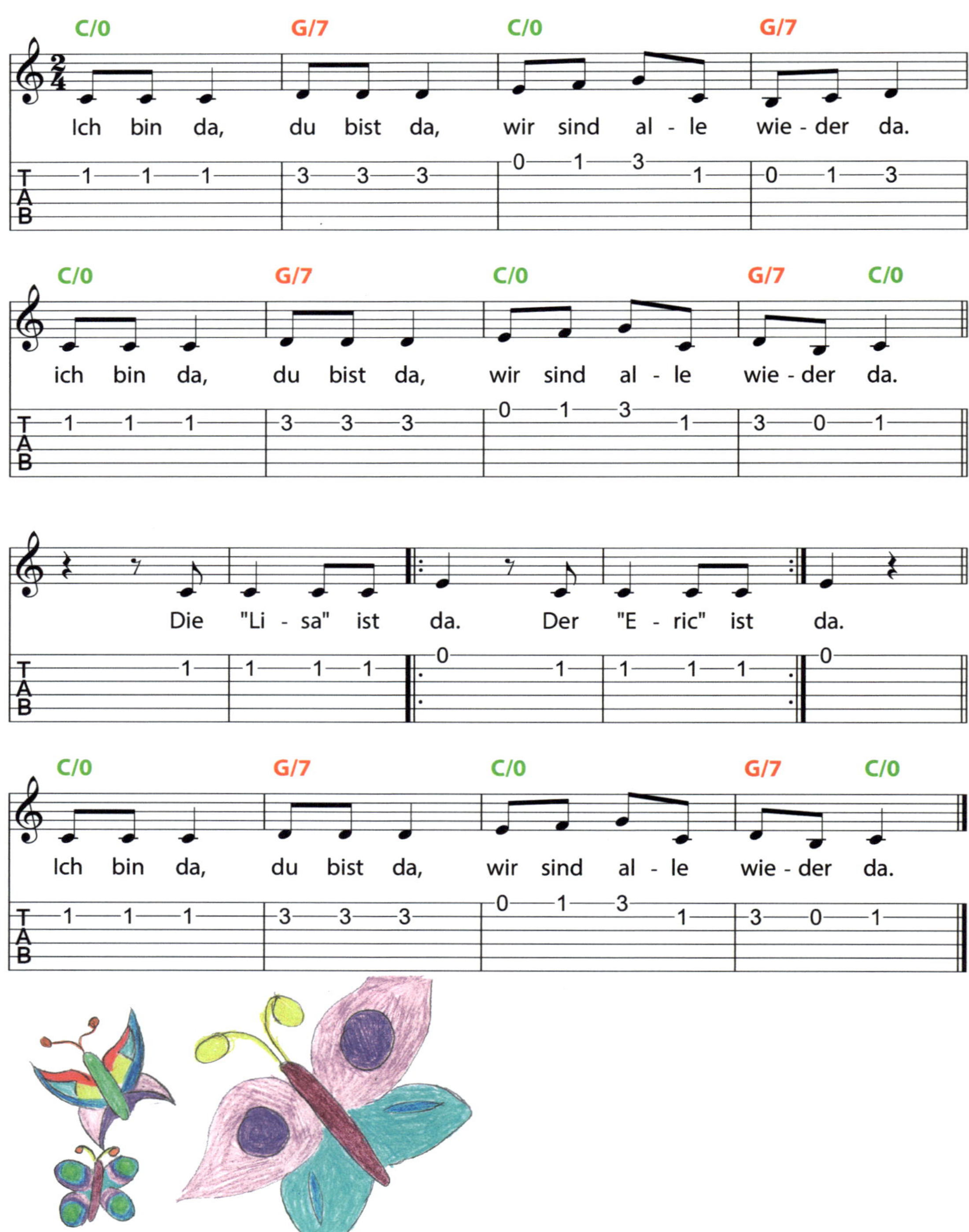

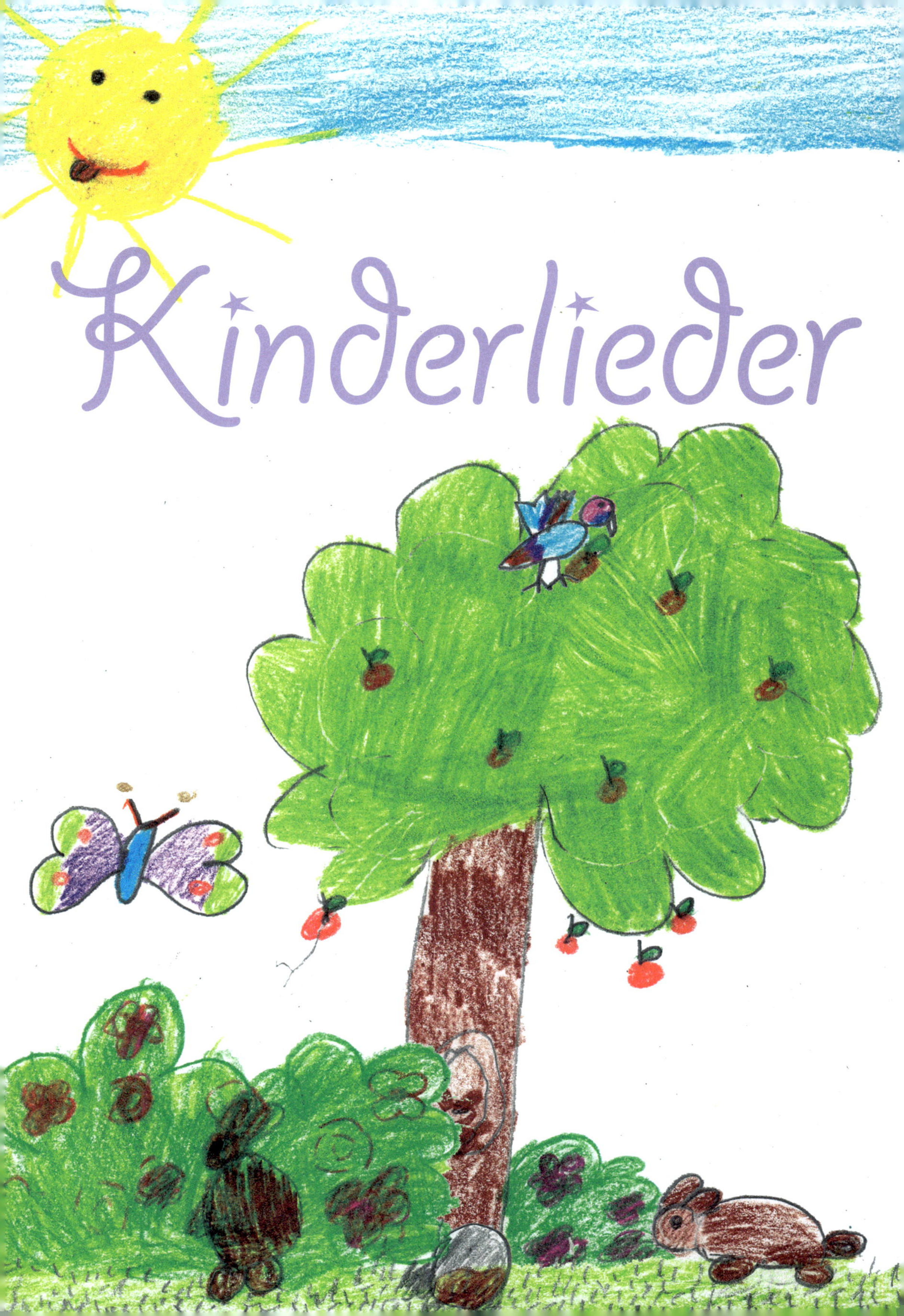
Kinderlieder

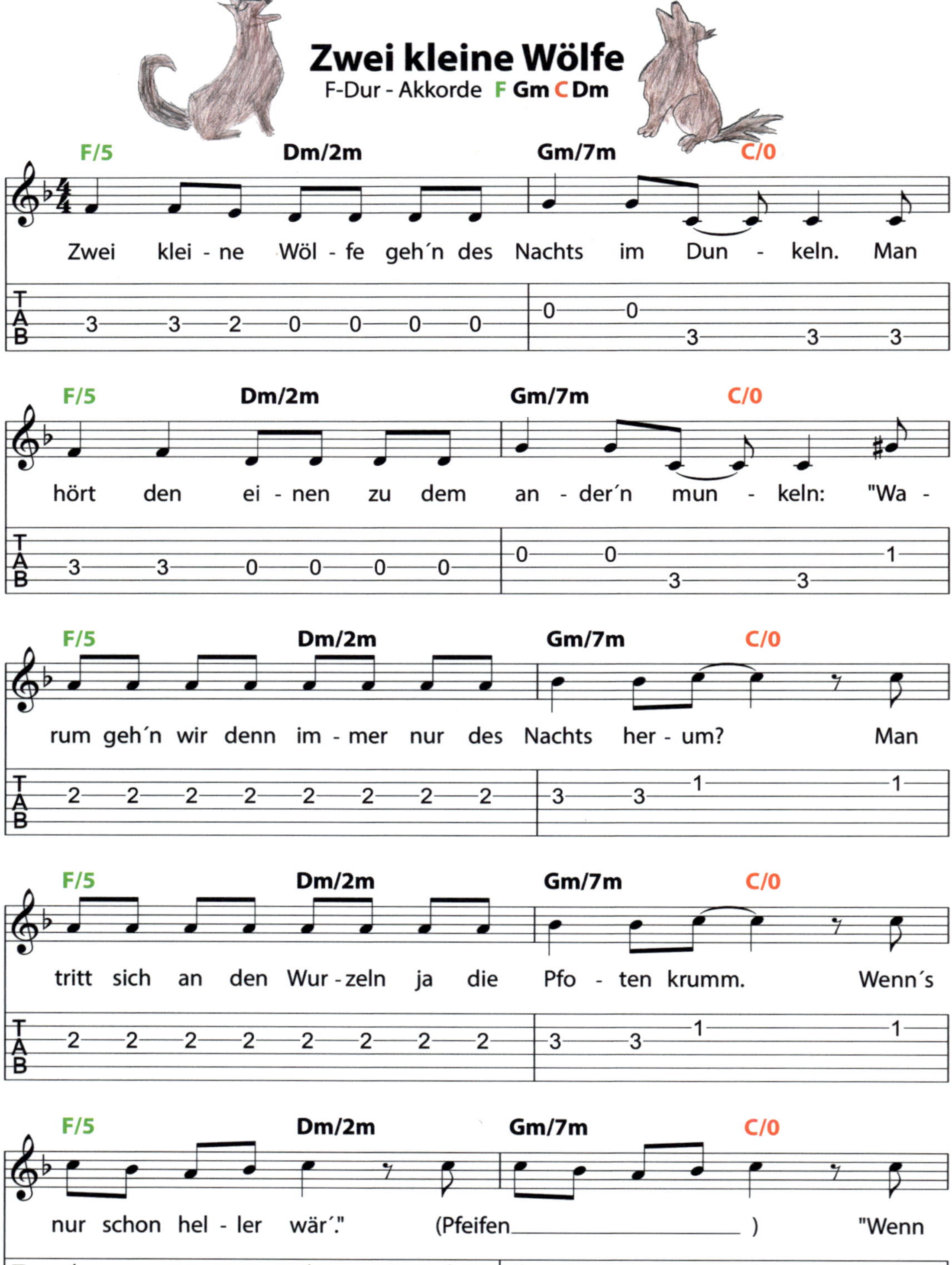
Zwei kleine Wölfe
F-Dur - Akkorde F Gm C Dm
F/5 Dm/2m Gm/7m C/0
Zwei klei - ne Wöl - fe geh´n des Nachts im Dun - keln. Man
hört den ei - nen zu dem an - der´n mun - keln: "Wa -
rum geh´n wir denn im - mer nur des Nachts her - um? Man
tritt sich an den Wur - zeln ja die Pfo - ten krumm. Wenn´s
nur schon hel - ler wär´." (Pfeifen) "Wenn
TAB

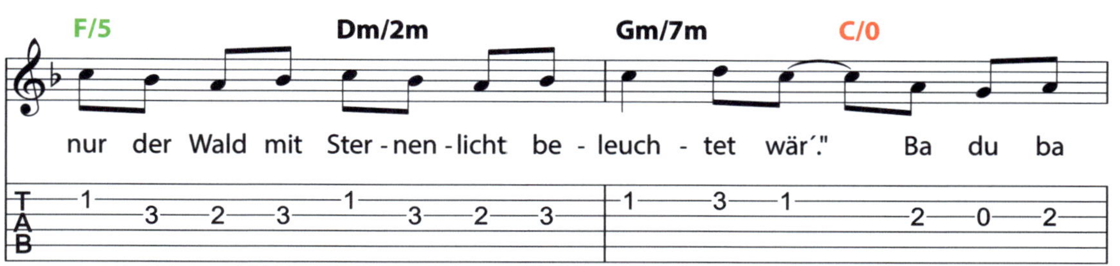

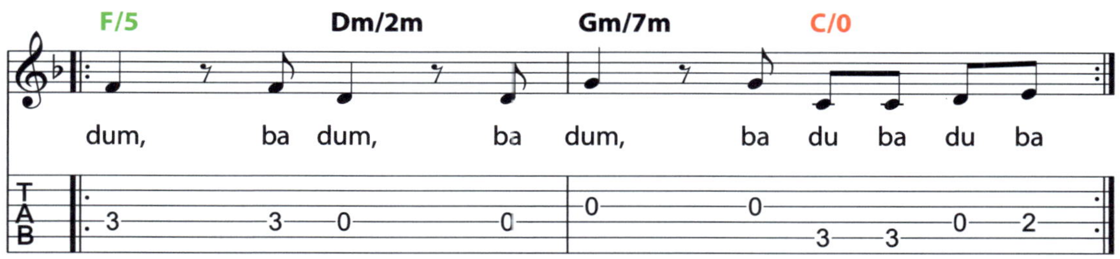

Melodie überliefert (frei)
Text: Rizzi, Werner
Satz, Melodiebearb.: Rizzi, Werner

Hörst du die Regenwürmer husten?

G-Dur - Akkorde **GACD**

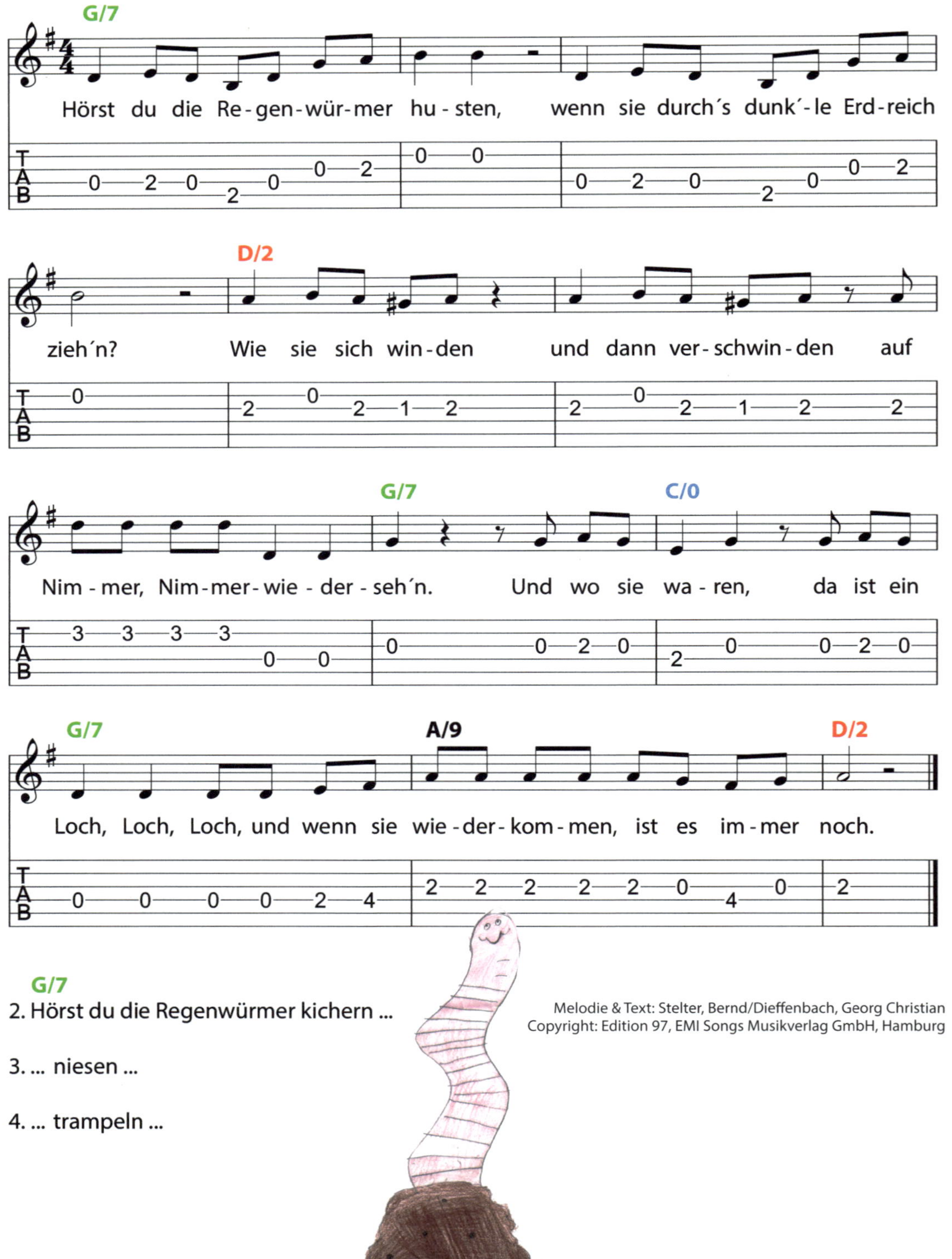

G/7

2. Hörst du die Regenwürmer kichern ...

3. ... niesen ...

4. ... trampeln ...

Melodie & Text: Stelter, Bernd/Dieffenbach, Georg Christian

Hurra, Hurra, der Pumuckl ist da

D-Dur - Akkorde DEGA

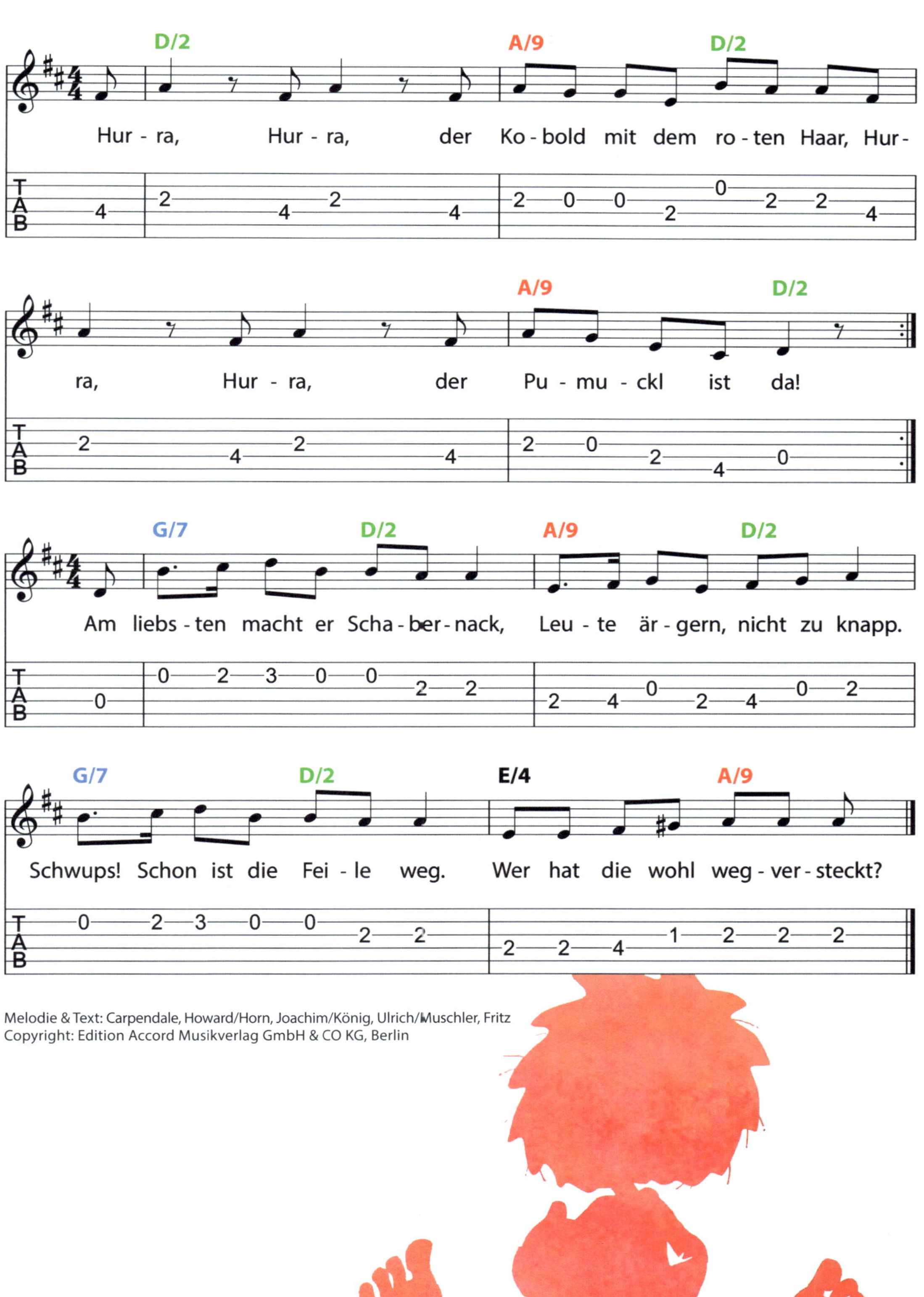

Melodie & Text: Carpendale, Howard/Horn, Joachim/König, Ulrich/Muschler, Fritz

Meine Biber haben Fieber

C-Dur - Akkorde **C D F G**

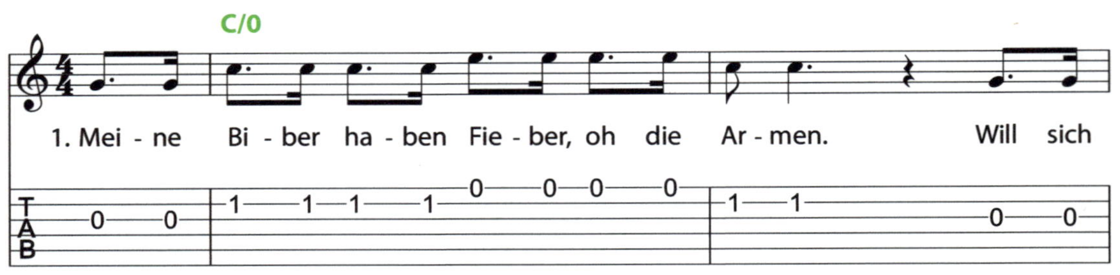

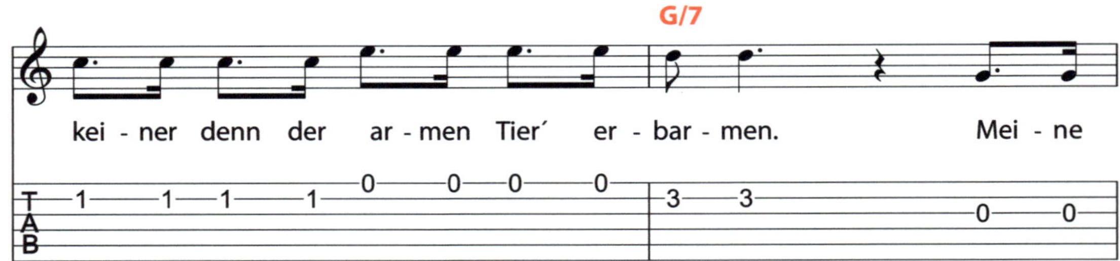

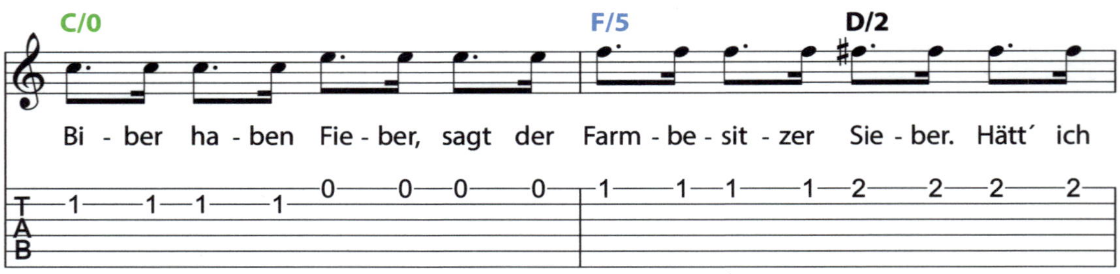

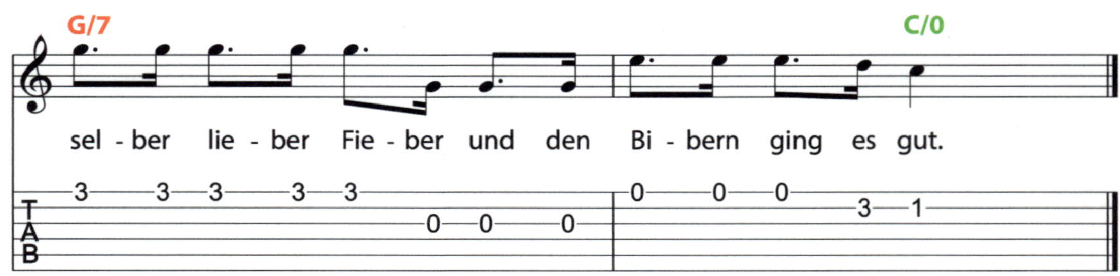

Melodie überliefert (frei)
Text: Hering, Wolfgang/Meyerholz, Bernd

C/0
2. Meine Mäuse haben Läuse, oh die Armen.
G/7
Will sich keiner denn der armen Tier´ erbarmen?
C/0 F/5 D/2
Meine Mäuse haben Läuse, ach es grabbelt im Gehäuse.
G/7 C/0
Hätt' ich selber lieber Läuse und den Mäusen ging es gut.

C/0
3. Meine Hasen haben Blasen, oh die Armen.
G/7
Will sich keiner denn der armen Tier´ erbarmen?
C/0 F/5 D/2
Meine Hasen haben Blasen, vom Grasen auf dem Rasen.
G/7 C/0
Hätt' ich selber lieber Blasen und den Hasen ging es gut.

C/0
4. Meine Ziegen können fliegen, oh die Armen.
G/7
Will sich keiner denn der armen Tier´ erbarmen?
C/0 F/5 D/2
Meine Ziegen können fliegen, ach es ist zum Kinderkriegen.
G/7 C/0
Könnt' ich selber lieber fliegen und den Ziegen ging es gut.

C/0
5. Meine Hummer haben Kummer, oh die Armen.
G/7
Will sich keiner denn der armen Tier´ erbarmen?
C/0 F/5 D/2
Meine Hummer haben Kummer, sagt der Zoologe Brummer.
G/7 C/0
Hätt' ich selber lieber Kummer und den Hummern ging es gut.

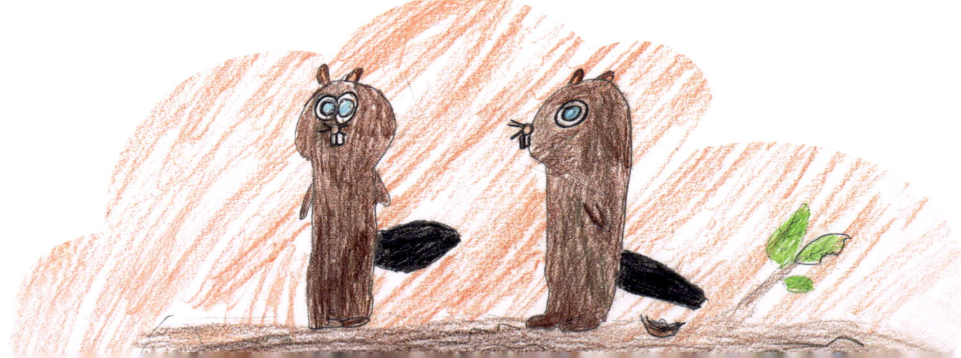

Wir sind Minimusiker

E-Dur - Akkorde E A H

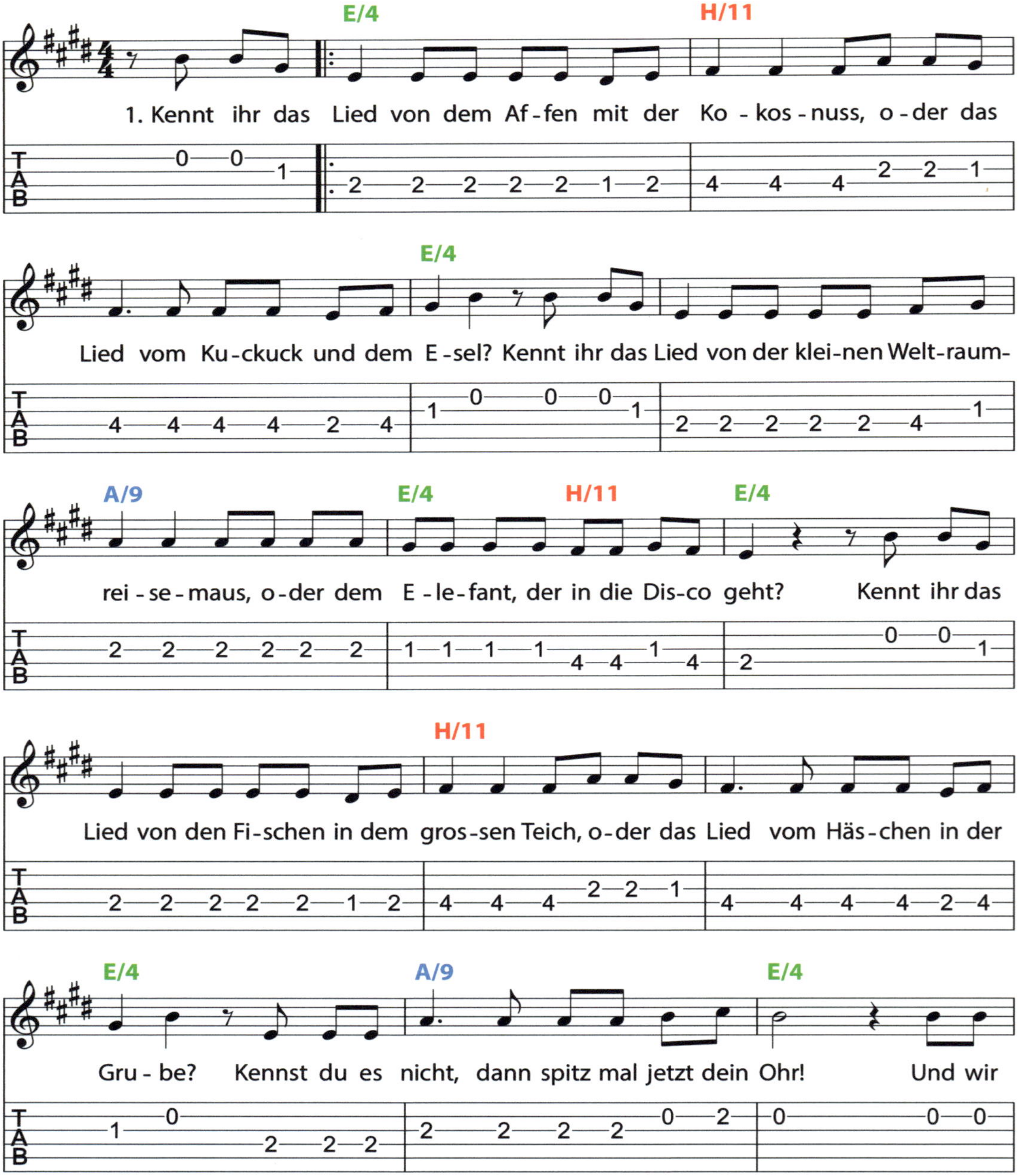

E/4 H/11

1. Kennt ihr das Lied von dem Af-fen mit der Ko - kos - nuss, o - der das

E/4

Lied vom Ku-ckuck und dem E - sel? Kennt ihr das Lied von der klei-nen Welt-raum-

A/9 E/4 H/11 E/4

rei - se - maus, o-der dem E - le-fant, der in die Dis-co geht? Kennt ihr das

H/11

Lied von den Fi-schen in dem gros-sen Teich, o-der das Lied vom Häs-chen in der

E/4 A/9 E/4

Gru - be? Kennst du es nicht, dann spitz mal jetzt dein Ohr! Und wir

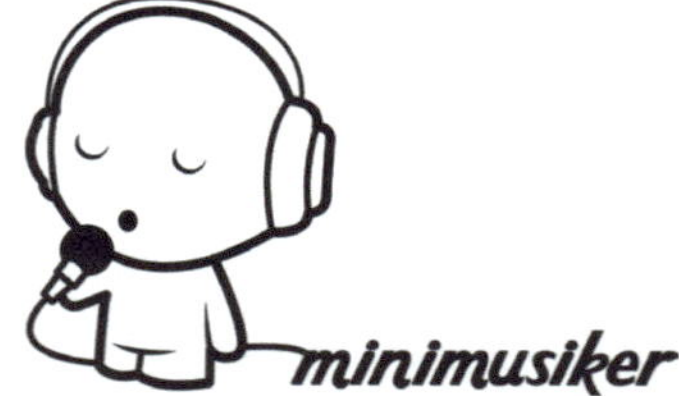

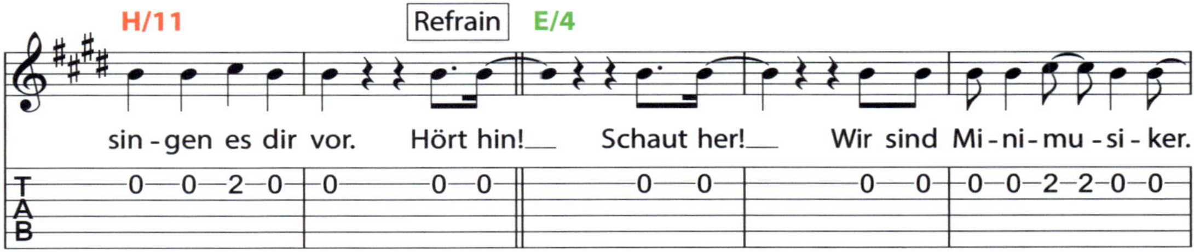

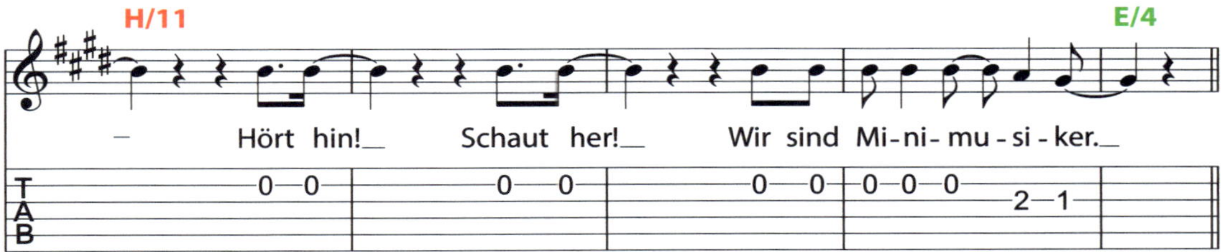

2. Kennt ihr das Lied von der Oma, die Motorrad fährt, oder das Lied von der Tante aus Marokko?
Kennt ihr ein Lied mit Chinesen und ´nem Kontrabass, oder den Cowboy Jim aus Texas?
Kennt ihr das Lied von der Hexe und dem Knusperhaus, oder das Lied von Bruder Jakob?
Kennst du es nicht, dann spitz mal jetzt dein Ohr. Und wir singen es dir vor.

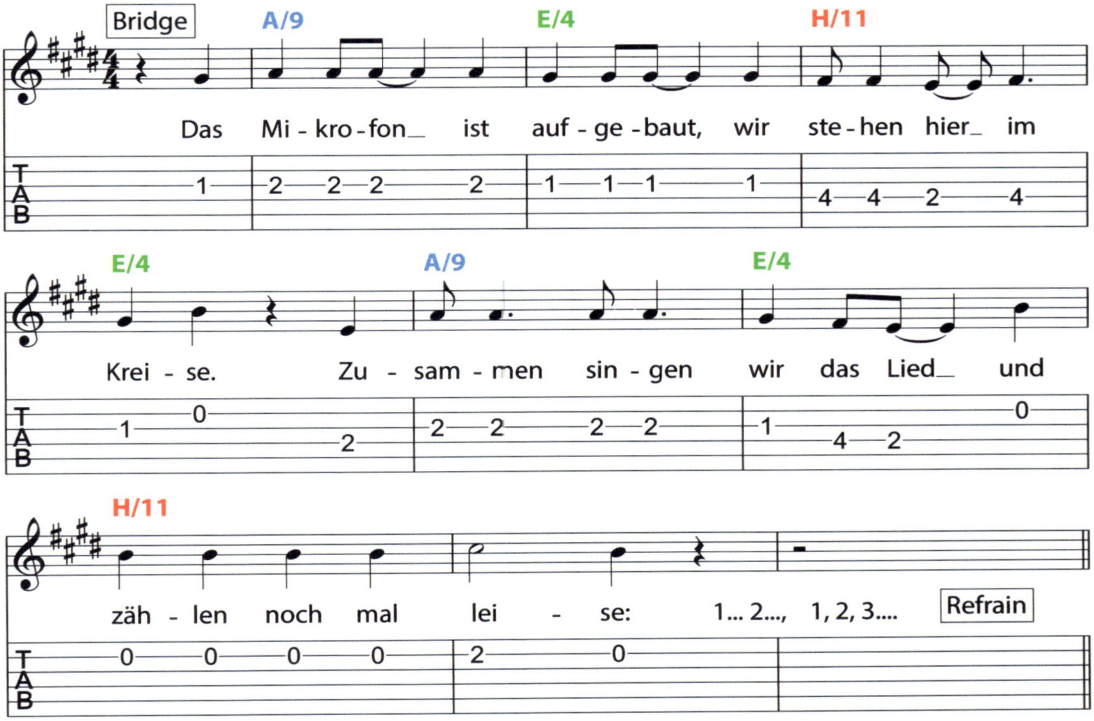

Bridge

A/9 E/4 H/11

Das Mi - kro - fon ist auf - ge - baut, wir ste - hen hier im

E/4 A/9 E/4

Krei - se. Zu - sam - men sin - gen wir das Lied und

H/11

zäh - len noch mal lei - se: 1... 2..., 1, 2, 3....

Refrain

Die alte Moorhexe

E-Moll - Akkorde Em Am H D

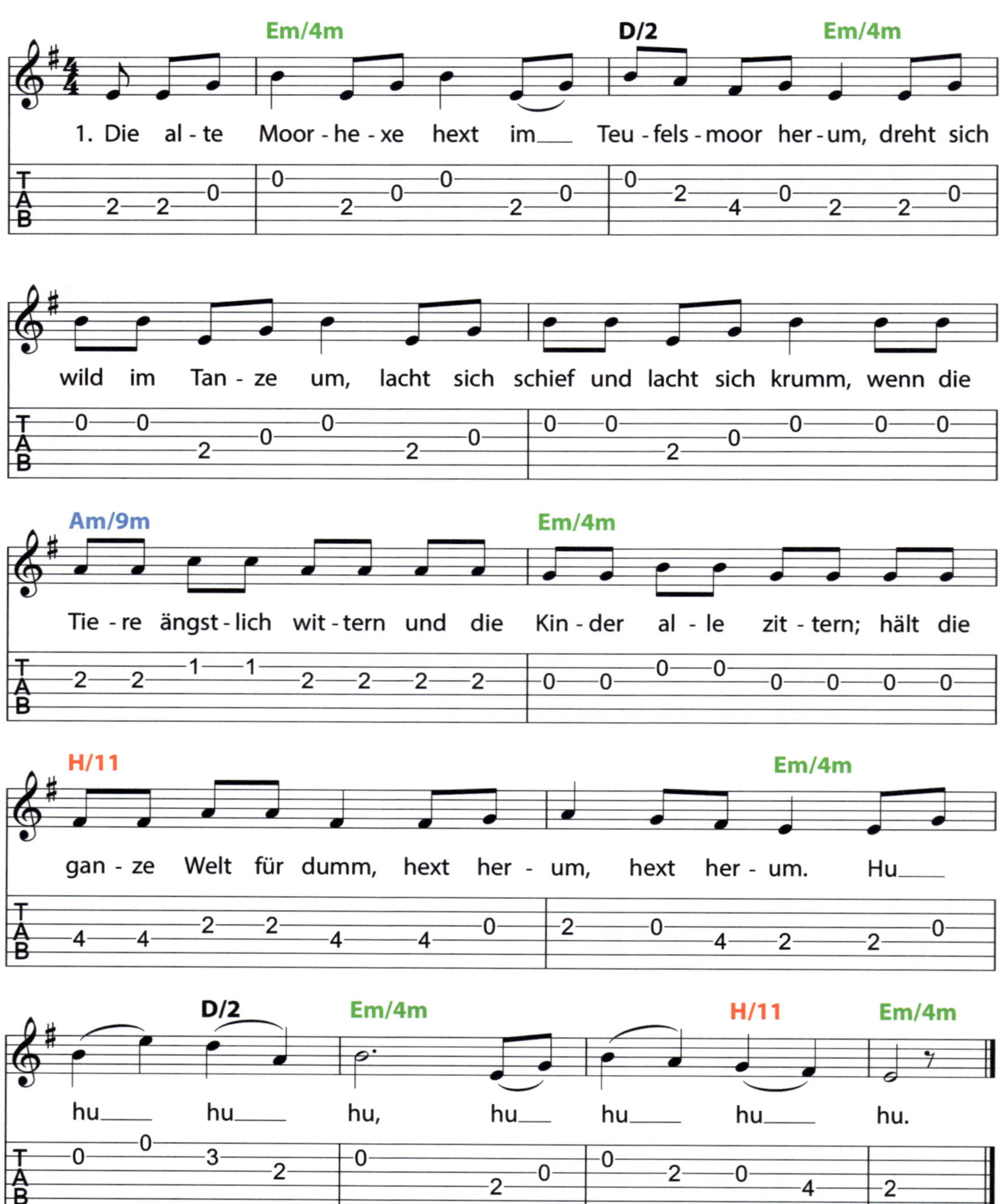

Em/4m D/2 Em/4m
2. Gegen Mitternacht jedoch, fährt sie in ihr Hexenloch,

füttert ihre sieben Schlangen, bringt den schnellen, starken, langen
Am/9m Em/4m
Hexenbesen in den Stall, scharrt und raschelt überall;
H/11 Em/4m
hält die ganze Welt für dumm, hext herum, hext herum.
D/2 Em/4m H/11 Em/4m
Hu hu hu hu, hu hu hu hu.

Em/4m D/2 Em/4m
3. Bei dem Spuk im Moor und Sumpf ging verlor´n ihr Ringelstrumpf.

Jener rote linksgestrickte Strumpf, den ihre Schwester strickte,
Am/9m Em/4m
hängt in einer Birke drin, flattert einsam vor sich hin;
H/11 Em/4m
hält die ganze Welt für dumm, hext herum, hext herum.
D/2 Em/4m H/11 Em/4m
Hu hu hu hu, hu hu hu hu.

Melodie: Jehn, Wolfgang
Text: Jehn, Margarete

Hey, Pippi Langstrumpf

C-Dur - Akkorde **C Dm Em F G Am A**

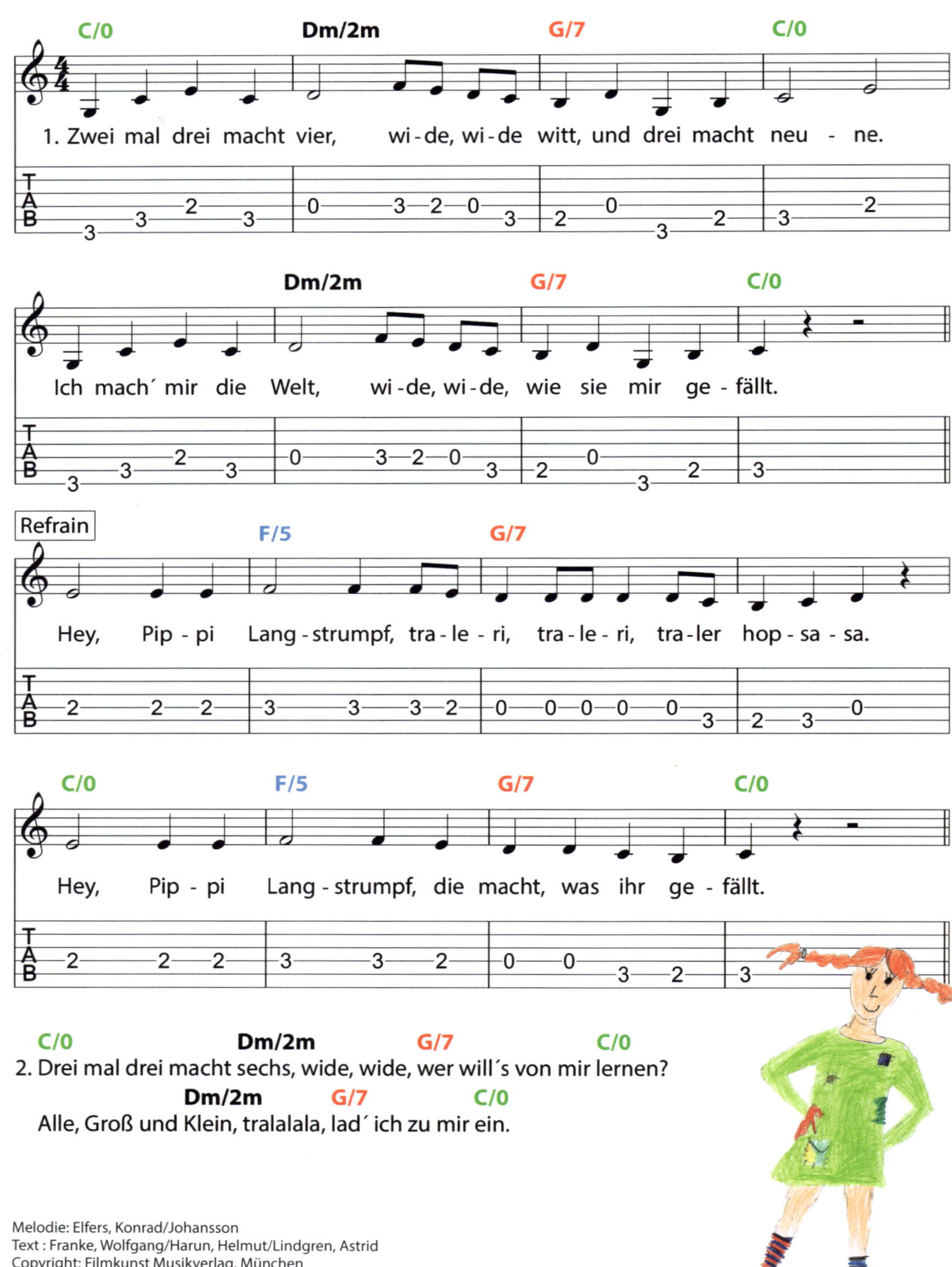

C/0 Dm/2m G/7 C/0
2. Drei mal drei macht sechs, wide, wide, wer will´s von mir lernen?
Dm/2m G/7 C/0
Alle, Groß und Klein, tralalala, lad´ ich zu mir ein.

Melodie: Elfers, Konrad/Johansson
Text : Franke, Wolfgang/Harun, Helmut/Lindgren, Astrid

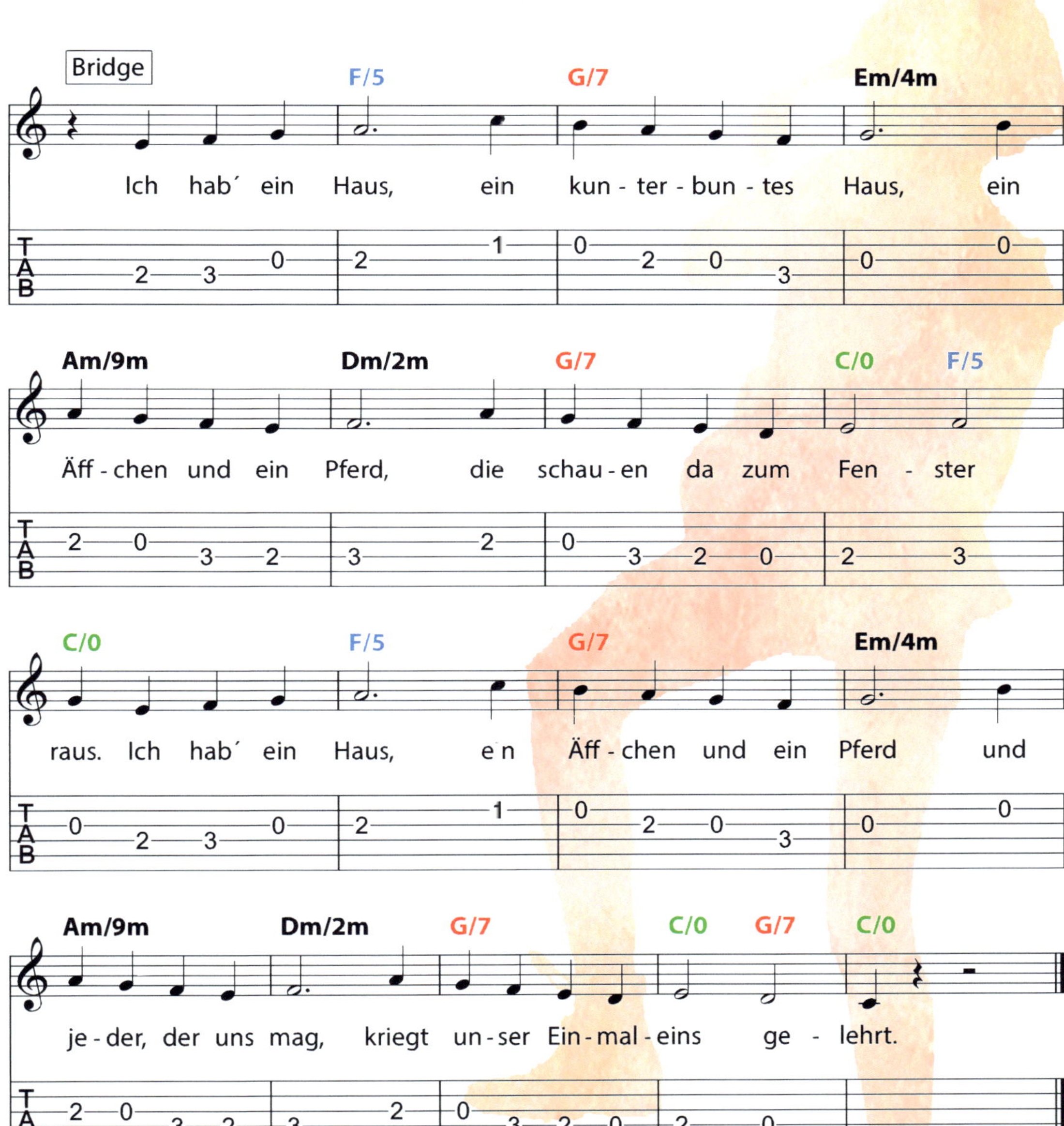

C/0 Dm/2m G/7 C/0
3. Zwei mal drei macht vier, wide, wide witt und drei macht neune.
Dm/2m G/7 C/0
Wir machen uns die Welt, wide, wide, wie sie uns gefällt.

C/0 Dm/2m G/7 C/0
4. Drei mal drei macht sechs, wide, wide, wer will´s von uns lernen?
Dm/2m G/7 C/0
Alle, Groß und Klein, tralalala, lad´ ich zu uns ein.

Schnappi, das kleine Krokodil

G-Dur - Akkorde GCD

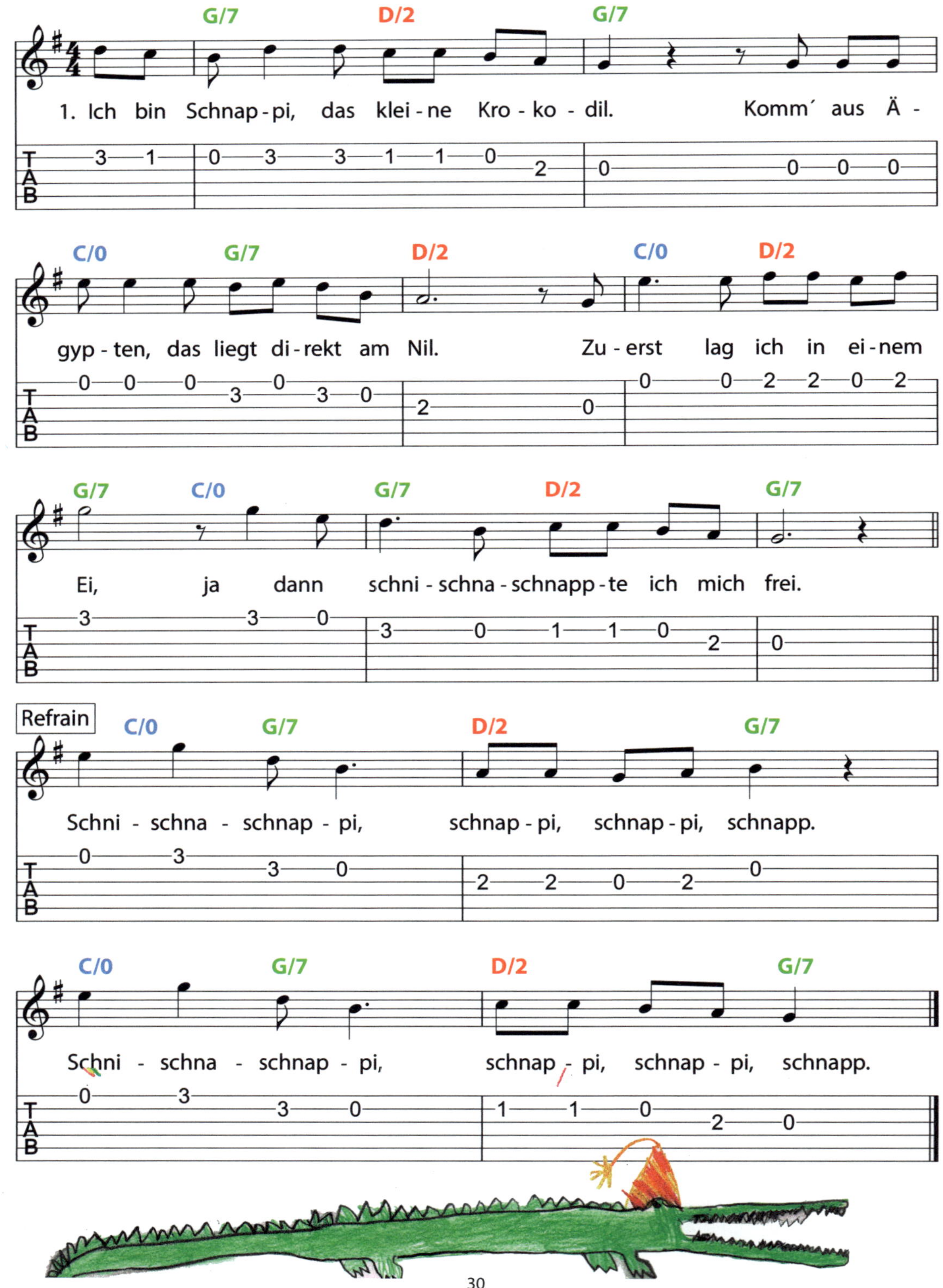

G/7 D/2 G/7 C/0 G/7 D/2
2. Ich bin Schnappi, das kleine Krokodil, hab´ scharfe Zähne und davon ganz schön viel.
C/0 D/2 G/7 C/0 G/7 D/2 G/7
Ich schnapp´ mir, was ich schnappen kann, ja schnapp´ zu, weil ich das so gut kann.

G/7 D/2 G/7 C/0 G/7 D/2
3. Ich bin Schnappi, das kleine Krokodil, ich schnappe gern, das ist mein Lieblingsspiel.
C/0 D/2 G/7 C/0 G/7 D/2 G/7
Ich schleich´ mich an die Mama ´ran, und zeig´ ihr, wie ich schnappen kann.

G/7 D/2 G/7 C/0 G/7 D/2
4. Ich bin Schnappi, das kleine Krokodil, und vom Schnappen, da krieg´ ich nicht zu viel.
C/0 D/2 G/7 C/0 G/7 D/2 G/7
Ich beiß´ dem Papi kurz ins Bein, und dann, dann schlaf´ ich einfach ein.

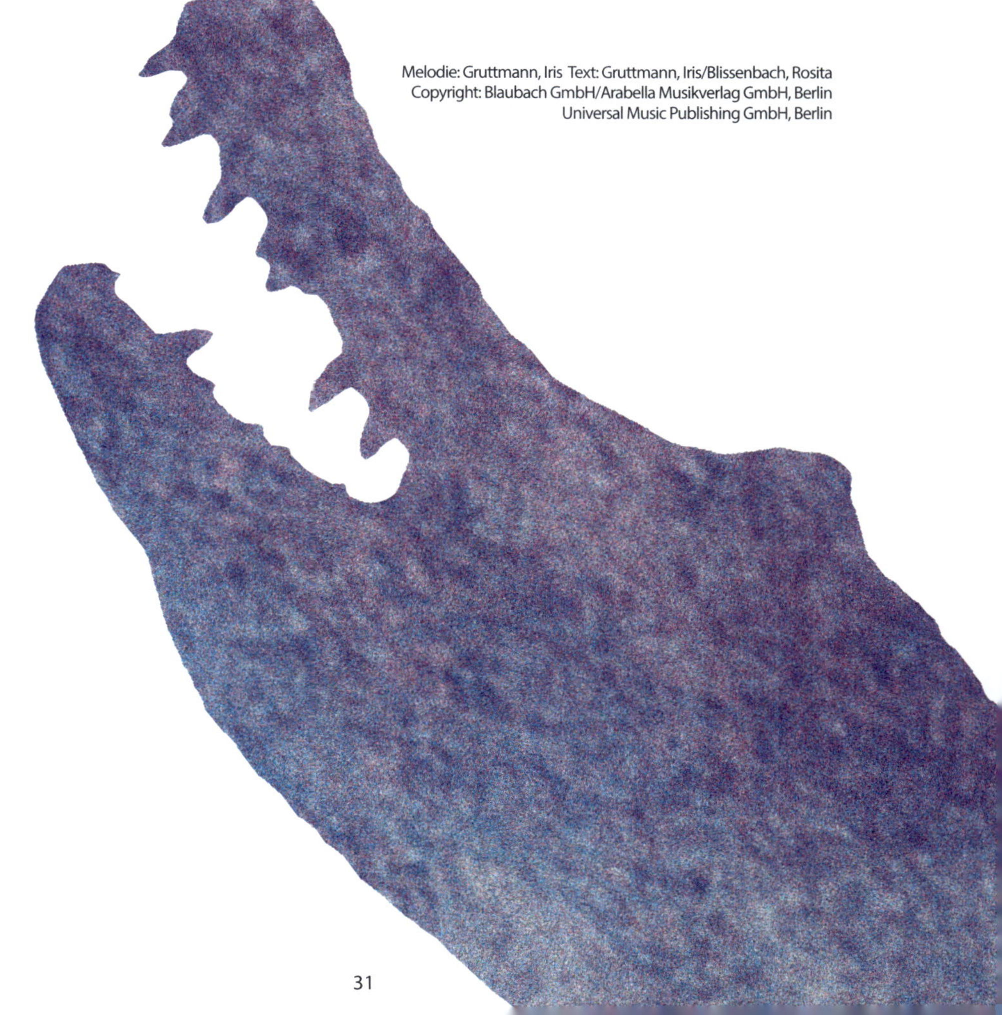

Melodie: Gruttmann, Iris Text: Gruttmann, Iris/Blissenbach, Rosita

Das Lied der Schlümpfe

A-Dur - Akkorde **ADE**

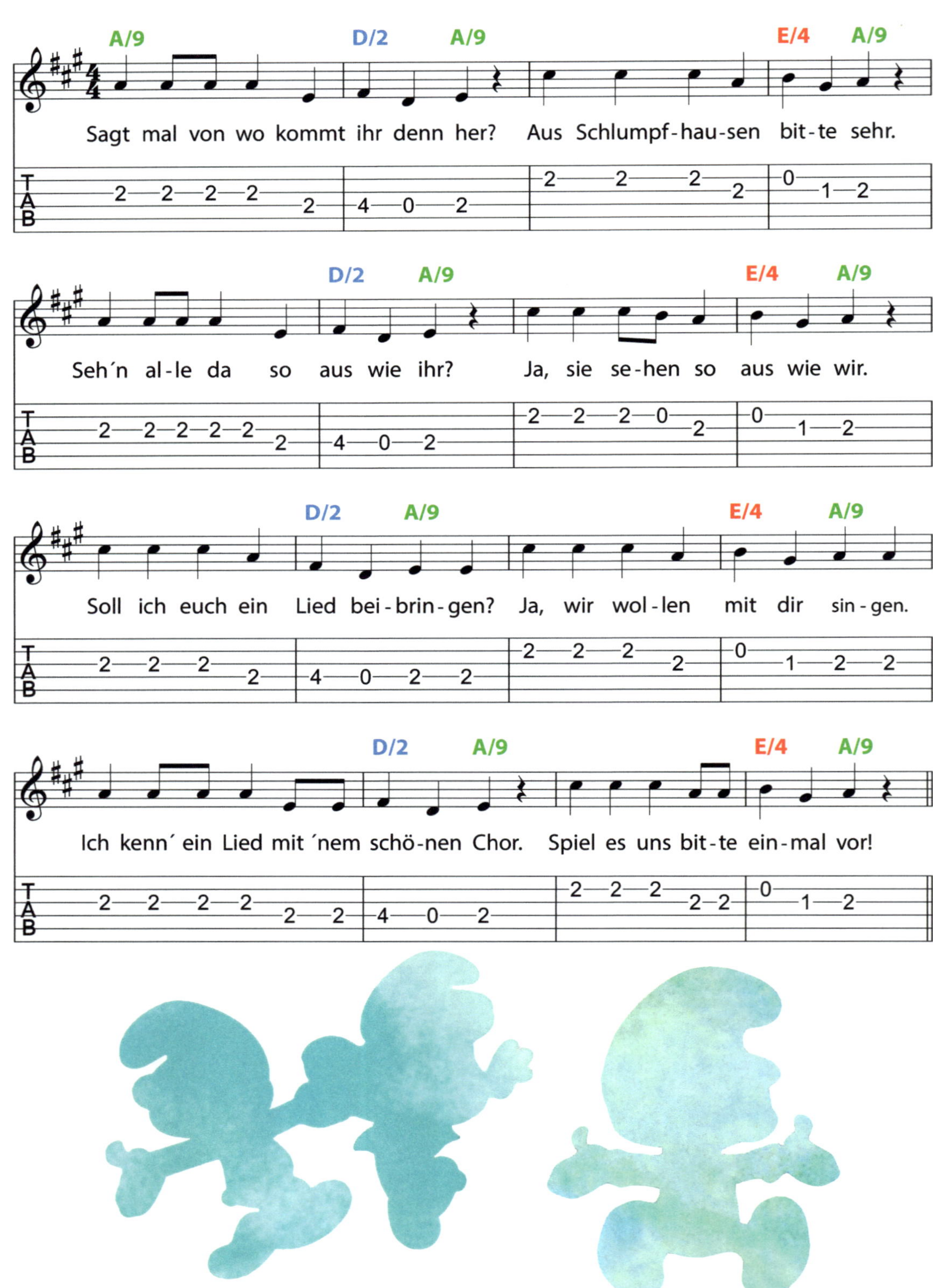

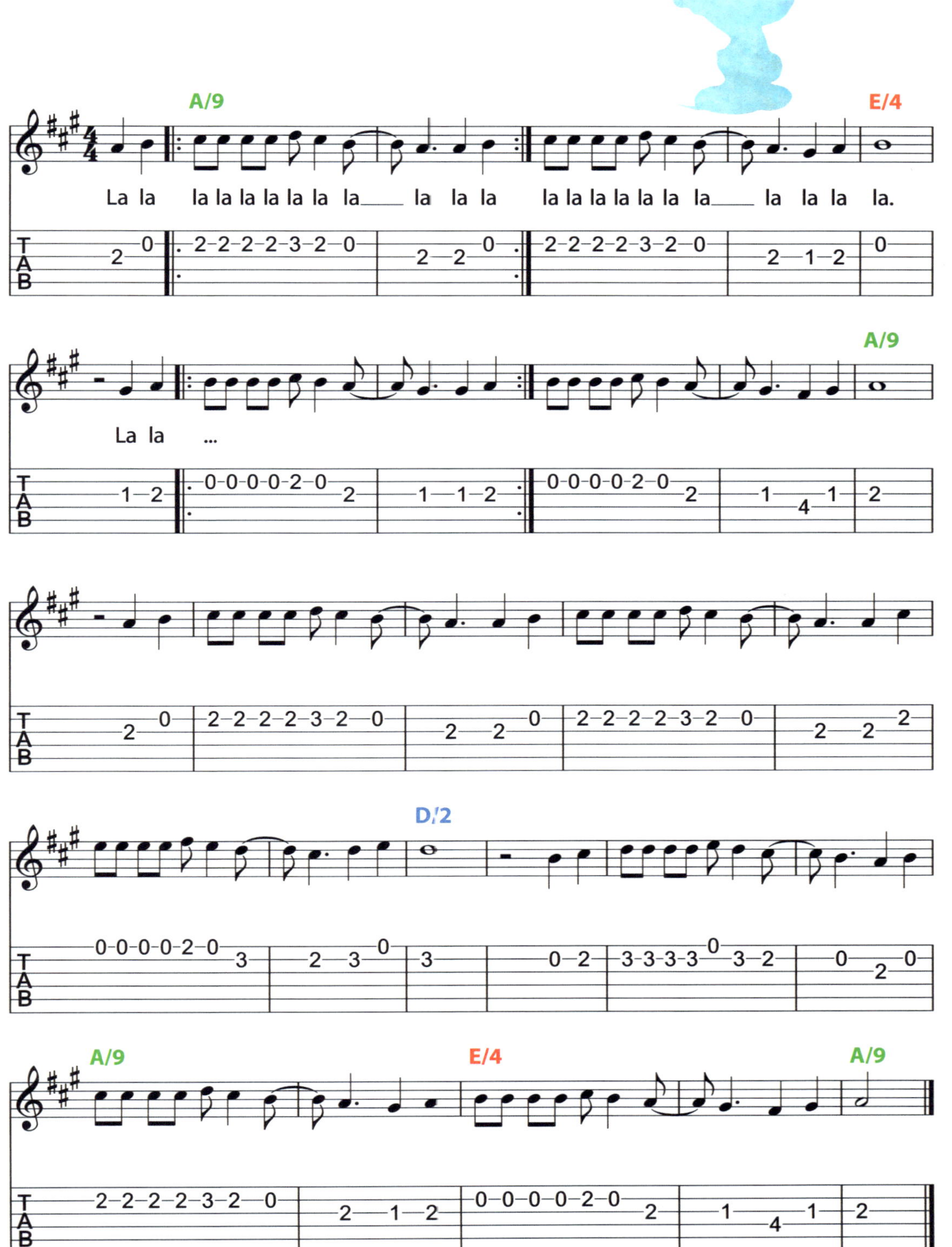
A/9
E/4
La la la la la la la la la___ la la la la la la la la la la___ la la la la.
La la ...
A/9
D/2
A/9
E/4
A/9

Ritter Klipp von Klapperbach

C-Dur - Akkorde C F G

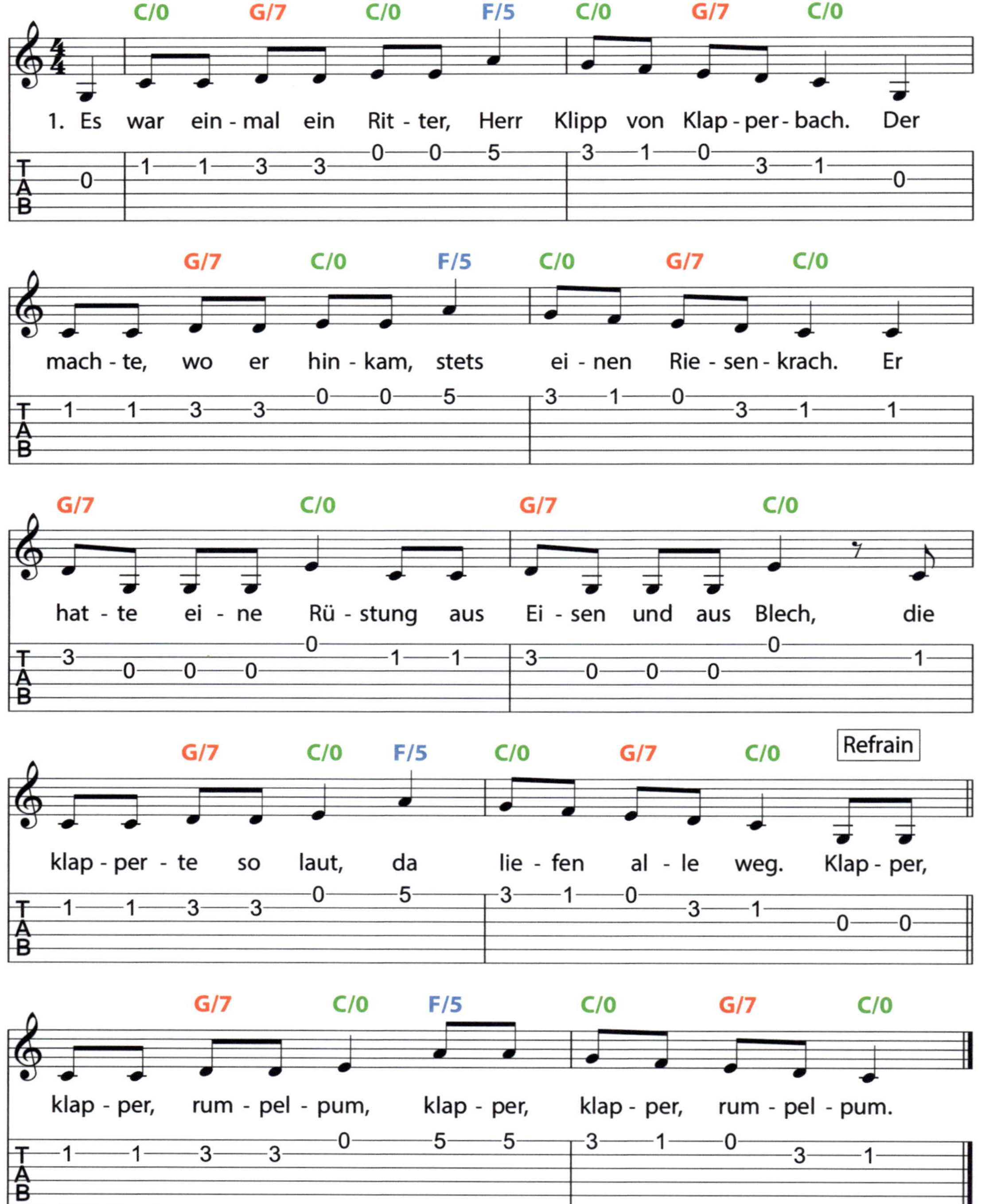

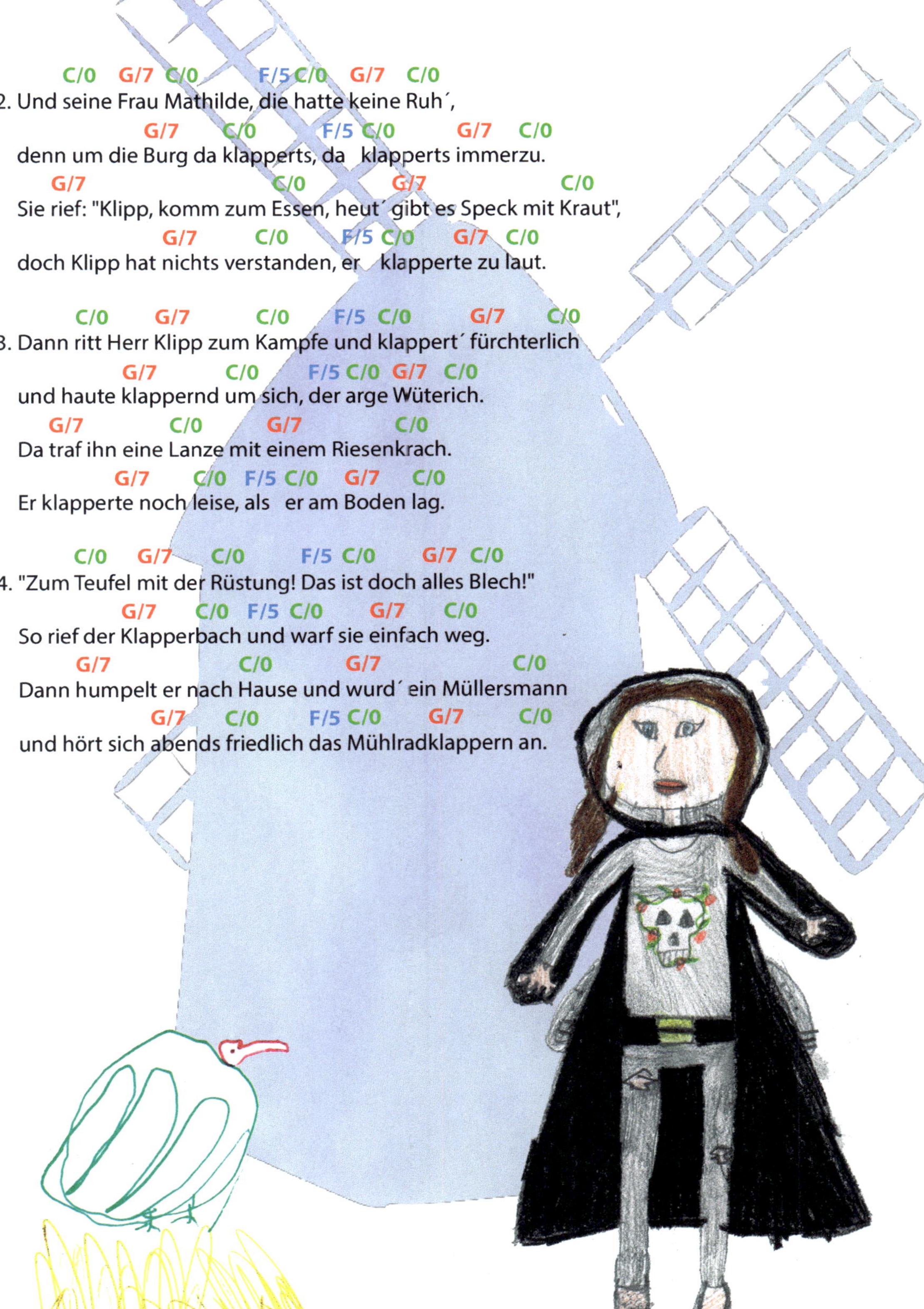

C/0 G/7 C/0 F/5 C/0 G/7 C/0
2. Und seine Frau Mathilde, die hatte keine Ruh´,
G/7 C/0 F/5 C/0 G/7 C/0
denn um die Burg da klapperts, da klapperts immerzu.
G/7 C/0 G/7 C/0
Sie rief: "Klipp, komm zum Essen, heut´ gibt es Speck mit Kraut",
G/7 C/0 F/5 C/0 G/7 C/0
doch Klipp hat nichts verstanden, er klapperte zu laut.

C/0 G/7 C/0 F/5 C/0 G/7 C/0
3. Dann ritt Herr Klipp zum Kampfe und klappert´ fürchterlich
G/7 C/0 F/5 C/0 G/7 C/0
und haute klappernd um sich, der arge Wüterich.
G/7 C/0 G/7 C/0
Da traf ihn eine Lanze mit einem Riesenkrach.
G/7 C/0 F/5 C/0 G/7 C/0
Er klapperte noch leise, als er am Boden lag.

C/0 G/7 C/0 F/5 C/0 G/7 C/0
4. "Zum Teufel mit der Rüstung! Das ist doch alles Blech!"
G/7 C/0 F/5 C/0 G/7 C/0
So rief der Klapperbach und warf sie einfach weg.
G/7 C/0 G/7 C/0
Dann humpelt er nach Hause und wurd´ ein Müllersmann
G/7 C/0 F/5 C/0 G/7 C/0
und hört sich abends friedlich das Mühlradklappern an.

Cowboy Bill

C-Dur - Akkorde C G

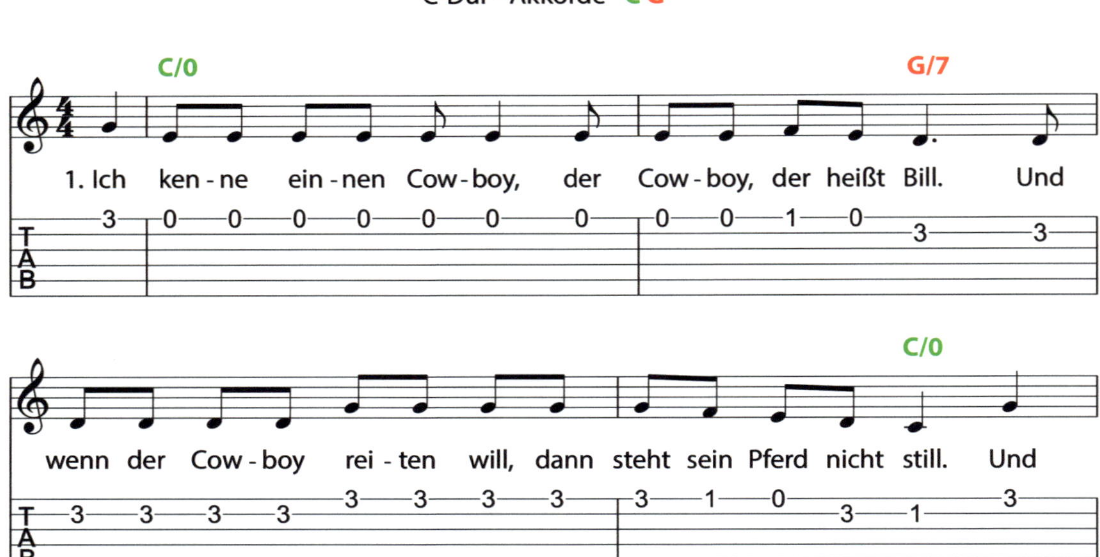

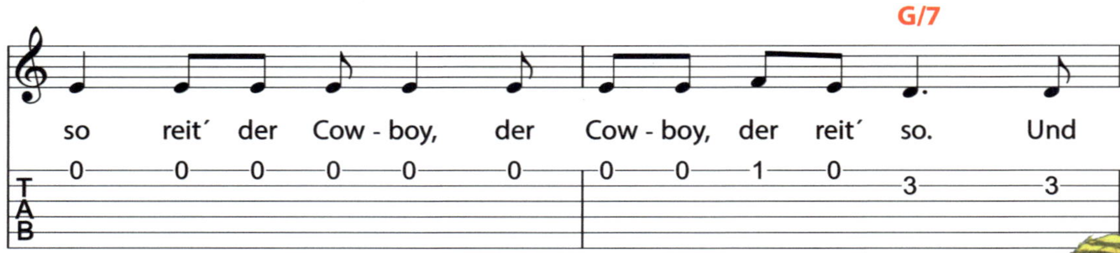

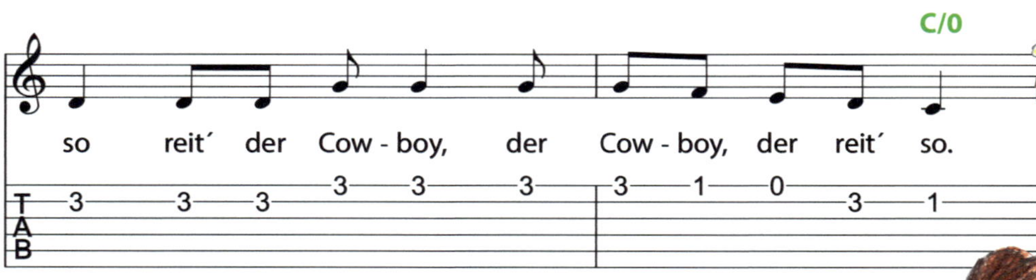

C/0 G/7
2. Ich kenne einen Cowboy, der Cowboy, der heißt Bill.

C/0
Und wenn der Cowboy Lasso wirft, dann steht sein Pferd nicht still.

G/7
Und so wirft er Lasso, das Lasso wirft er so.

C/0
Und so wirft er Lasso, das Lasso wirft er so.

3. ...und so schießt der Cowboy...
4. ...und so trinkt der Cowboy...
5. ...und so liebt der Cowboy...

Finster, finster

E-Moll - Akkorde **Em Hm**

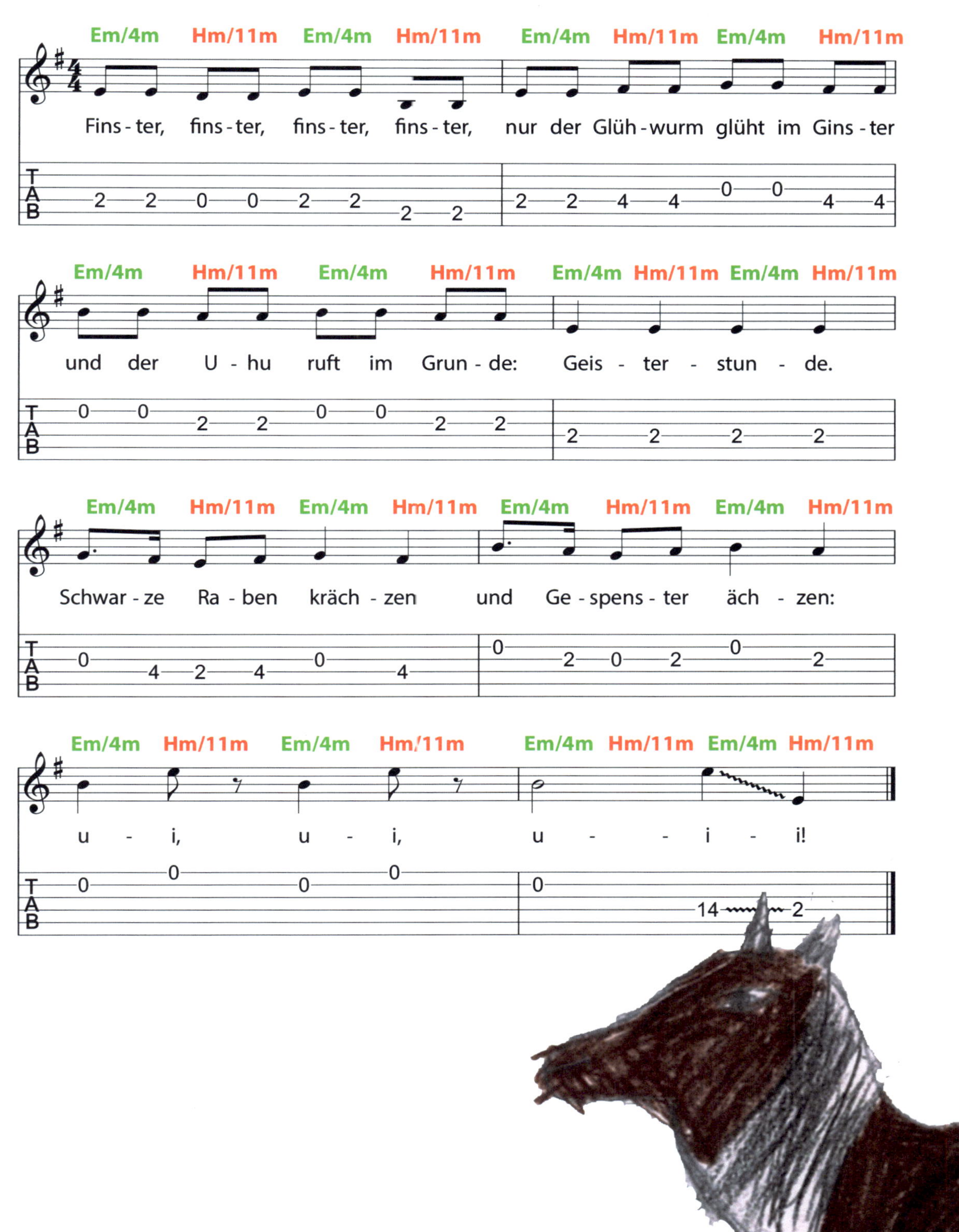

Ein Schneider fängt ´ne Maus

F-Dur - Akkorde F C

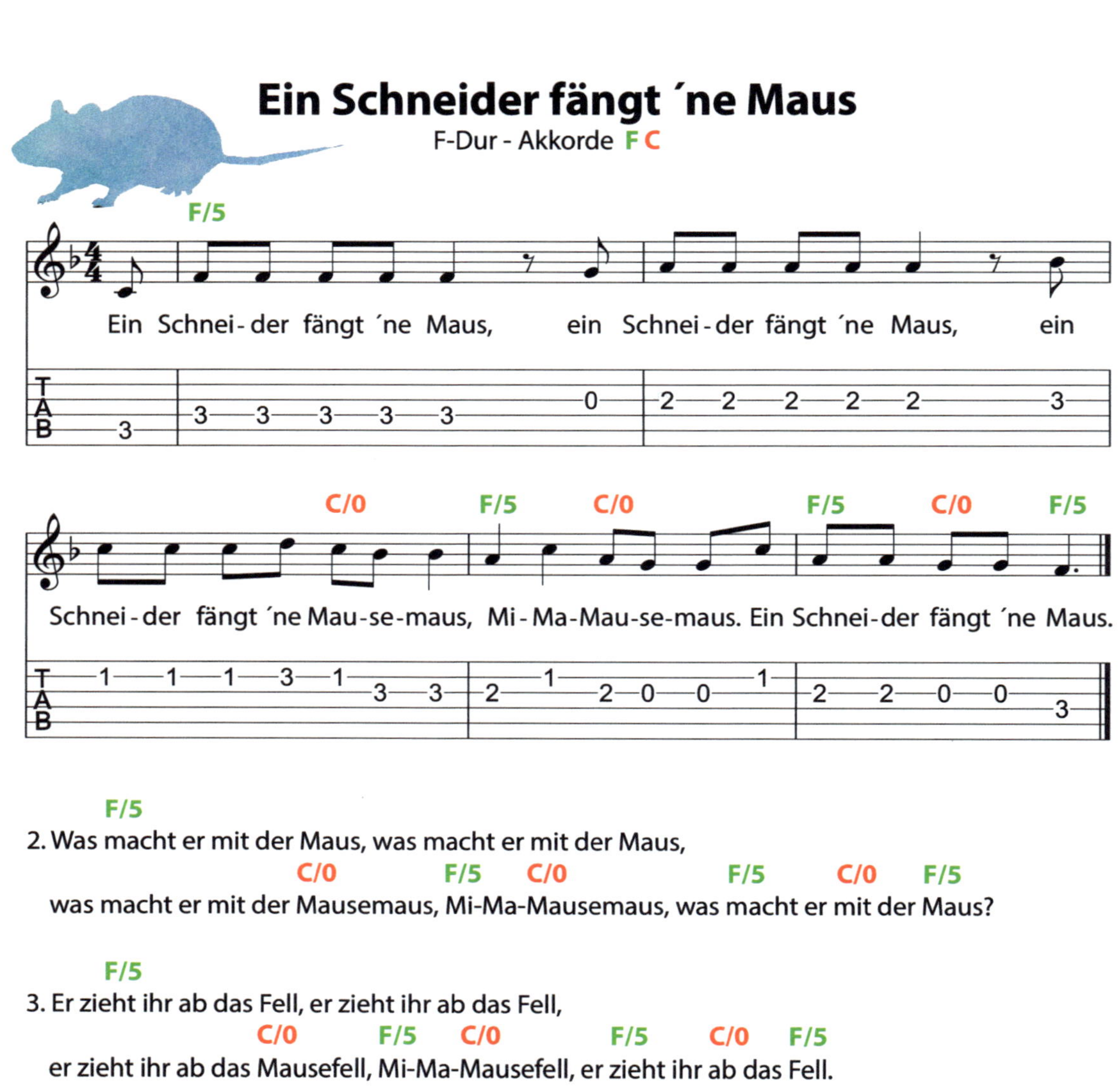

F/5
2. Was macht er mit der Maus, was macht er mit der Maus,
C/0 F/5 C/0 F/5 C/0 F/5
was macht er mit der Mausemaus, Mi-Ma-Mausemaus, was macht er mit der Maus?

F/5
3. Er zieht ihr ab das Fell, er zieht ihr ab das Fell,
C/0 F/5 C/0 F/5 C/0 F/5
er zieht ihr ab das Mausefell, Mi-Ma-Mausefell, er zieht ihr ab das Fell.

F/5 C/0 F/5 C/0 F/5 C/0 F/5
4. Was macht er mit dem Fell, ... Mausefell, Mi-Ma-Mausefell, was macht er mit dem Fell?

F/5 C/0 F/5 C/0 F/5 C/0 F/5
5. Er näht sich einen Sack, ... Mausesack, Mi-Ma-Mausesack, er näht sich einen Sack.
6. Was macht er mit dem Sack? ... Mausesack, Mi-Ma-Mausesack, was macht er mit dem Sack?
7. Er steckt hinein sein Geld. ... Mausegeld, Mi-Ma-Mausegeld, er steckt hinein sein Geld.
8. Was macht er mit dem Geld? ... Mausegeld, Mi-Ma-Mausegeld, was macht er mit dem Geld?
9. Er kauft sich einen Bock. ... Mausebock, Mi-Ma-Mausebock, er kauft sich einen Bock.
10. Was macht er mit dem Bock? ... Mausebock, Mi-Ma-Mausebock, was macht er mit dem Bock?
11. Er reitet im Galopp. ... Mausgalopp, Mi-Ma-Mausgalopp, er reitet im Galopp.
12. Was macht er im Galopp? ... Mausgalopp, Mi-Ma-Mausgalopp, was macht er im Galopp?
13. Er fällt gleich in den Dreck! ... Mausedreck, Mi-Ma-Mausedreck, er fällt gleich in den Dreck!

Heut´ ist ein Fest bei den Fröschen am See

G-Dur - Akkorde **G D**

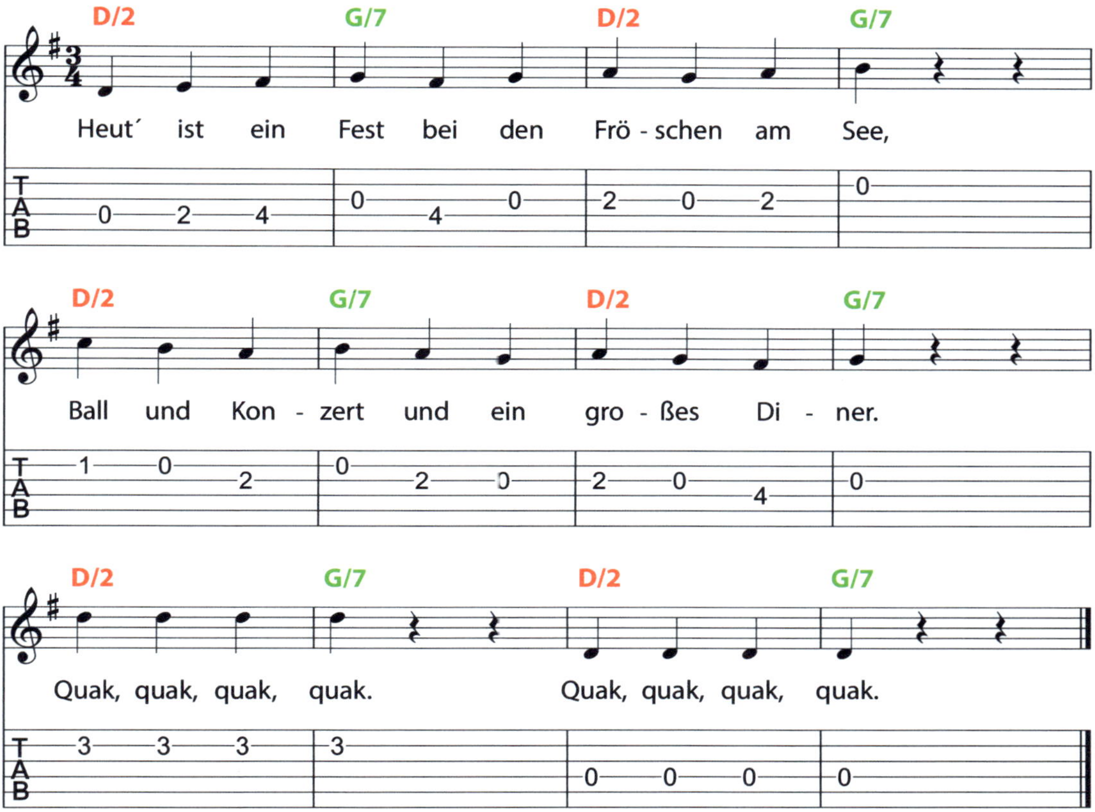

D/2 | G/7 | D/2 | G/7

Heut´ ist ein | Fest bei den | Frö - schen am | See,

T A B: 0 2 4 | 0 4 0 | 2 0 2 | 0

D/2 | G/7 | D/2 | G/7

Ball und Kon - | zert und ein | gro - ßes Di - | ner.

T A B: 1 0 2 | 0 2 0 | 2 0 4 | 0

D/2 | G/7 | D/2 | G/7

Quak, quak, quak, | quak. | Quak, quak, quak, | quak.

T A B: 3 3 3 | 3 | 0 0 0 | 0

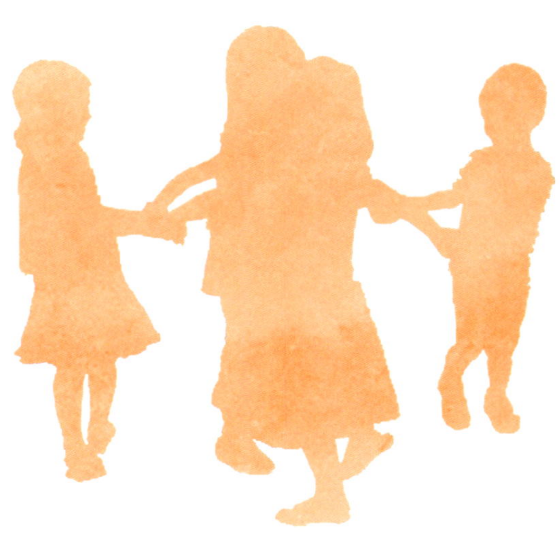

Grün, grün, grün sind alle meine Kleider

G-Dur - Akkorde **G Am D Em**

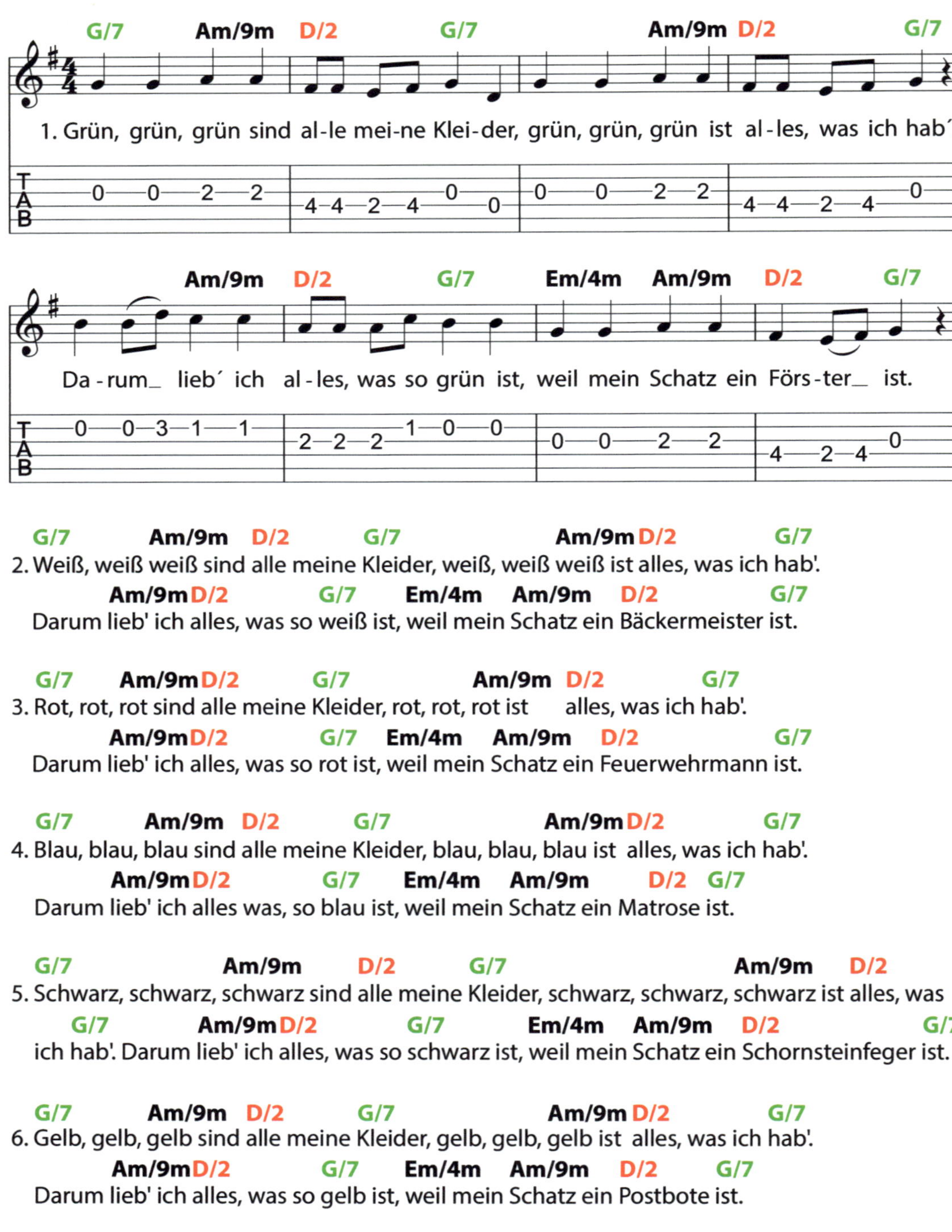

Spannenlanger Hansel

D-Dur - Akkorde DGA

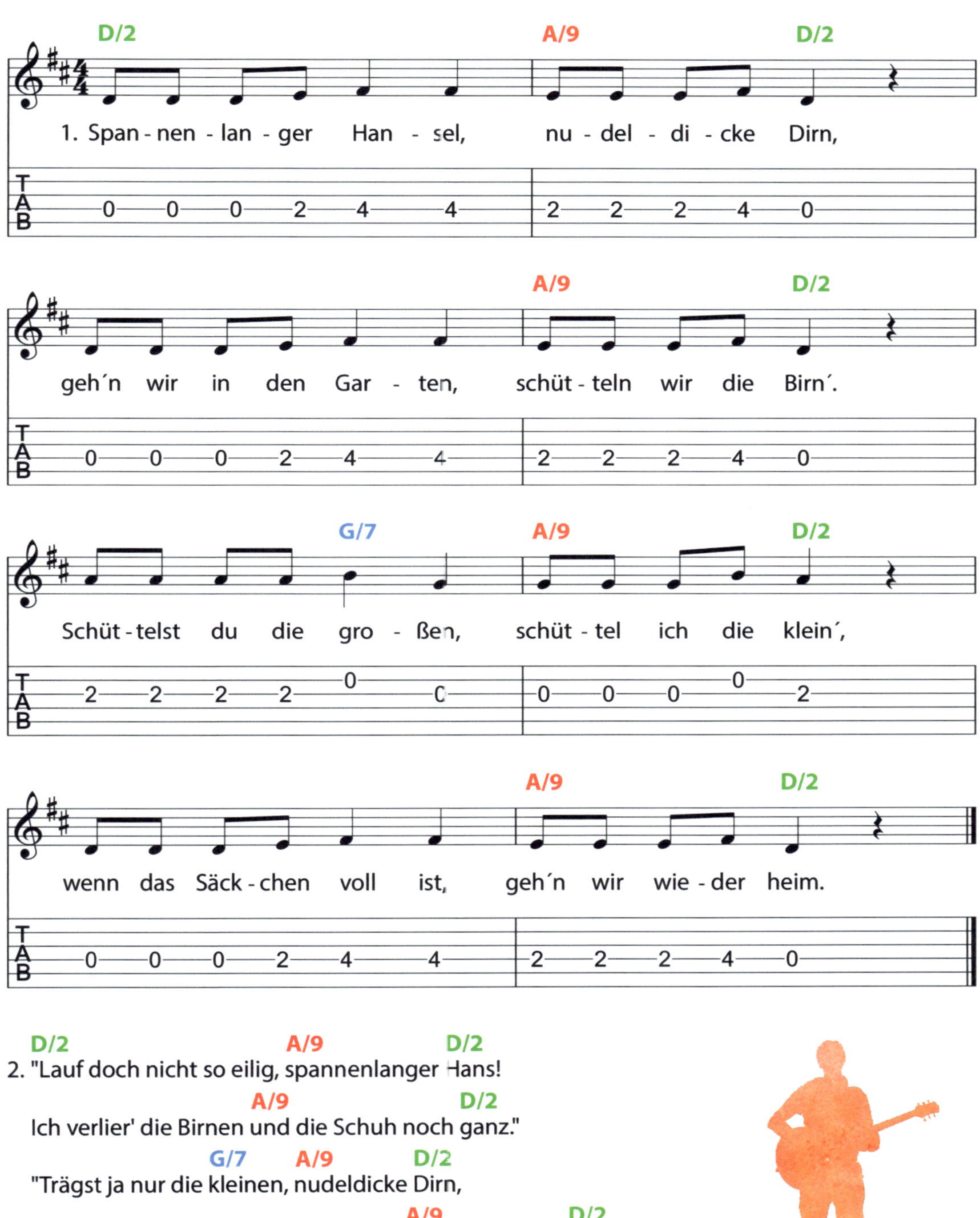

D/2 A/9 D/2
2. "Lauf doch nicht so eilig, spannenlanger Hans!

A/9 D/2
Ich verlier' die Birnen und die Schuh noch ganz."

G/7 A/9 D/2
"Trägst ja nur die kleinen, nudeldicke Dirn,

A/9 D/2
und ich schlepp' den schweren Sack mit den großen Birn'. "

Auf der grünen Wiese

C-Dur - Akkorde C G

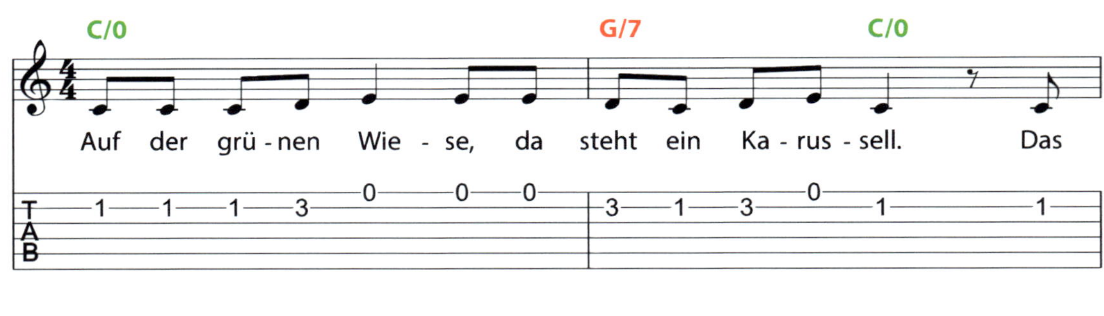

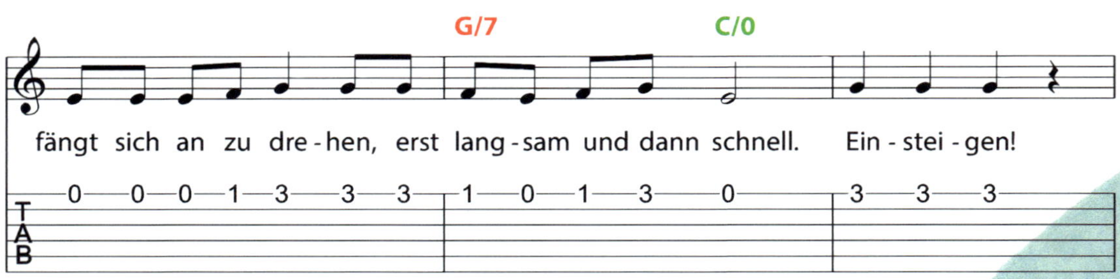

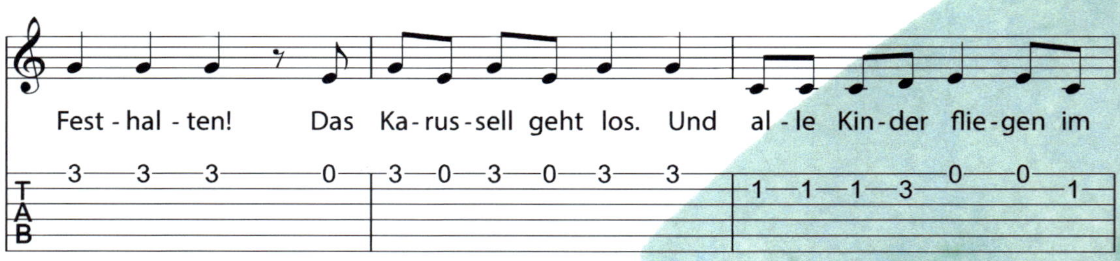

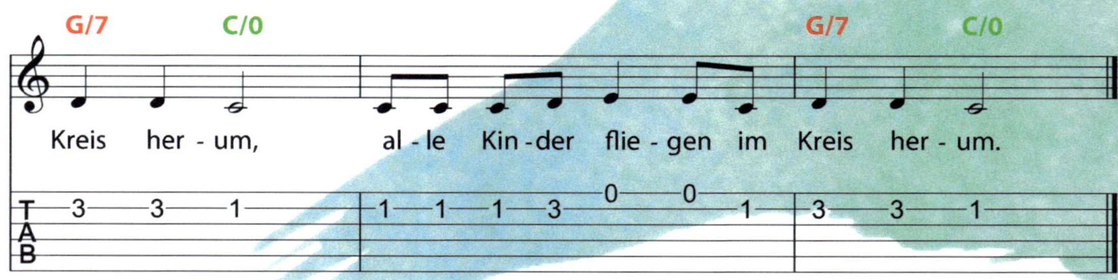

Heut´ kommt der Hans zurück

D-Dur - Akkorde D G A

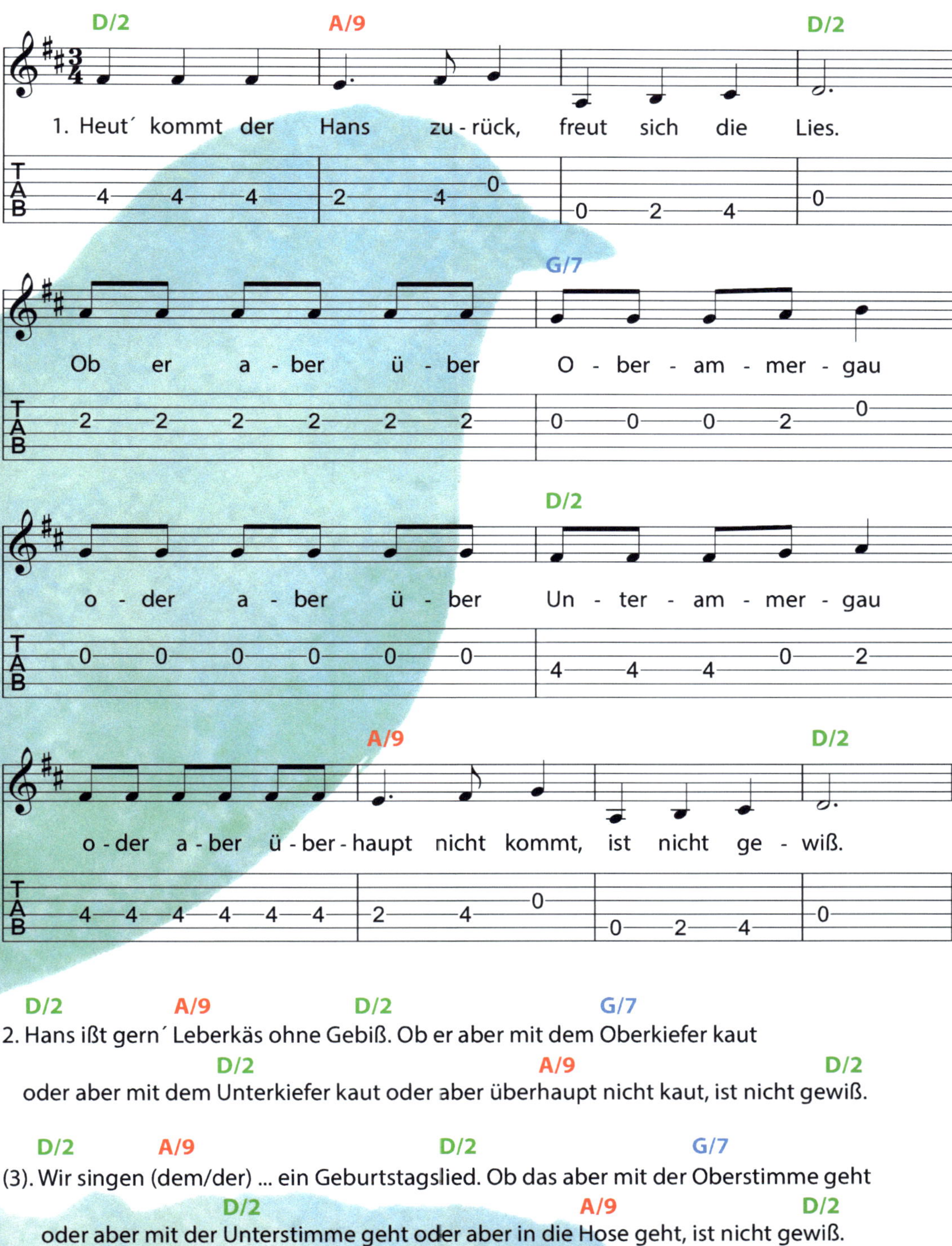

D/2 A/9 D/2 G/7
2. Hans ißt gern´ Leberkäs ohne Gebiß. Ob er aber mit dem Oberkiefer kaut
D/2 A/9 D/2
oder aber mit dem Unterkiefer kaut oder aber überhaupt nicht kaut, ist nicht gewiß.

D/2 A/9 D/2 G/7
(3). Wir singen (dem/der) ... ein Geburtstagslied. Ob das aber mit der Oberstimme geht
D/2 A/9 D/2
oder aber mit der Unterstimme geht oder aber in die Hose geht, ist nicht gewiß.

Ist ein Mann in´ Brunn´ gefallen

C-Dur - Akkorde **C G**

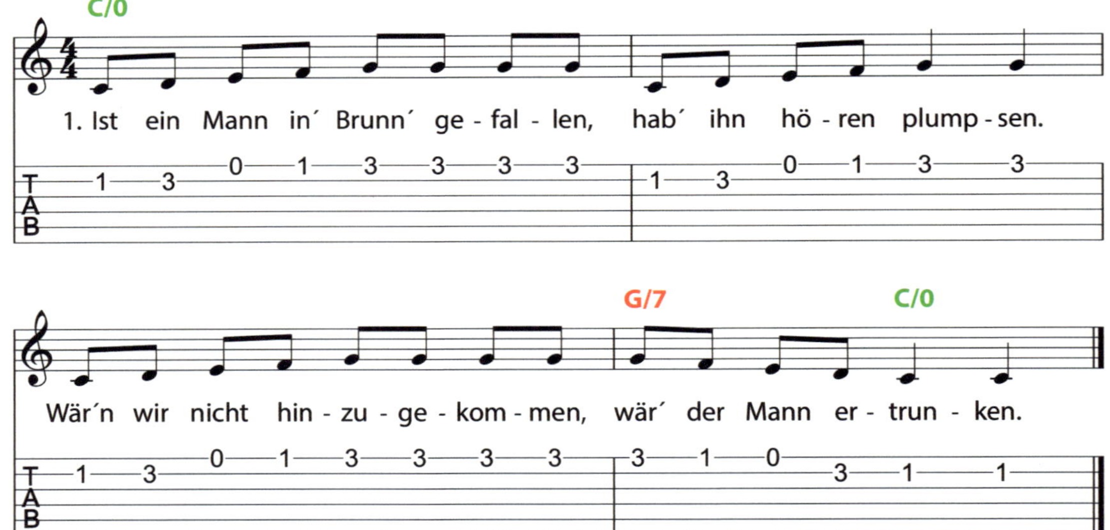

C/0
2. Haben ihn herausgezogen, musst´ im Grase hocken.
G/7 C/0
Kam der liebe Sonnenschein und macht´ ihn wieder trocken.

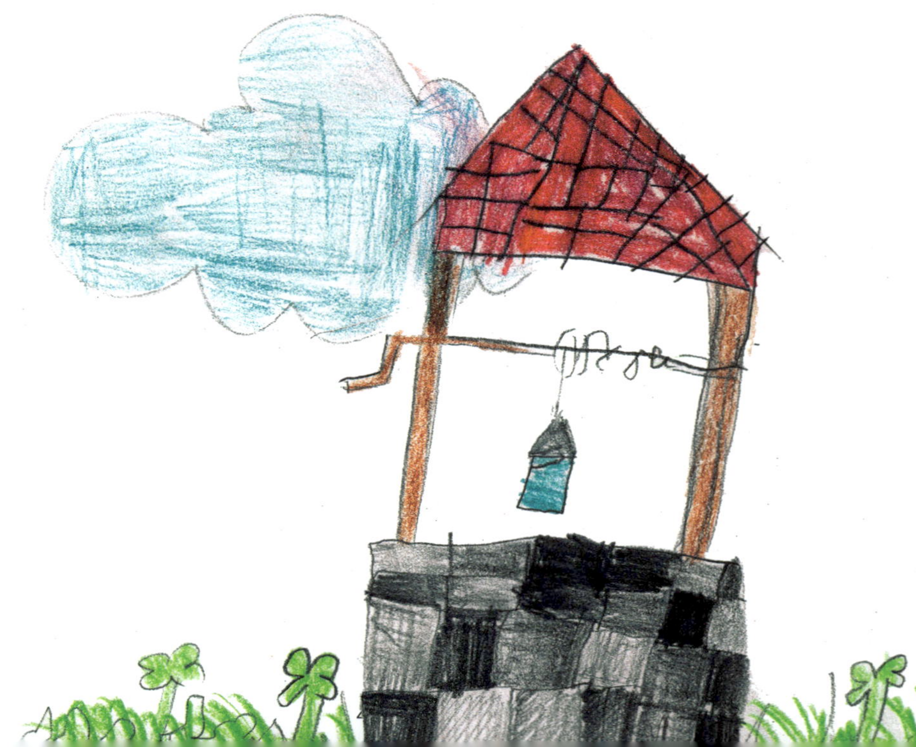

Dornröschen war ein schönes Kind

D-Dur - Akkorde **D A**

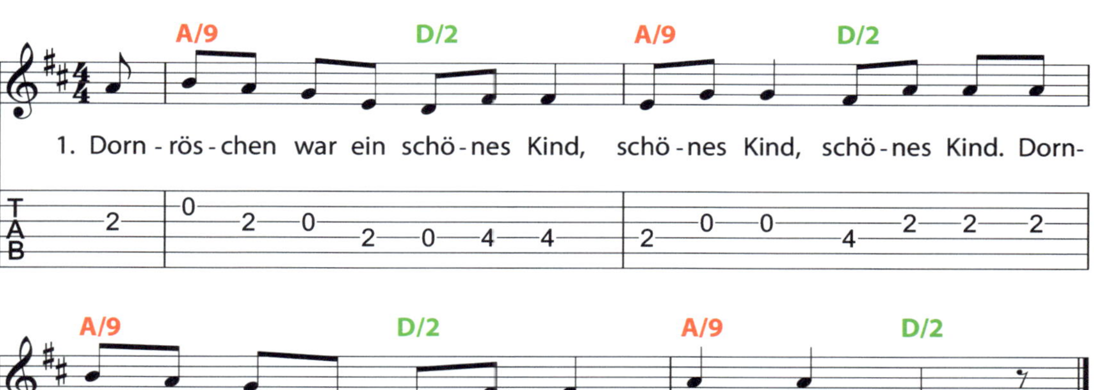

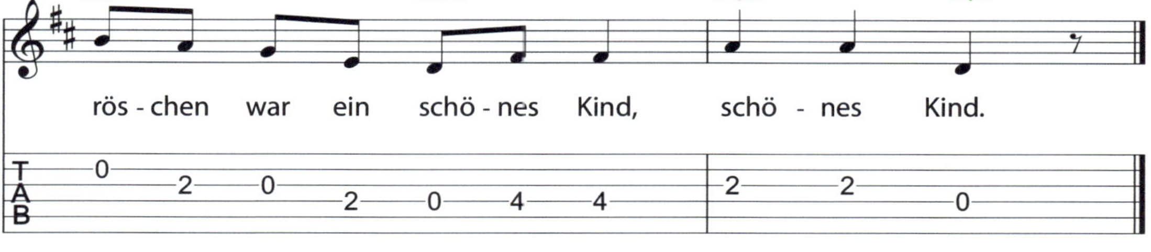

A/9 **D/2** **A/9** **D/2**
2. Dornröschen, nimm dich ja in acht, ja in acht, ja in acht.
A/9 **D/2** **A/9** **D/2**
Dornröschen, nimm dich ja in acht, ja in acht.

A/9 **D/2** **A/9** **D/2**
3. Da kam die böse Fee herein, Fee herein, Fee herein.
A/9 **D/2** **A/9** **D/2**
Da kam die böse Fee herein, Fee herein.

4. Dornröschen, schlafe hundert Jahr´, ...

5. Da wuchs die Hecke riesengroß, ...

6. Da kam ein junger Königssohn, ...

7. Dornröschen, wache wieder auf, ...

8. Da feiern sie das Hochzeitsfest, ...

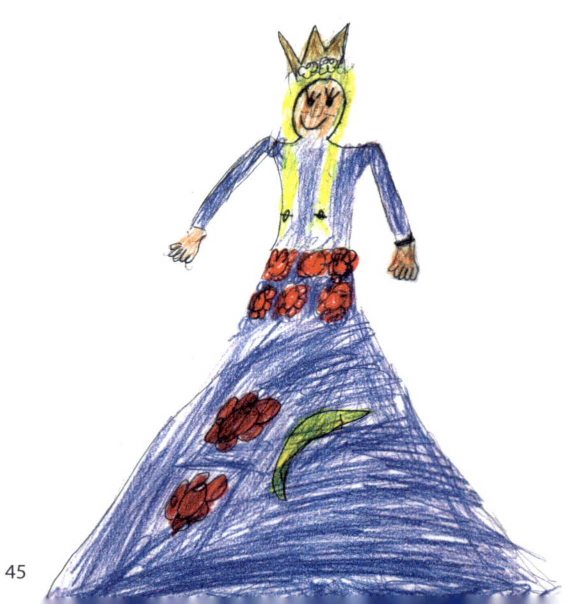

Ein Mann, der sich Kolumbus nannt

G-Dur - Akkorde GACD

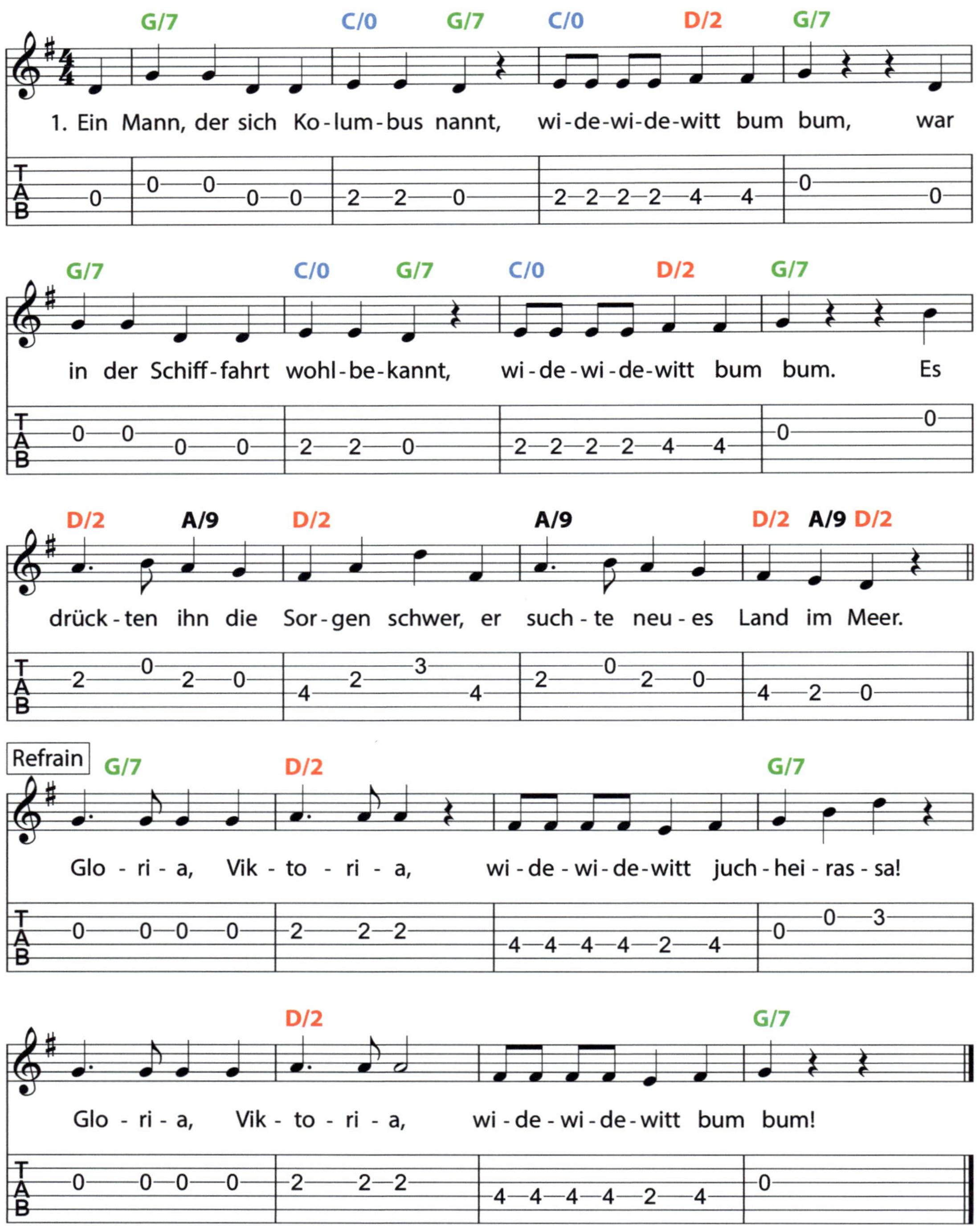

G/7 C/0 G/7 C/0 D/2 G/7
2. Als er den Morgenkaffee trank, widewidewitt bum bum,
C/0 G/7 C/0 D/2 G/7
da sprang er fröhlich von der Bank, widewidewitt bum bum.
D/2 A/9 D/2 A/9 D/2 A/9 D/2
Denn schnell kam mit der ersten Tram der span'sche König bei ihm an.

G/7 C/0 G/7 C/0 D/2 G/7
3. "Kolumbus", sprach er, "Lieber Mann" widewidewitt bum bum,
C/0 G/7 C/0 D/2 G/7
"du hast schon manche Tat getan." widewidewitt bum bum.
D/2 A/9 D/2 A/9 D/2 A/9 D/2
"Eins fehlt noch uns´rer Gloria: Entdecke mir Amerika!"

G/7 C/0 G/7 C/0 D/2 G/7
4. Gesagt, getan, ein Mann, ein Wort, widewidewitt bum bum.
C/0 G/7 C/0 D/2 G/7
Am selben Tag fuhr er noch fort, widewidewitt bum bum.
D/2 A/9 D/2 A/9 D/2 A/9 D/2
Und eines Morgens schrie er: "Land! Wie deucht mir alles so bekannt."

G/7 C/0 G/7 C/0 D/2 G/7
5. Das Volk am Land stand stumm und zag, widewidewitt bum bum.
C/0 G/7 C/0 D/2 G/7
Da sagt Kolumbus: "Guten Tag!" widewidewitt bum bum.
D/2 A/9 D/2 A/9 D/2 A/9 D/2
"Ist hier vielleicht Amerika?" Da schrien alle Leute: "Ja!"

G/7 C/0 G/7 C/0 D/2 G/7
6. Die Menschen waren sehr erschreckt, widewidewitt bum bum.
C/0 G/7 C/0 D/2 G/7
und schrien all´: "Wir sind entdeckt!", widewidewitt bum bum.
D/2 A/9 D/2 A/9 D/2 A/9 D/2
Der Häuptling rief ihm: "Lieber Mann, alsdann bist du Kolumbus dann!"

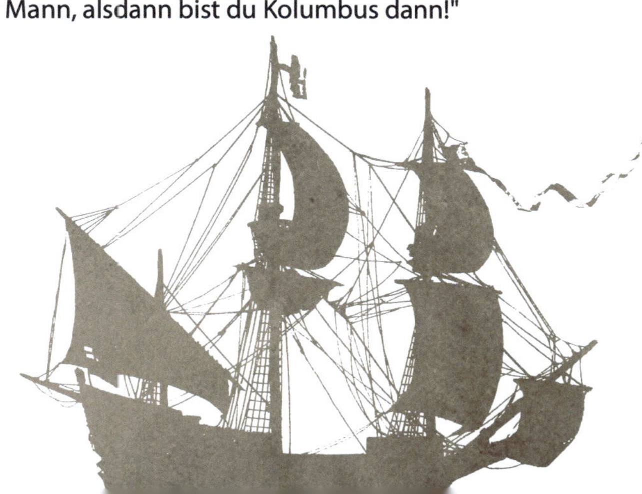

Das Flummilied

D-Dur - Akkorde D G A

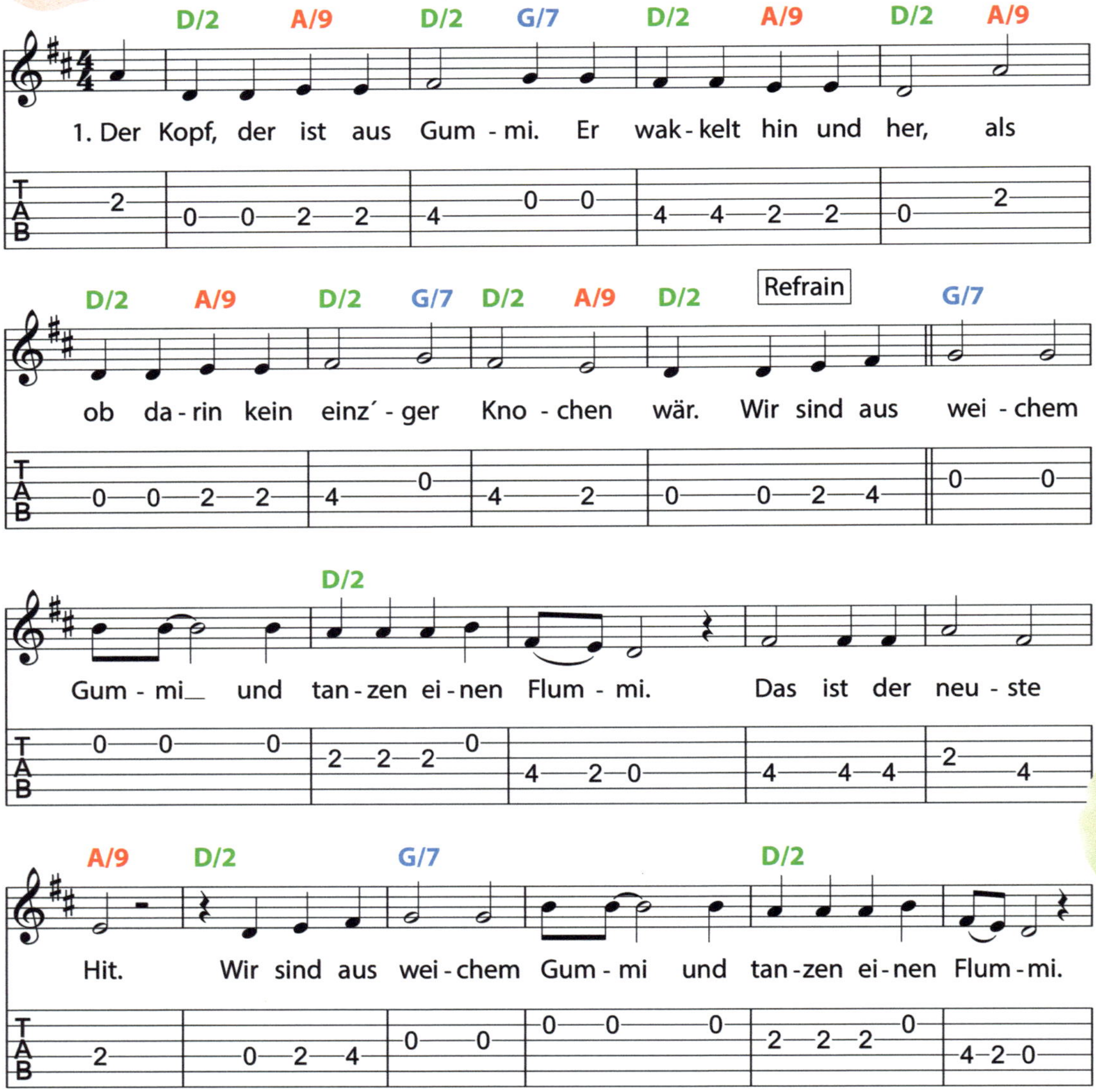

D/2 A/9 D/2 G/7 D/2 A/9 D/2 A/9

1. Der Kopf, der ist aus Gum - mi. Er wak - kelt hin und her, als

D/2 A/9 D/2 G/7 D/2 A/9 D/2 Refrain G/7

ob da - rin kein einz´ - ger Kno - chen wär. Wir sind aus wei - chem

D/2

Gum - mi und tan - zen ei - nen Flum - mi. Das ist der neu - ste

A/9 D/2 G/7 D/2

Hit. Wir sind aus wei - chem Gum - mi und tan - zen ei - nen Flum - mi.

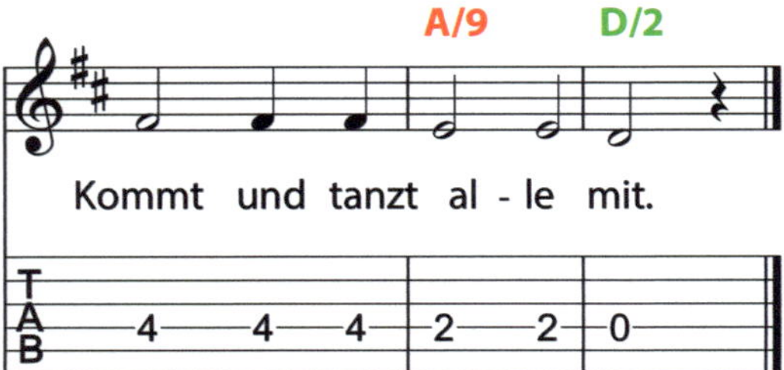

2. Die Schultern sind aus Gummi. Sie Sie pendeln hin und her ...

3. Die Hände ...
4. Die Hüften ...
5. Die Beine ...
6. Die Füße ...

Kopf und Schultern

C-Dur - Akkorde C F G

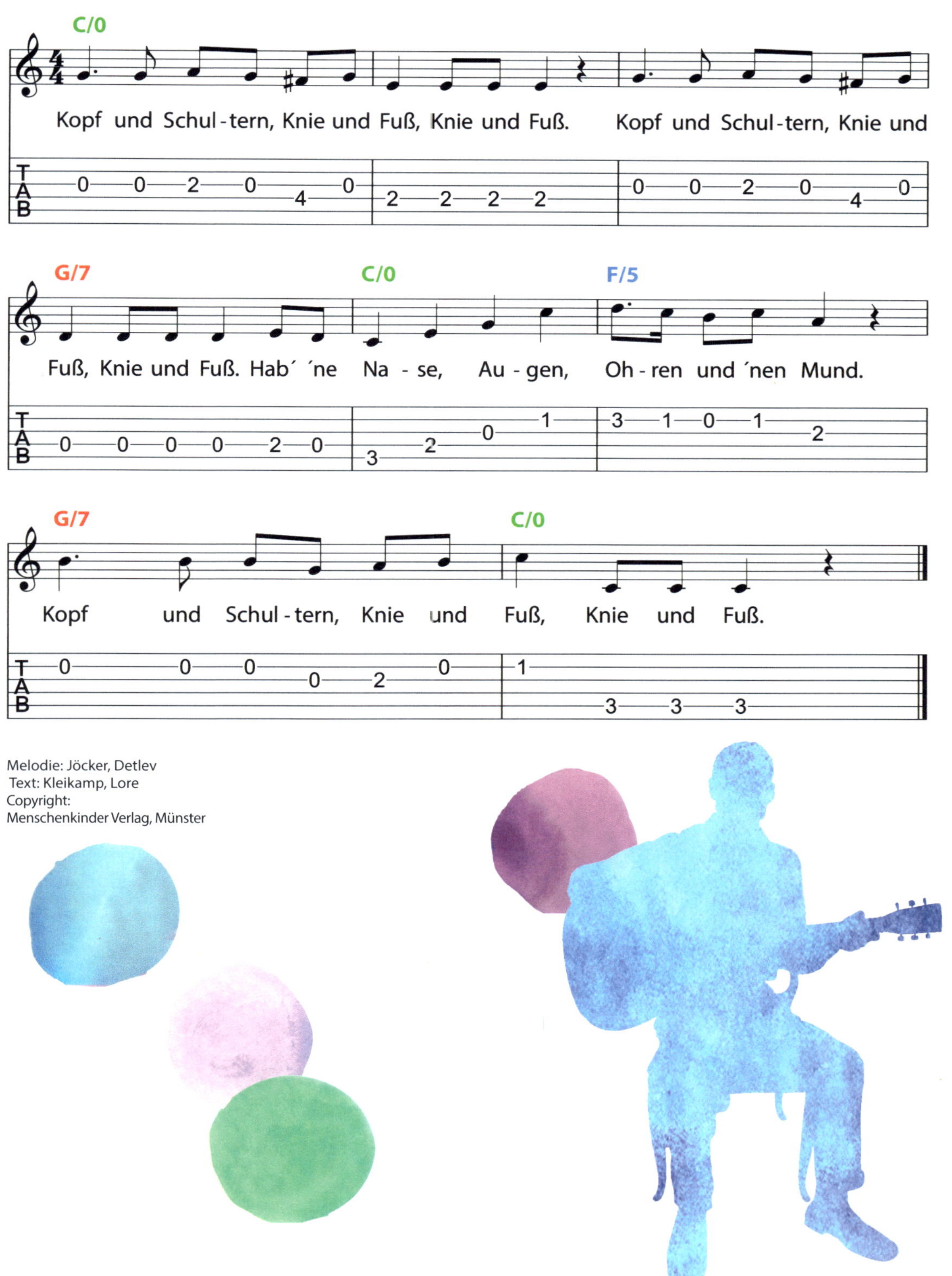

Melodie: Jöcker, Detlev
Text: Kleikamp, Lore

Oh heppo di taja he

D-Dur - Akkorde **D G A**

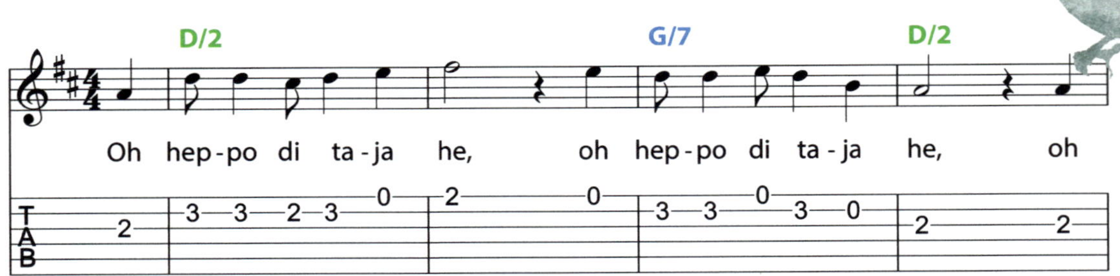

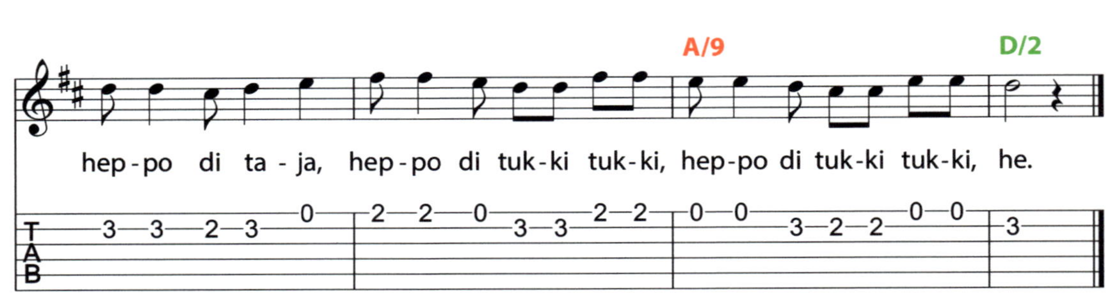

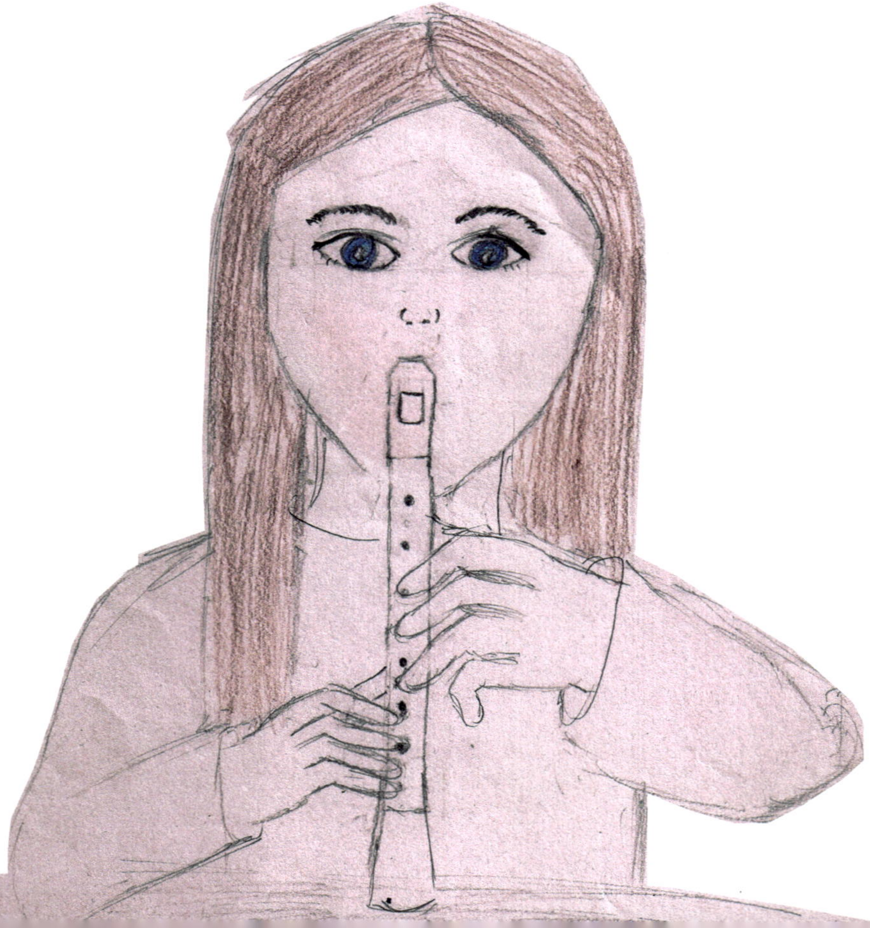

Laurentia

F-Dur - Akkorde F C

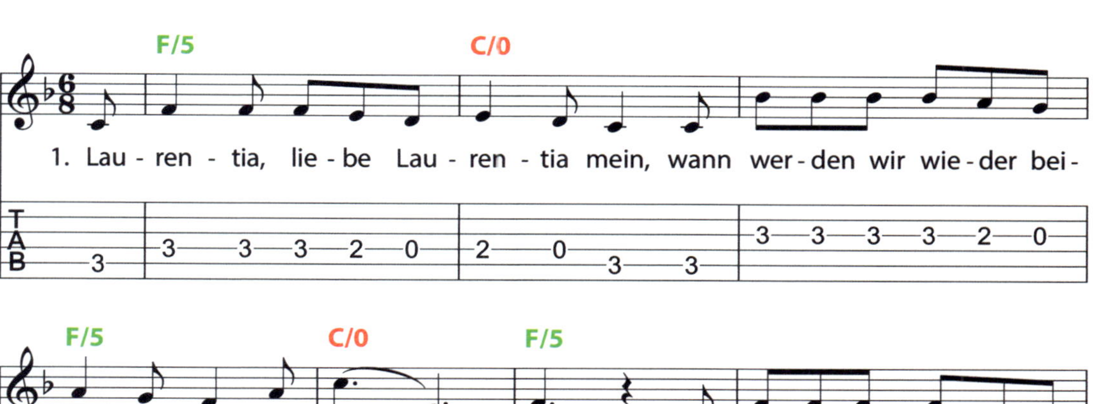

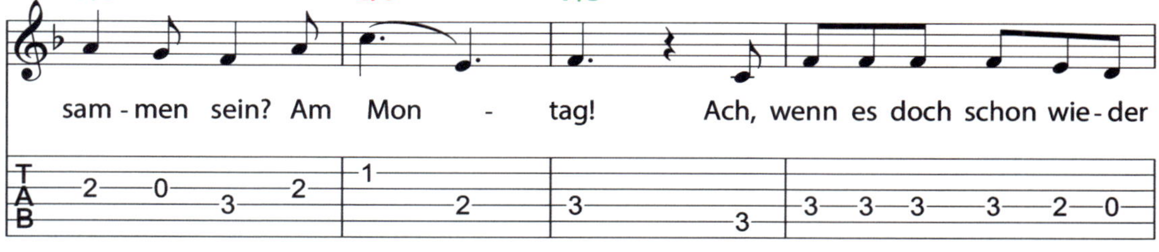

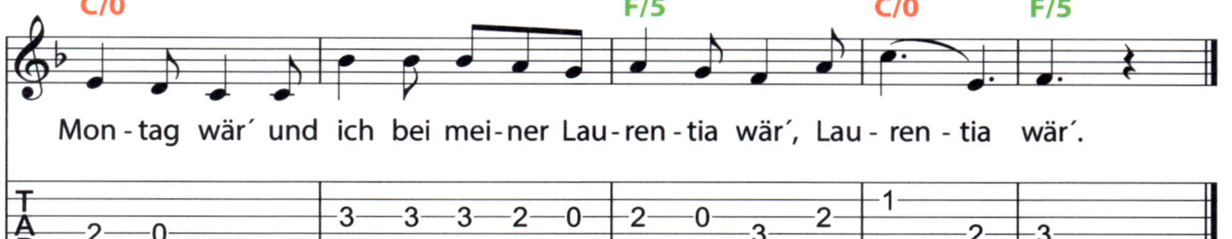

F/5 C/0
2. Laurentia, liebe Laurentia mein,

F/5
wann werden wir wieder beisammen sein?

C/0 F/5
Am Dienstag!

C/0
Ach, wenn es doch schon wieder Montag, Dienstag wär´

F/5 C/0 F/5
und ich bei meiner Laurentia wär´, Laurentia wär´.

3.-7. Strophe: (Es kommt immer ein weiterer Wochentag hinzu.)

Das ist gerade, das ist schief

C-Dur - Akkorde C F G

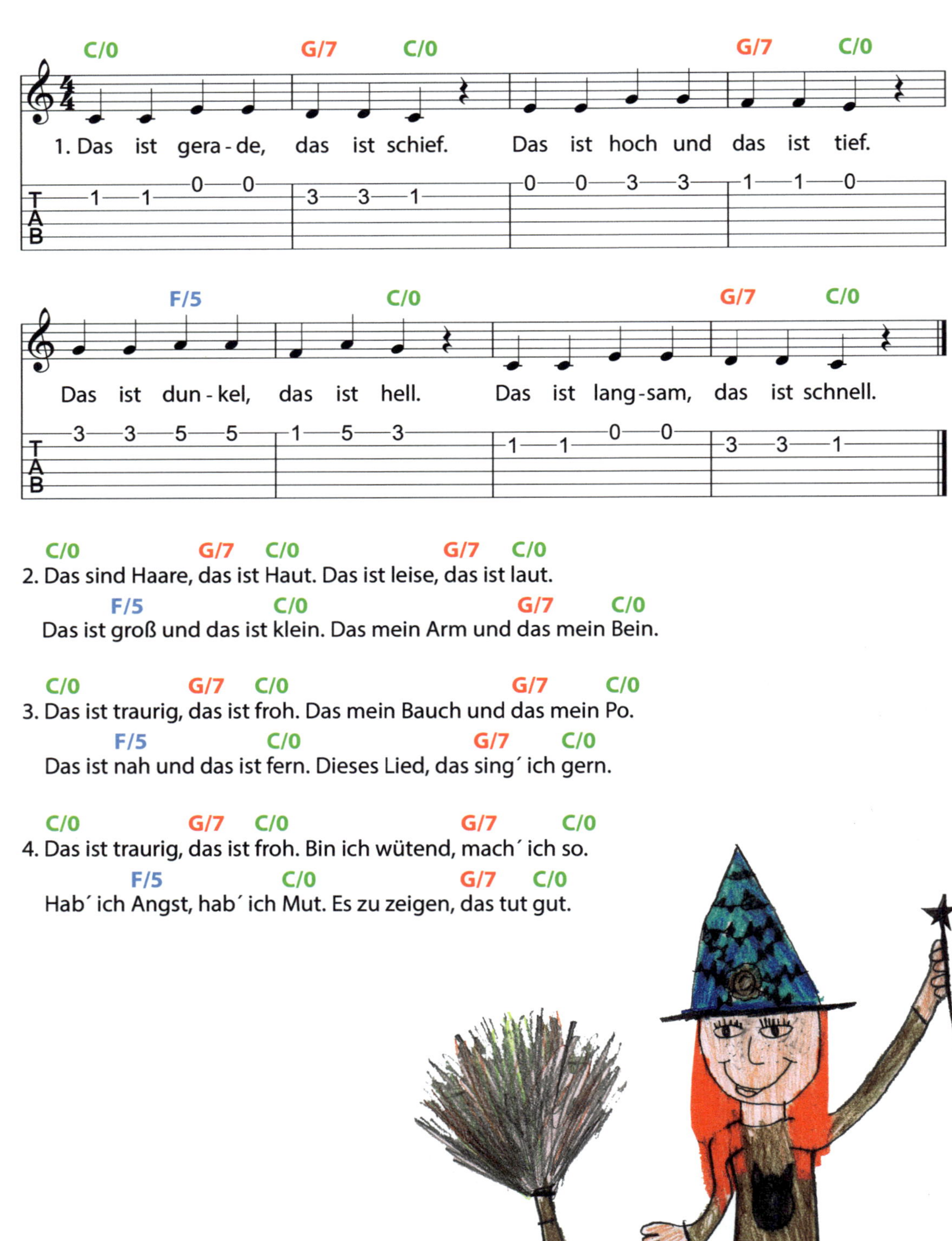

C/0 G/7 C/0 G/7 C/0
2. Das sind Haare, das ist Haut. Das ist leise, das ist laut.
F/5 C/0 G/7 C/0
Das ist groß und das ist klein. Das mein Arm und das mein Bein.

C/0 G/7 C/0 G/7 C/0
3. Das ist traurig, das ist froh. Das mein Bauch und das mein Po.
F/5 C/0 G/7 C/0
Das ist nah und das ist fern. Dieses Lied, das sing´ ich gern.

C/0 G/7 C/0 G/7 C/0
4. Das ist traurig, das ist froh. Bin ich wütend, mach´ ich so.
F/5 C/0 G/7 C/0
Hab´ ich Angst, hab´ ich Mut. Es zu zeigen, das tut gut.

Ich bin der kleine Tanzbär

G-Dur - Akkorde G C D

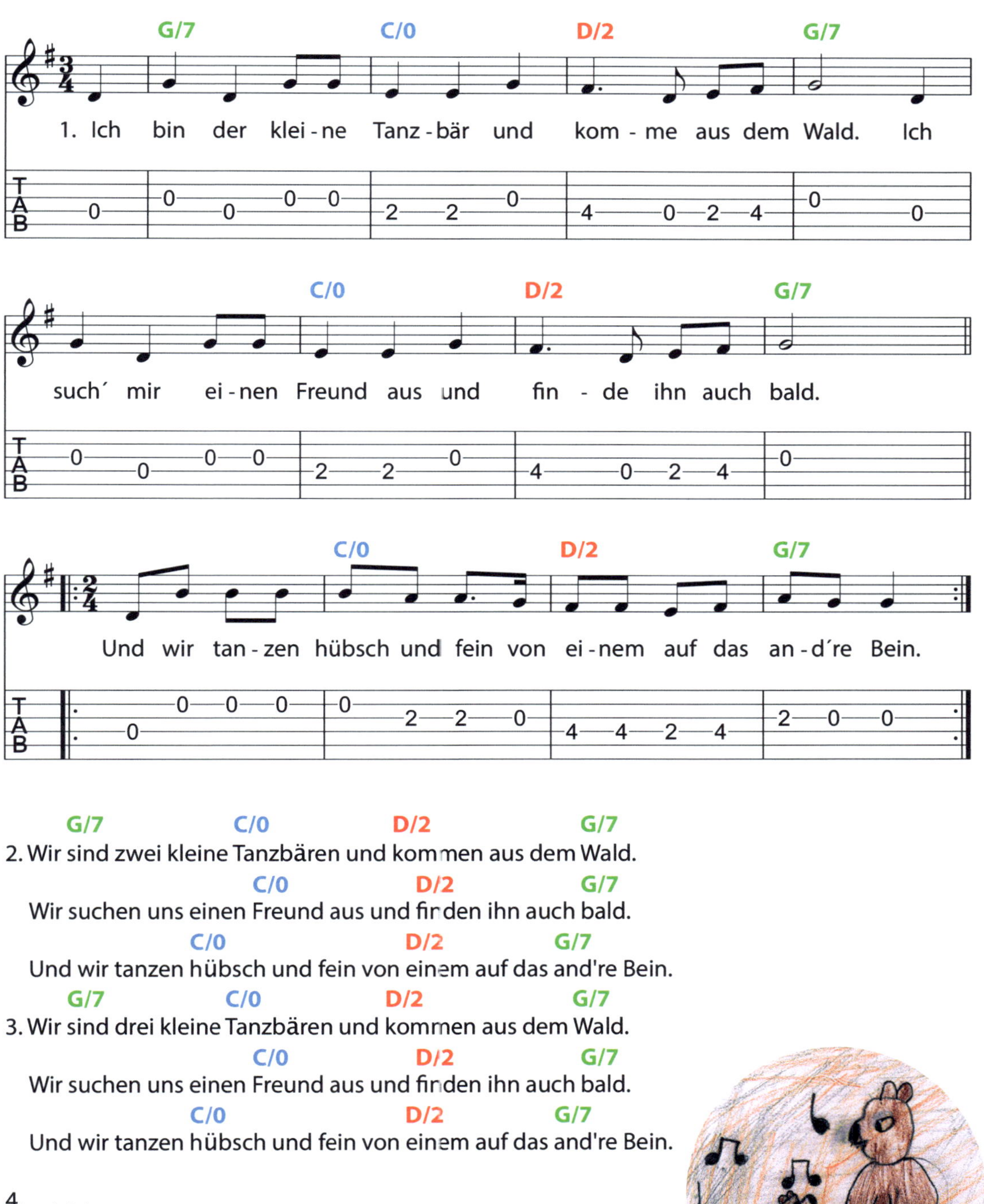

G/7 C/0 D/2 G/7
2. Wir sind zwei kleine Tanzbären und kommen aus dem Wald.
C/0 D/2 G/7
Wir suchen uns einen Freund aus und finden ihn auch bald.
C/0 D/2 G/7
Und wir tanzen hübsch und fein von einem auf das and're Bein.

G/7 C/0 D/2 G/7
3. Wir sind drei kleine Tanzbären und kommen aus dem Wald.
C/0 D/2 G/7
Wir suchen uns einen Freund aus und finden ihn auch bald.
C/0 D/2 G/7
Und wir tanzen hübsch und fein von einem auf das and're Bein.

4. . . .

Meine Hände sind verschwunden

C-Dur - Akkorde C F G

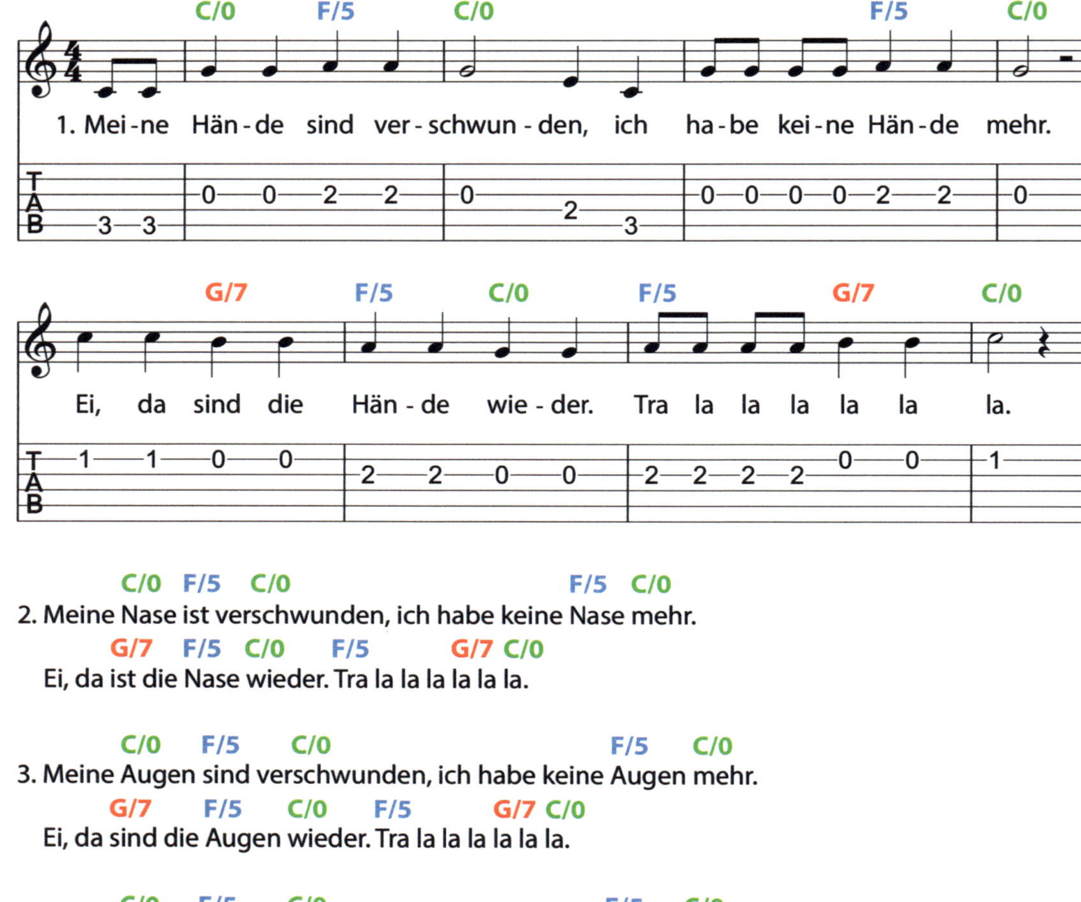

C/0 F/5 C/0 F/5 C/0
2. Meine Nase ist verschwunden, ich habe keine Nase mehr.
G/7 F/5 C/0 F/5 G/7 C/0
Ei, da ist die Nase wieder. Tra la la la la la la.

C/0 F/5 C/0 F/5 C/0
3. Meine Augen sind verschwunden, ich habe keine Augen mehr.
G/7 F/5 C/0 F/5 G/7 C/0
Ei, da sind die Augen wieder. Tra la la la la la la.

C/0 F/5 C/0 F/5 C/0
4. Meine Ohren sind verschwunden, ich habe keine Ohren mehr.
G/7 F/5 C/0 F/5 G/7 C/0
Ei, da sind die Ohren wieder. Tra la la la la la la.

C/0 F/5 C/0 F/5 C/0
5. Meine Finger sind verschwunden, ich habe keine Finger mehr.
G/7 F/5 C/0 F/5 G/7 C/0
Ei, da sind die Finger wieder. Tra la la la la la la.

C/0 F/5 C/0 F/5 C/0
6. Mein Mund, der ist verschwunden, ich habe keinen Mund mehr.
G/7 F/5 C/0 F/5 G/7 C/0
Ei, da ist der Mund wieder. Tra la la la la la la.

Der Katzentatzentanz

C-Dur - Akkorde C F G

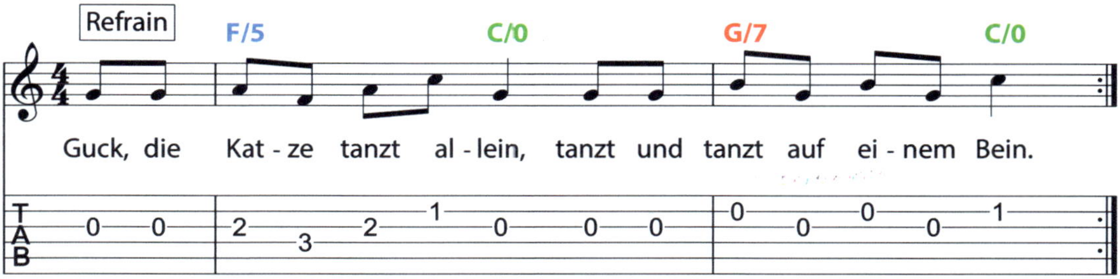

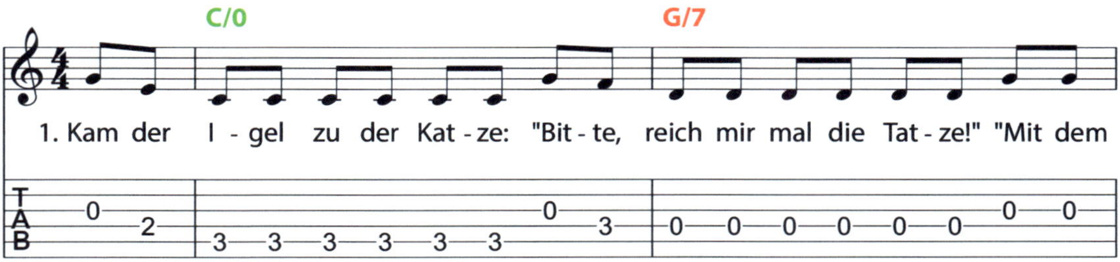

Refrain

F/5 C/0 G/7 C/0

Guck, die Kat - ze tanzt al - lein, tanzt und tanzt auf ei - nem Bein.

T A B: 0 0 | 2 3 2 1 0 0 0 | 0 0 0 0 1

C/0 G/7

1. Kam der I - gel zu der Kat - ze: "Bit - te, reich mir mal die Tat - ze!" "Mit dem

T A B: 0 2 | 3 3 3 3 3 3 0 3 | 0 0 0 0 0 0 0 0

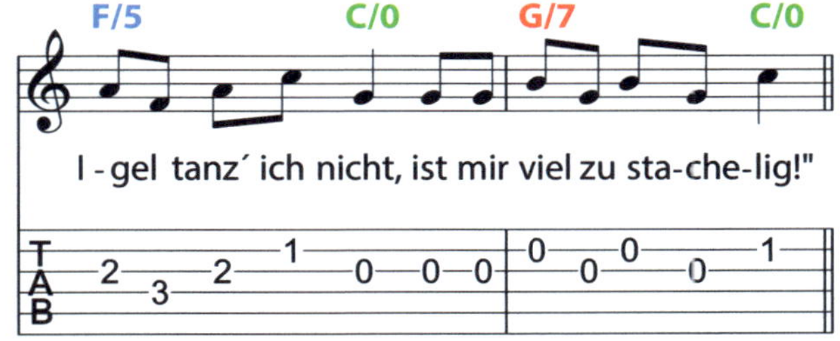

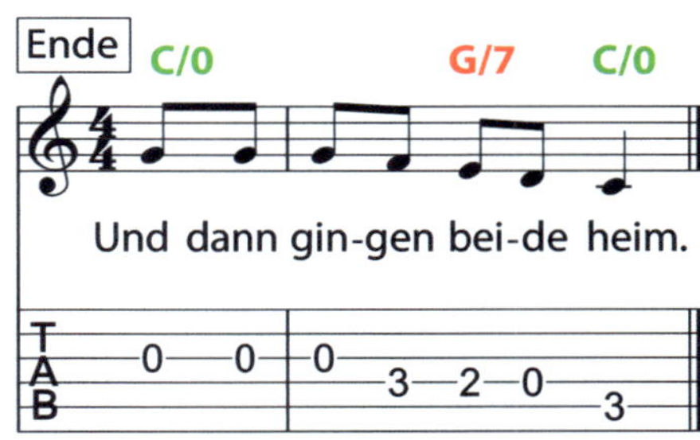

C/0 G/7
2. Kam der Hase zu der Katze: "Bitte reich mir deine Tatze!"
F/5 C/0 G/7 C/0
Mit dem Hasen tanz´ ich nicht. Ist mir viel zu zappelig!

C/0 G/7
3. Kam der Dackel zu der Katze: "Bitte reich mir deine Tatze!"
F/5 C/0 G/7 C/0
Mit dem Dackel tanz´ ich nicht, denn der tanzt so wackelig!

C/0 G/7
4. Das Gespenst kam zu der Katze: "Bitte reich mir deine Tatze!"
F/5 C/0 G/7 C/0
Mit dem Gespenst, da tanz´ ich nicht, ist mir viel zu gruselig!

C/0 G/7
5. Kam der Kater zu der Katze, leckte ihr ganz lieb die Tatze,
F/5 C/0 G/7 C/0
streichelt sie und küsst sie sacht und schon hat sie mitgemacht.

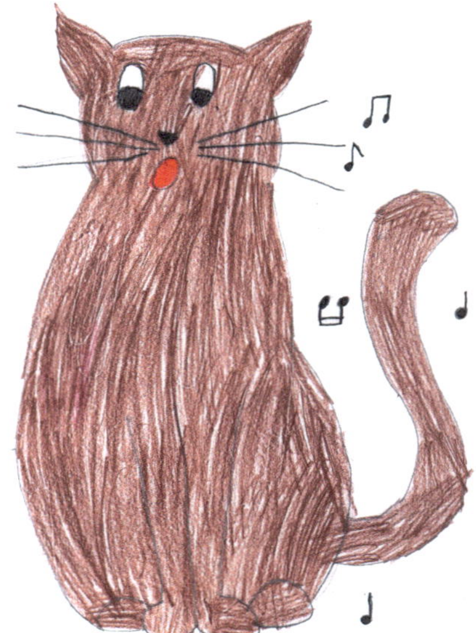

Melodie & Text: Vahle, Fredrik

Die tapf´re Maus

D-Dur - Akkorde **D G A**

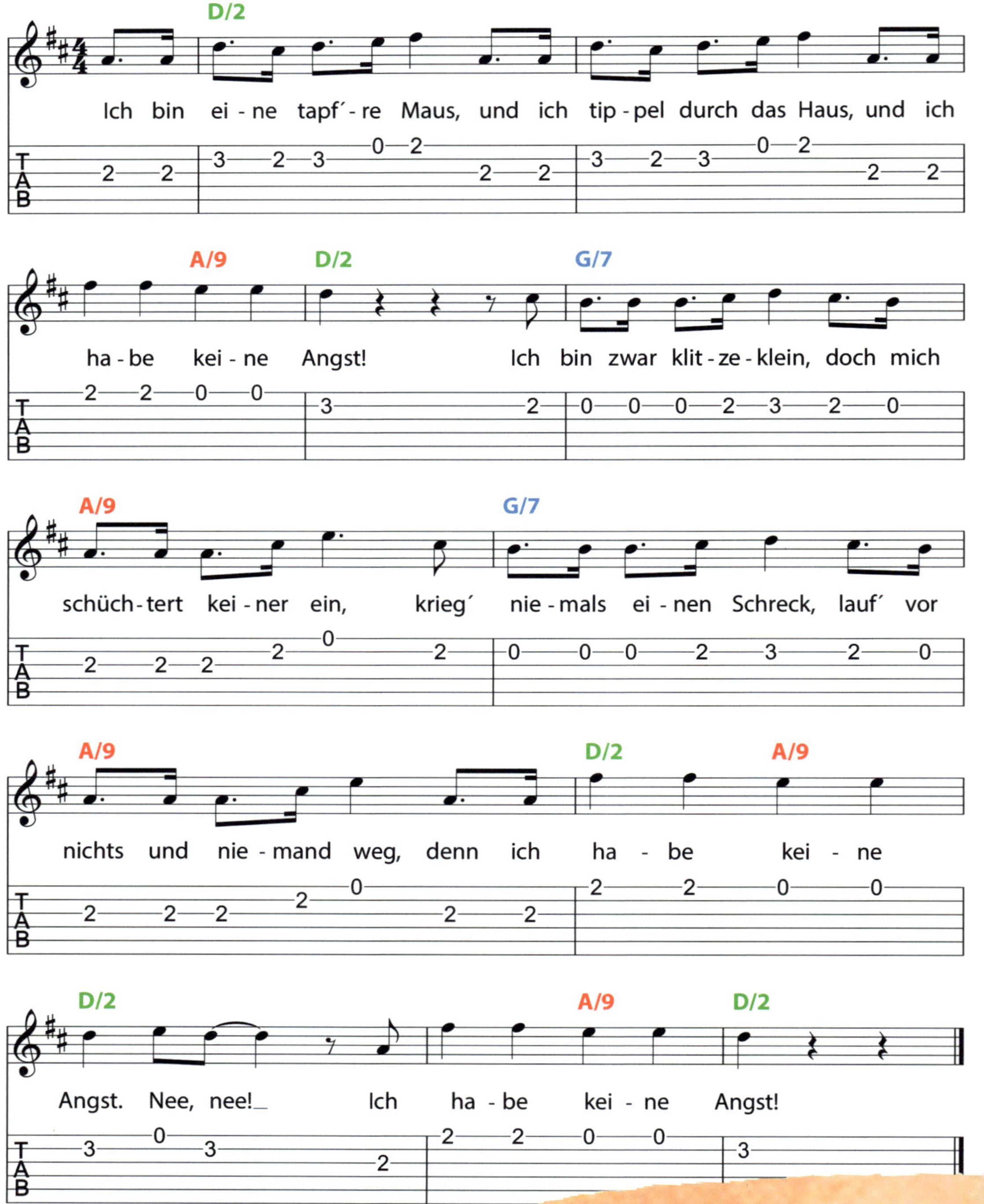

Melodie & Text: Hering, Wolfgang/Meyerholz, Bernd. Copyright: Rechte beim Urheber

Frage: Und was ist, wenn eine Katze kommt?
Maus: Wie denn, was für eine Katze?
Antwort: So eine riesige Katze mit großen Augen und scharfen Krallen.
Maus: Och, ich habe doch keine Angst vor einer Katze.
Frage: Wenn die aber gleich zupackt, weil sie Hunger hat und dich fressen will?
Maus: Also gut, dann habe ich vielleicht ein bisschen Angst,
aber sonst habe ich keine Angst, denn:

D/2

Ich bin eine tapf´re Maus...

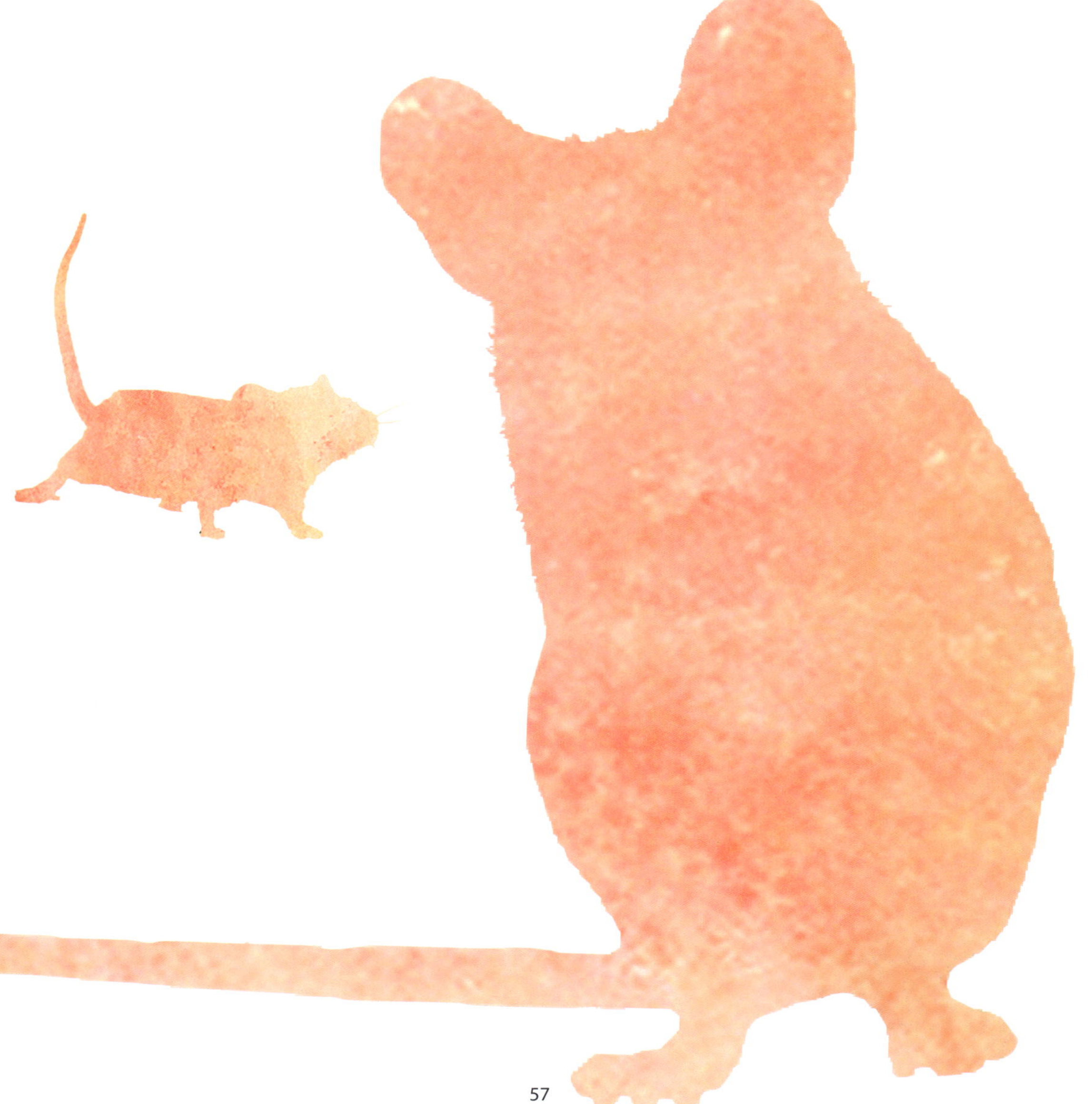

Sternenfänger

A-Dur - Akkorde **A Hm E F#m**

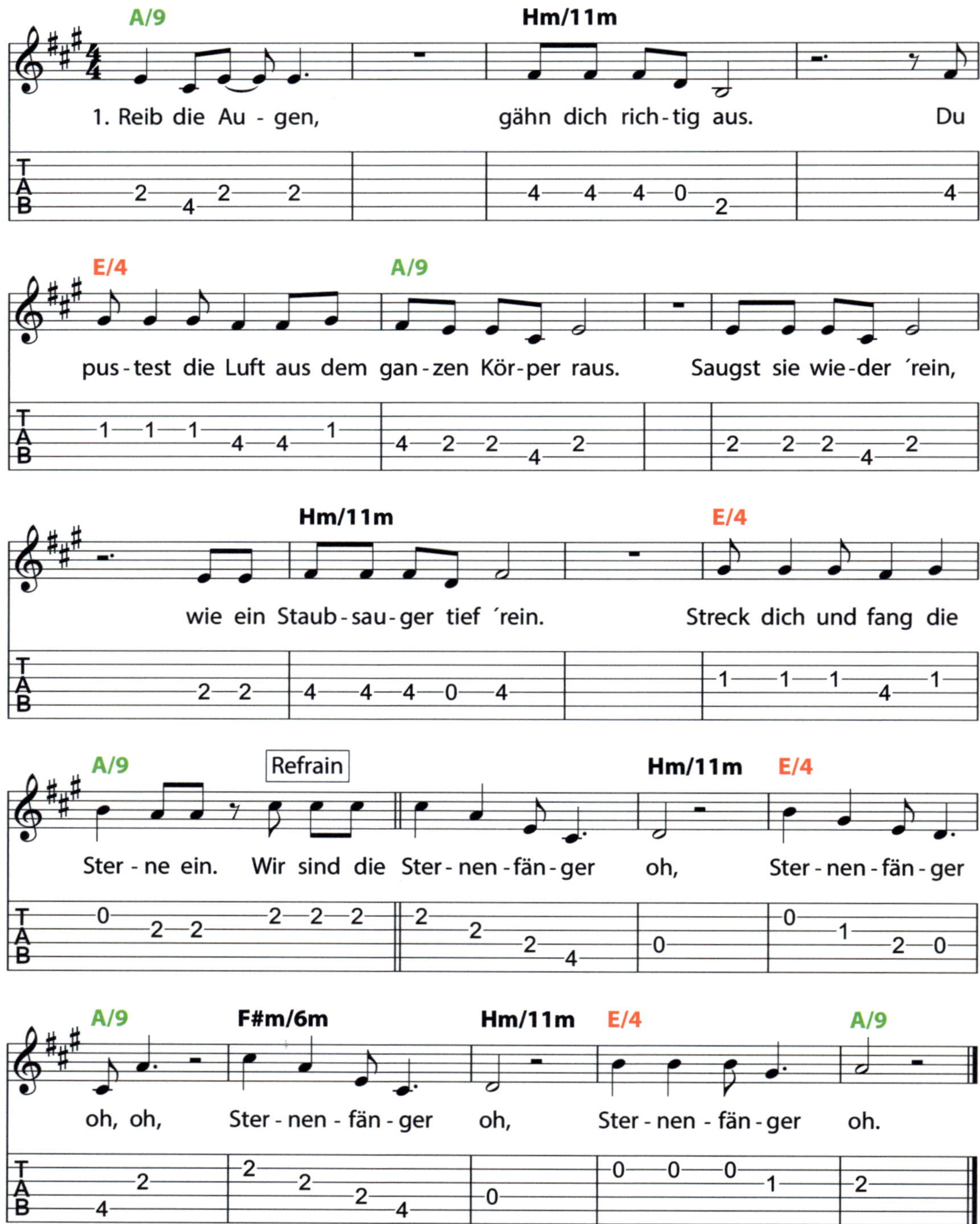

A/9 Hm/11m
2. Schnipps mal mit den Fingern, fang zu klatschen an.
E/4 A/9
Du ziehst die Schultern an den Kopf ganz nah heran.
Hm/11m
Schlabberst mit den Knien, hüpfst auf einem Bein.
E/4 A/9
Streck dich und fang die Sterne ein.

A/9 Hm/11m
3. Stampf mal mit den Füßen, reib dir deinen Bauch.
E/4 A/9
Du schüttelst dich, das macht´n Wackelpudding auch.
Hm/11m
Mach dich mal ganz klein, wie ein Frosch so klitzeklein.
E/4 A/9
Streck dich und fang die Sterne ein.

A/9 Hm/11m
4. Such dir einen Nachbarn, guck ihn freundlich an.
E/4 A/9
Probier mal, ob man den auch kitzeln kann.
Hm/11m
Dann tanzen zwei Verliebte in den Himmel rein.
E/4 A/9
Zusammen fangen wir die Sterne ein.

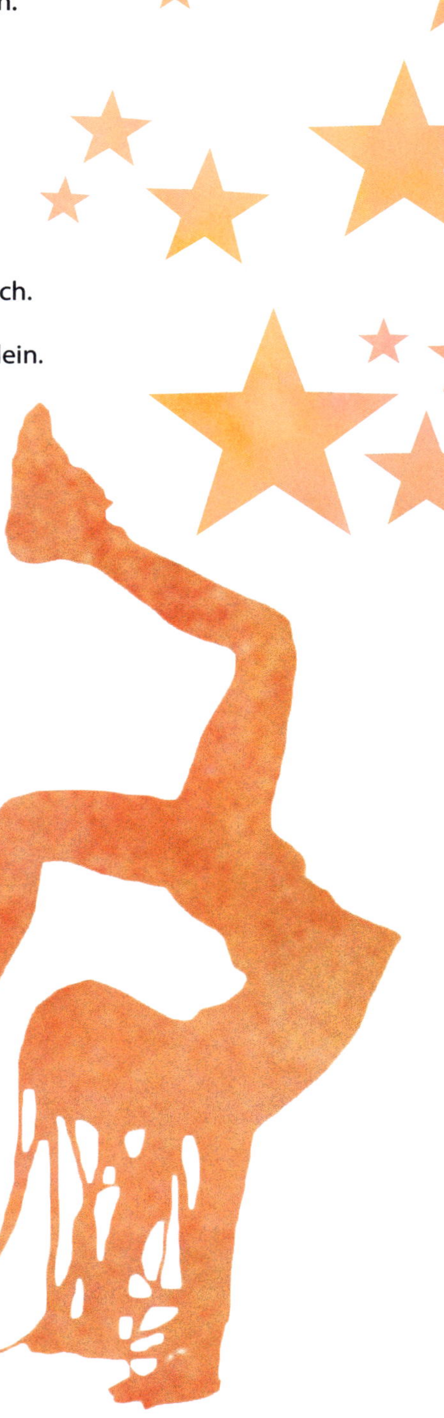

Melodie & Text: Hering, Wolfgang/Meyerholz, Bernd

Geistertango

E-Moll - Akkorde Em Am H

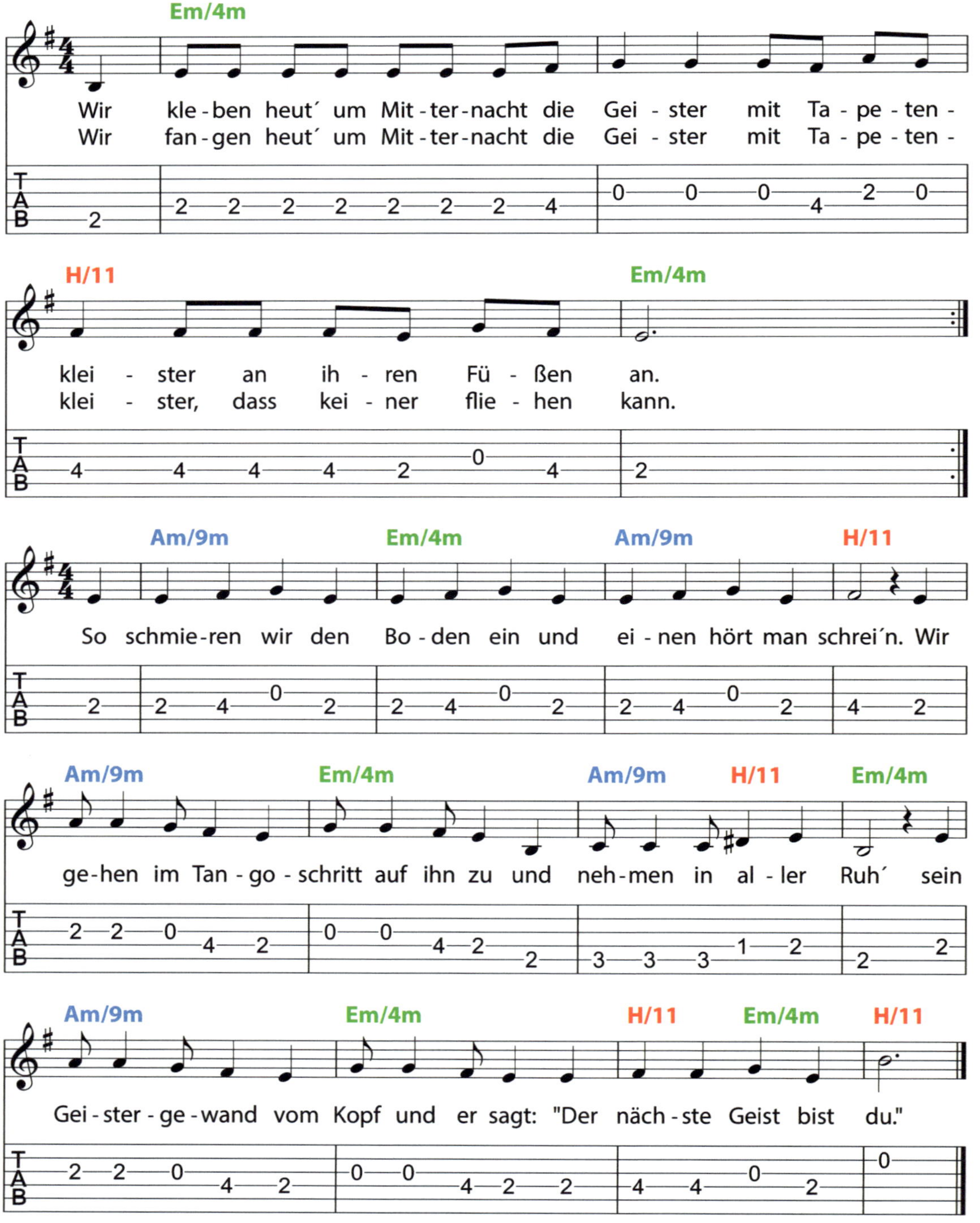

Melodie & Text: Beidinger, Werner. Copyright: Rechte beim Urheber

Ein Elefant ging ohne Hetz

C-Dur - Akkorde

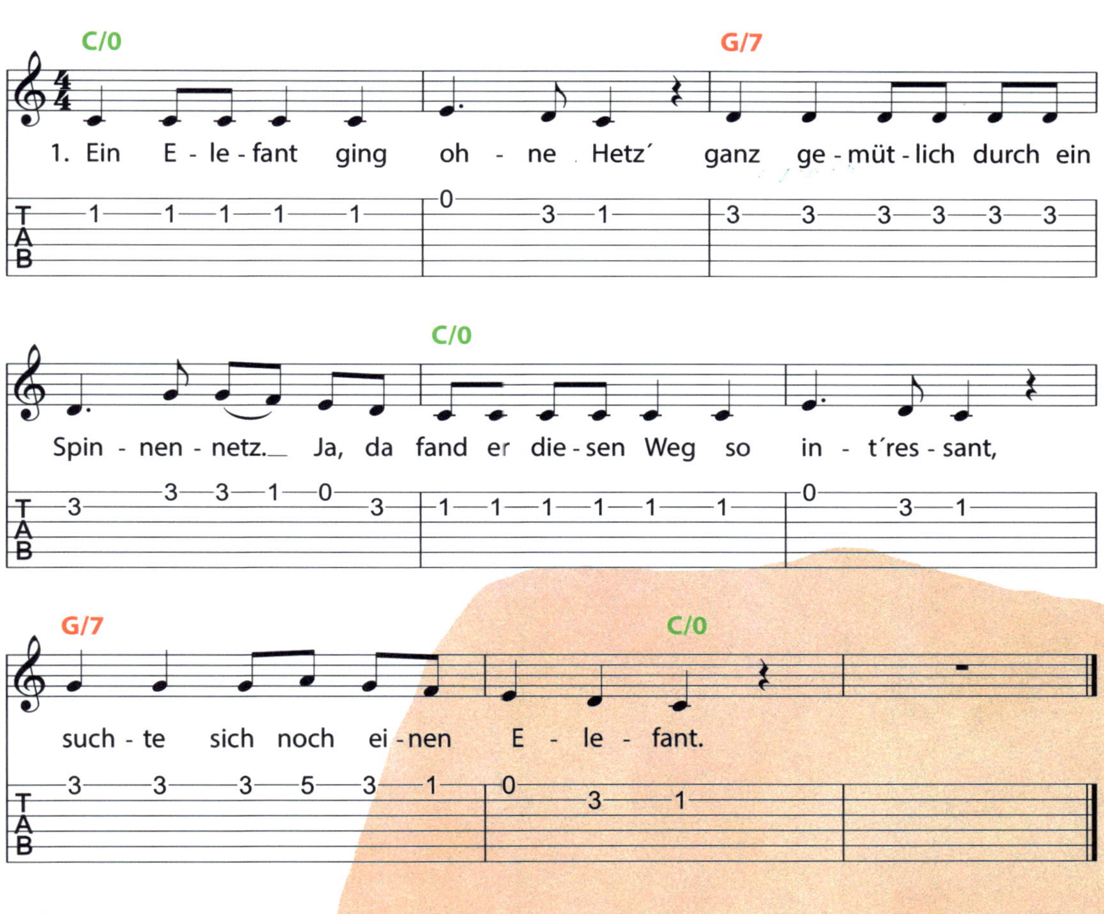

C/0 G/7
2. Zwei Elefanten gingen ohne Hetz´ ganz gemütlich durch ein Spinnennetz.
C/0 G/7 C/0
Ja, da fanden sie den Weg so int´ressant, suchten sich noch einen Elefant.

3. Drei Elefanten ...

Zehn kleine Fische

F-Dur - Akkorde FGmCDm

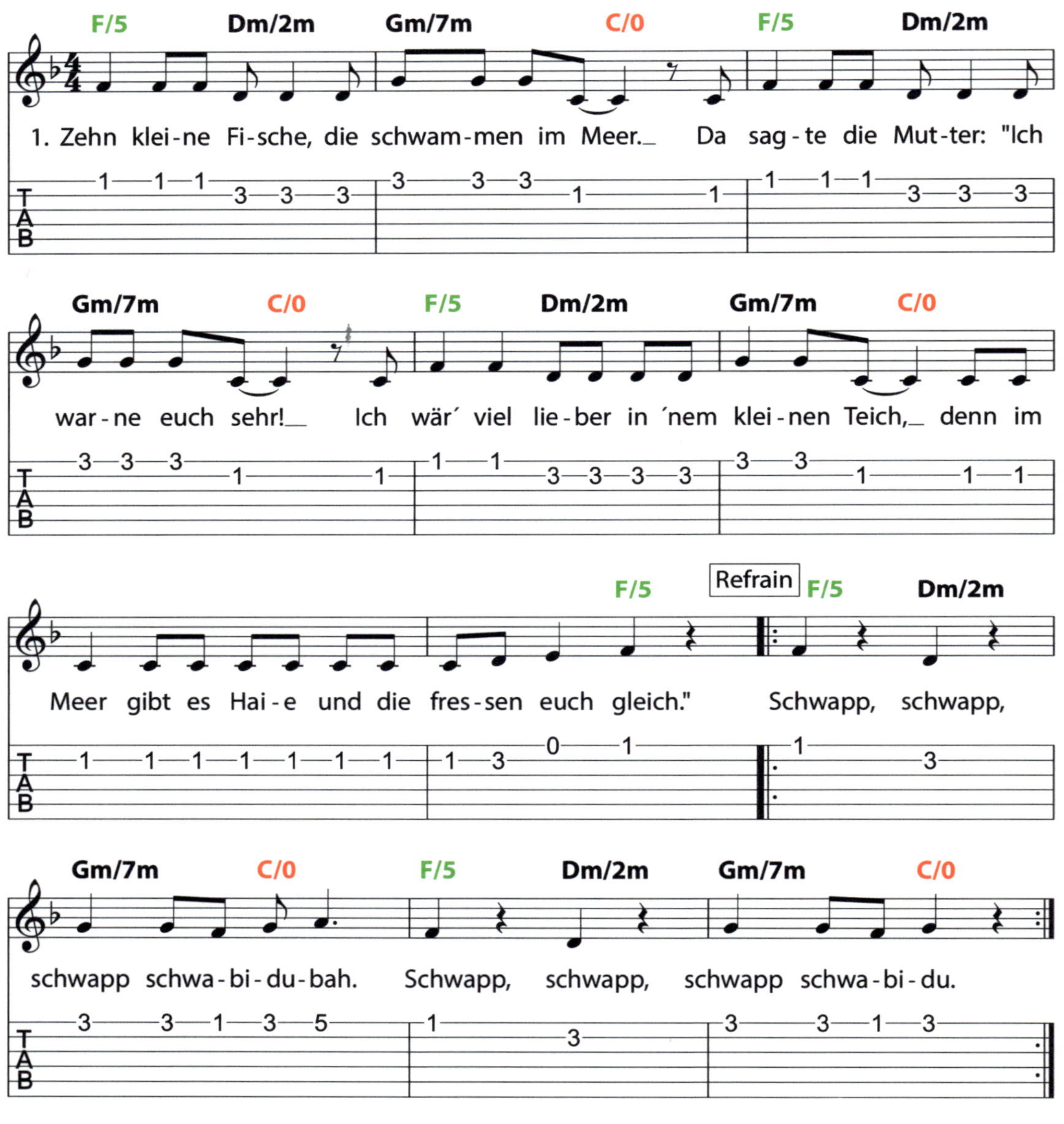

F/5 Dm/2m Gm/7m C/0

2. Neun kleine Fische, die schwammen im Meer. ...

3. Acht ...
4. Sieben ...
5. ...

Das Äffchen Jora

F-Dur - Akkorde FGmGAmC

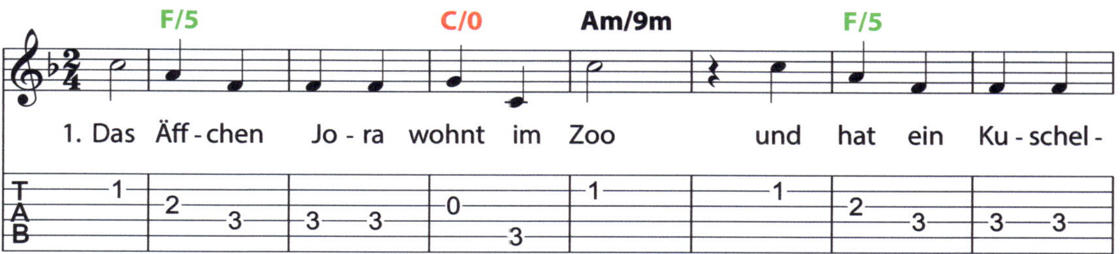

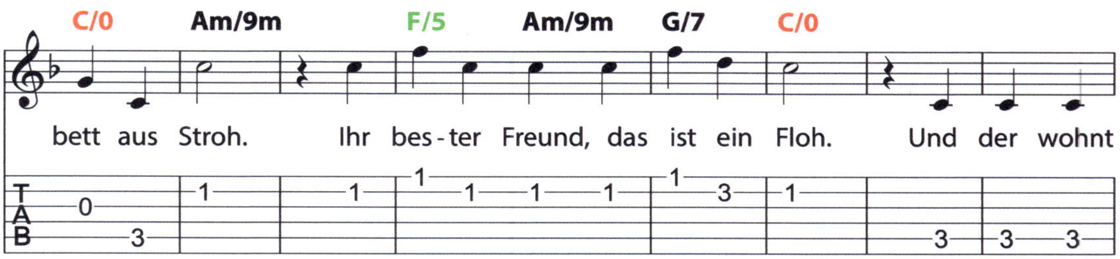

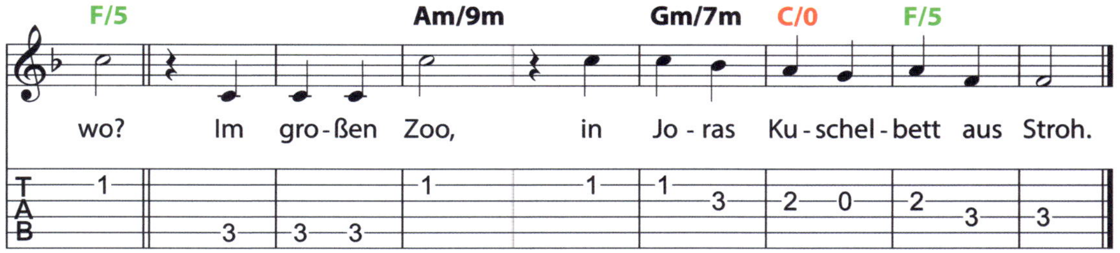

F/5 C/0 Am/9m F/5 C/0 Am/9m
2. Besuch doch mal den großen Zoo! Im Affenhaus siehst du das Stroh.
F/5 Am/9m G/7 C/0 F/5
Dort tanzt der klitzekleine Floh. Und der tanzt wo?
Am/9m Gm/7m C/0 F/5
Im großen Zoo, in Joras Kuschelbett aus Stroh.

F/5 C/0 Am/9m F/5 C/0 Am/9m
3. Die ander´n Affen dort im Zoo, die kratzen sich und schnalzen froh.
F/5 Am/9m G/7 C/0 F/5
Sie wissen nichts von Joras Floh. Und der wohnt wo?
Am/9m Gm/7m C/0 F/5
Im großen Zoo, in Joras Kuschelbett aus Stroh.

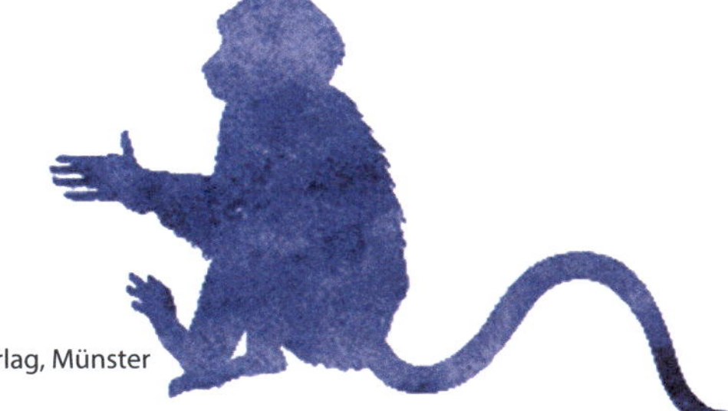

AEIOU

D-Dur - Akkorde DA

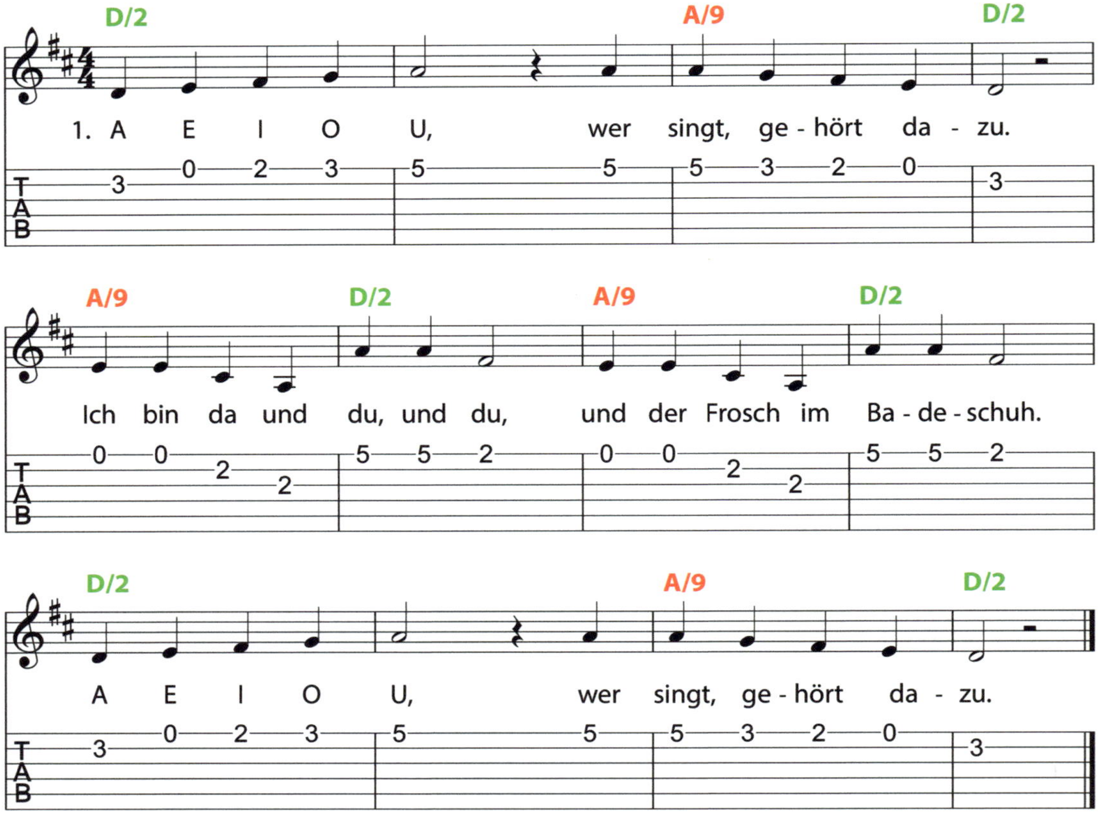

D/2 A/9 D/2

1. A E I O U, wer singt, ge - hört da - zu.

A/9 D/2 A/9 D/2

Ich bin da und du, und du, und der Frosch im Ba - de - schuh.

D/2 A/9 D/2

A E I O U, wer singt, ge - hört da - zu.

Melodie: trad./Unmada Manfred Kindel
Text: Kunz, Marianne/Friebel, Volker/Unmada Manfred Kindel

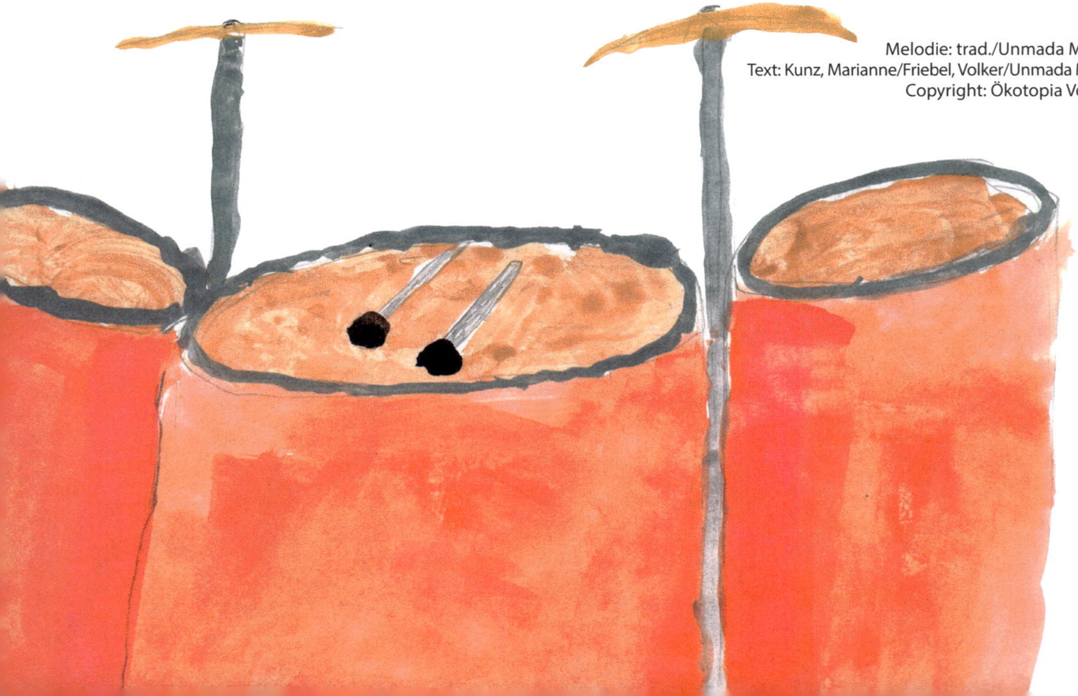

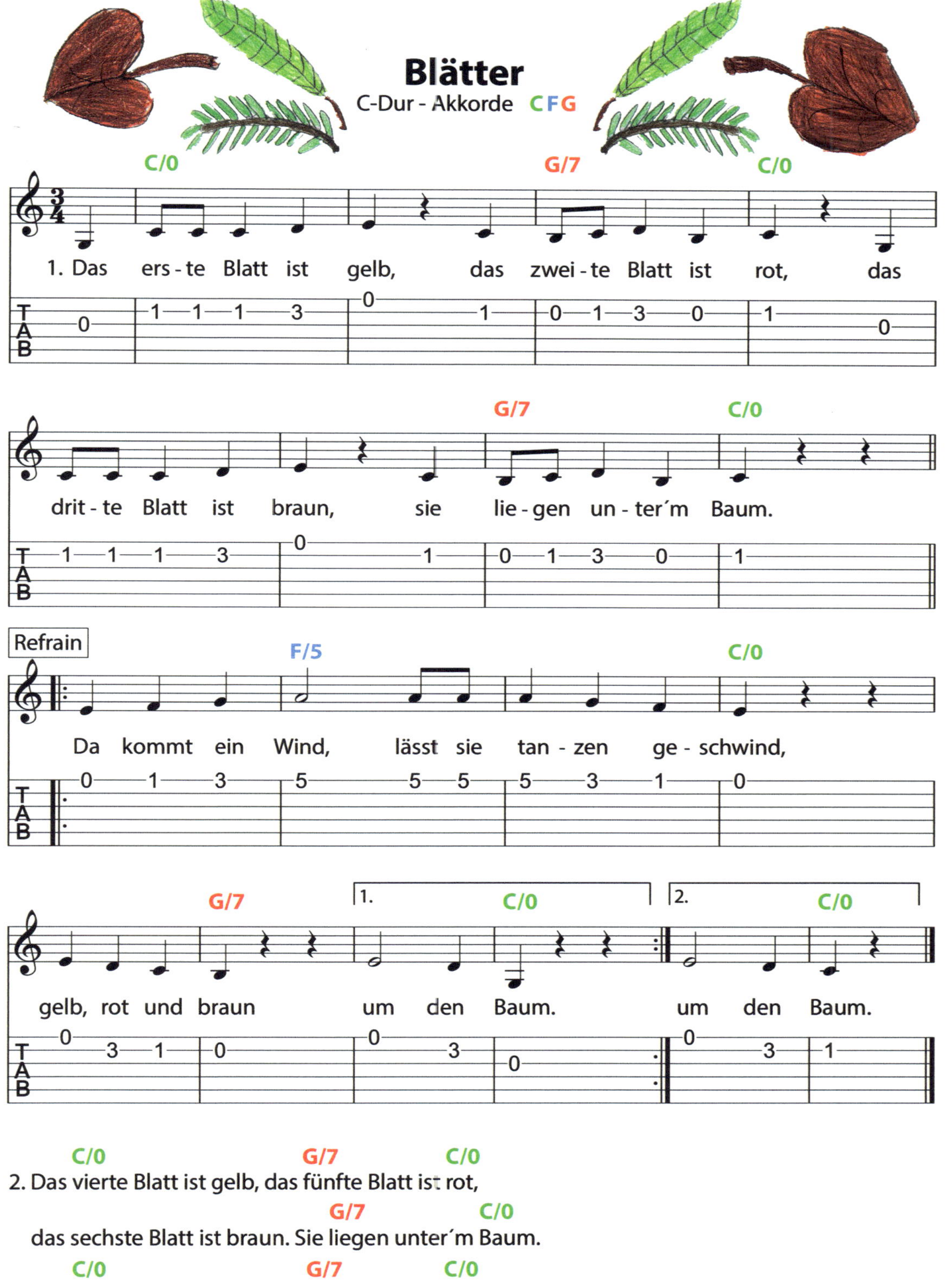

C/0 G/7 C/0
2. Das vierte Blatt ist gelb, das fünfte Blatt ist rot,
G/7 C/0
das sechste Blatt ist braun. Sie liegen unter´m Baum.

C/0 G/7 C/0
3. Das siebte Blatt ist gelb, das achte Blatt ist rot,
G/7 C/0
das neunte Blatt ist braun. Sie liegen unter´m Baum.

Bunt sind schon die Wälder

C-Dur - Akkorde CDDmFG

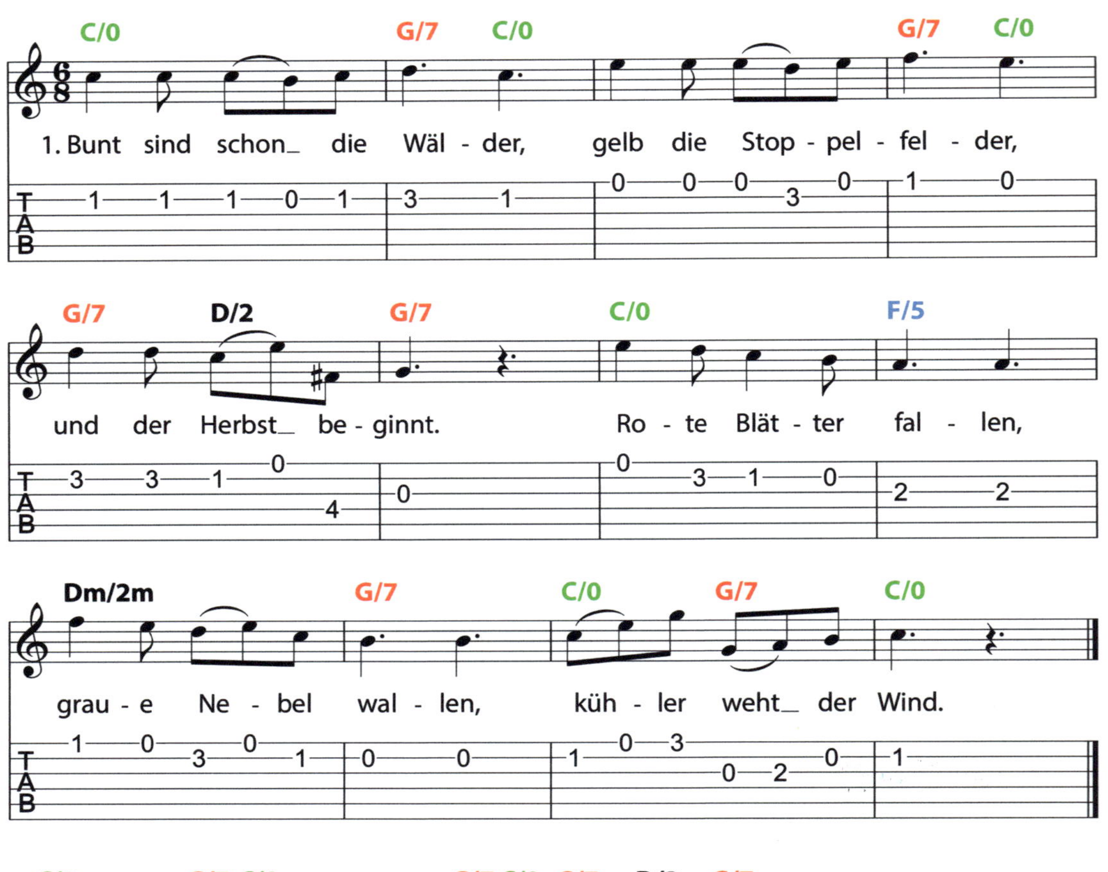

C/0 G/7 C/0 G/7 C/0 G/7 D/2 G/7
2. Wie die volle Traube aus dem Rebenlaube purpurfarbig strahlt.
C/0 F/5 Dm/2m G/7 C/0 G/7 C/0
Am Geländer reifen Pfirsiche, mit Streifen rot und weiß bemalt.

C/0 G/7 C/0 G/7 C/0 G/7 D/2 G/7
3. Flinke Träger springen, und die Mädchen singen, alles jubelt froh.
C/0 F/5 Dm/2m G/7 C/0 G/7 C/0
Bunte Bänder schweben zwischen hohen Reben auf dem Hut von Stroh.

C/0 G/7 C/0 G/7 C/0 G/7 D/2 G/7
4. Geigen tönt und Flöte bei der Abendröte und im Mondesglanz.
C/0 F/5 Dm/2m G/7 C/0 G/7 C/0
Junge Winzerinnen winken und beginnen frohen Erntetanz.

Die Schlange Maracas

A-Moll - Akkorde **Am C Em G**

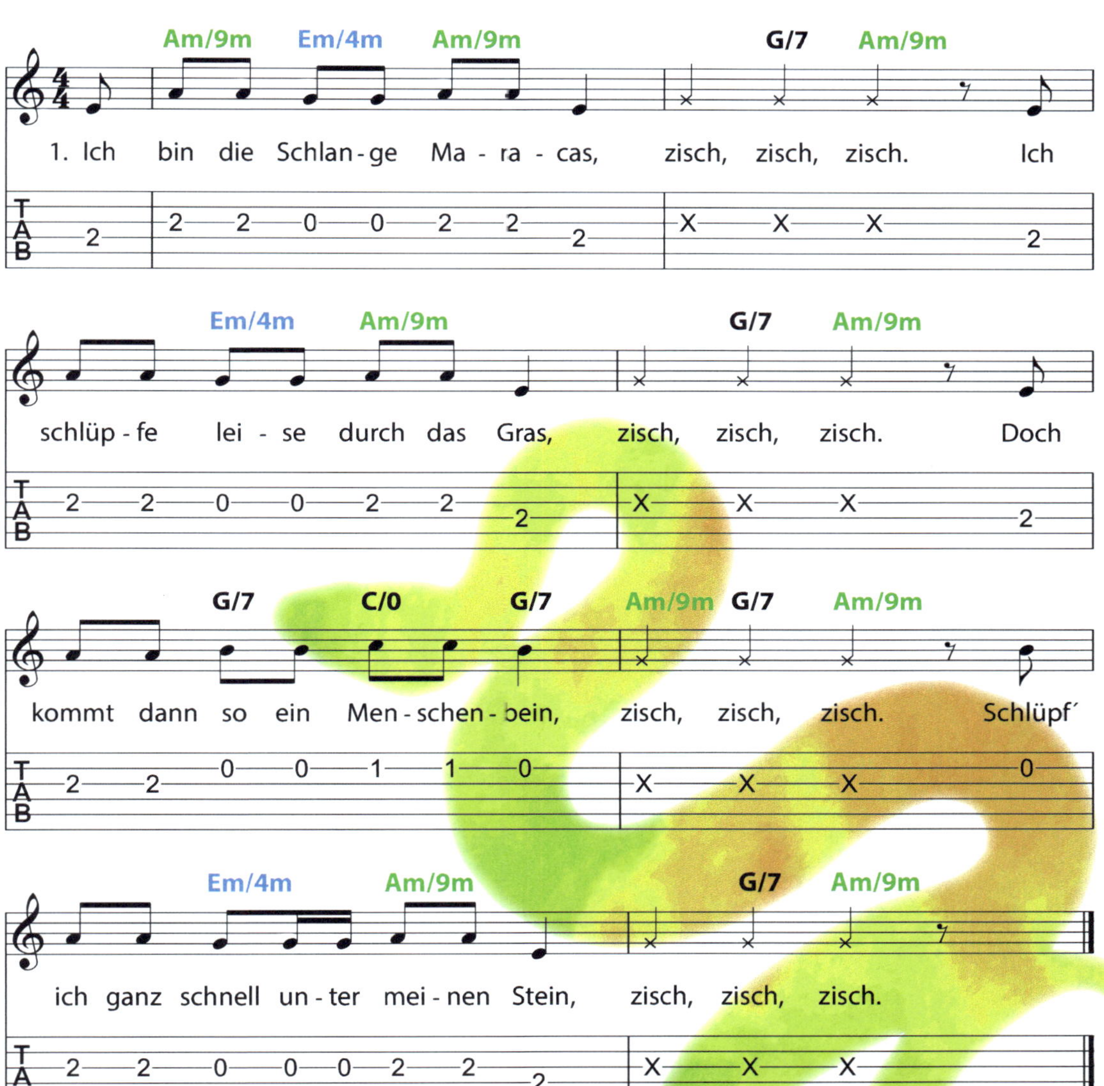

Am/9m Em/4m Am/9m G/7 Am/9m
2. Ich bin das kleine Claveshuhn, pick, pick, pick.
Em/4m Am/9m G/7 Am/9m
Ich hab´ den ganzen Tag zu tun, pick, pick, pick.
G/7 C/0 G/7 Am/9m G/7 Am/9m
Doch kommt die Schlange Maracas, pick, pick, pick,
Em/4m Am/9m G/7 Am/9m
versteck´ ich mich ganz tief im Gras, pick, pick, pick.

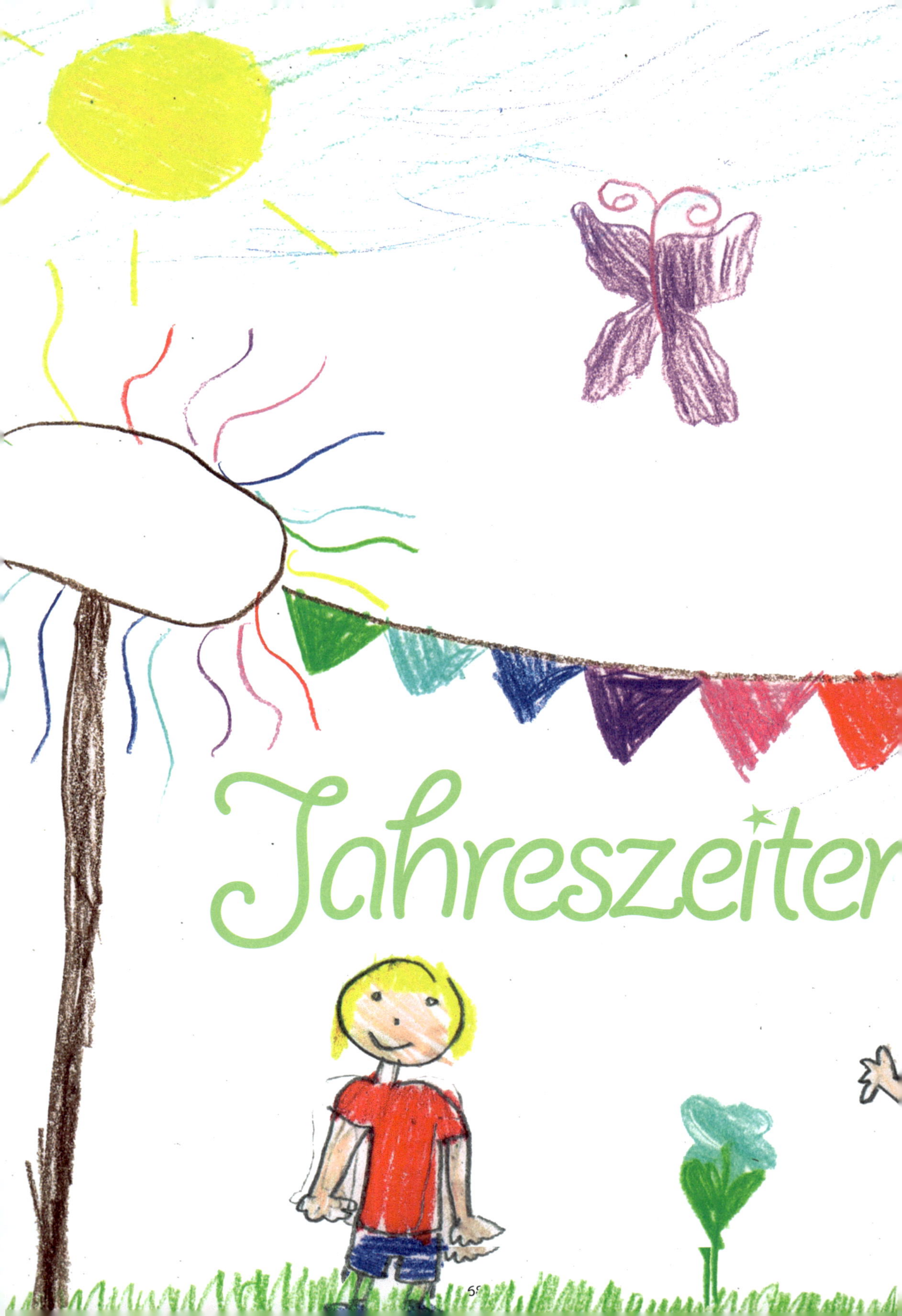
Jahreszeiten

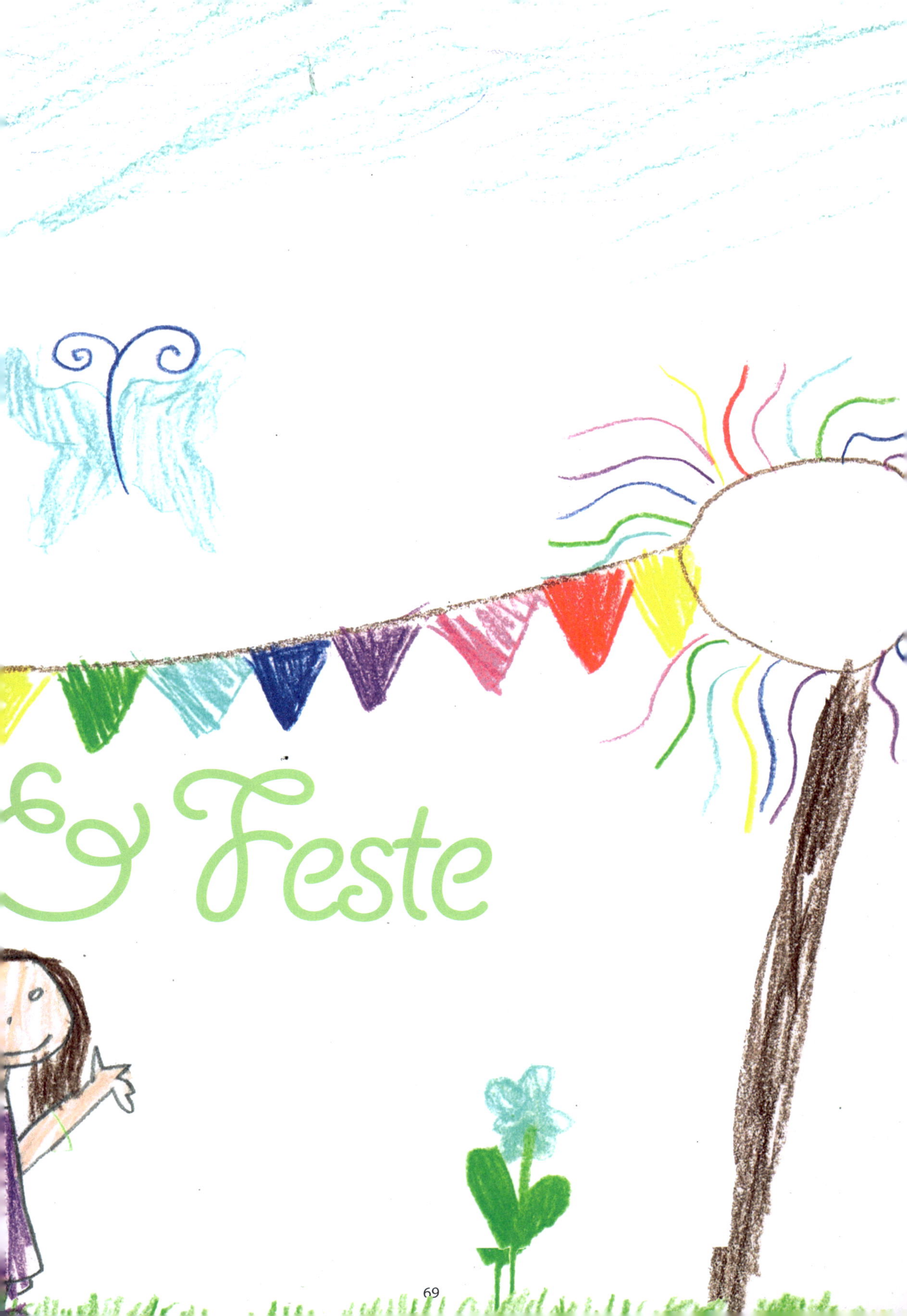
& Feste

Und wer im Januar geboren ist

D-Dur - Akkorde D A

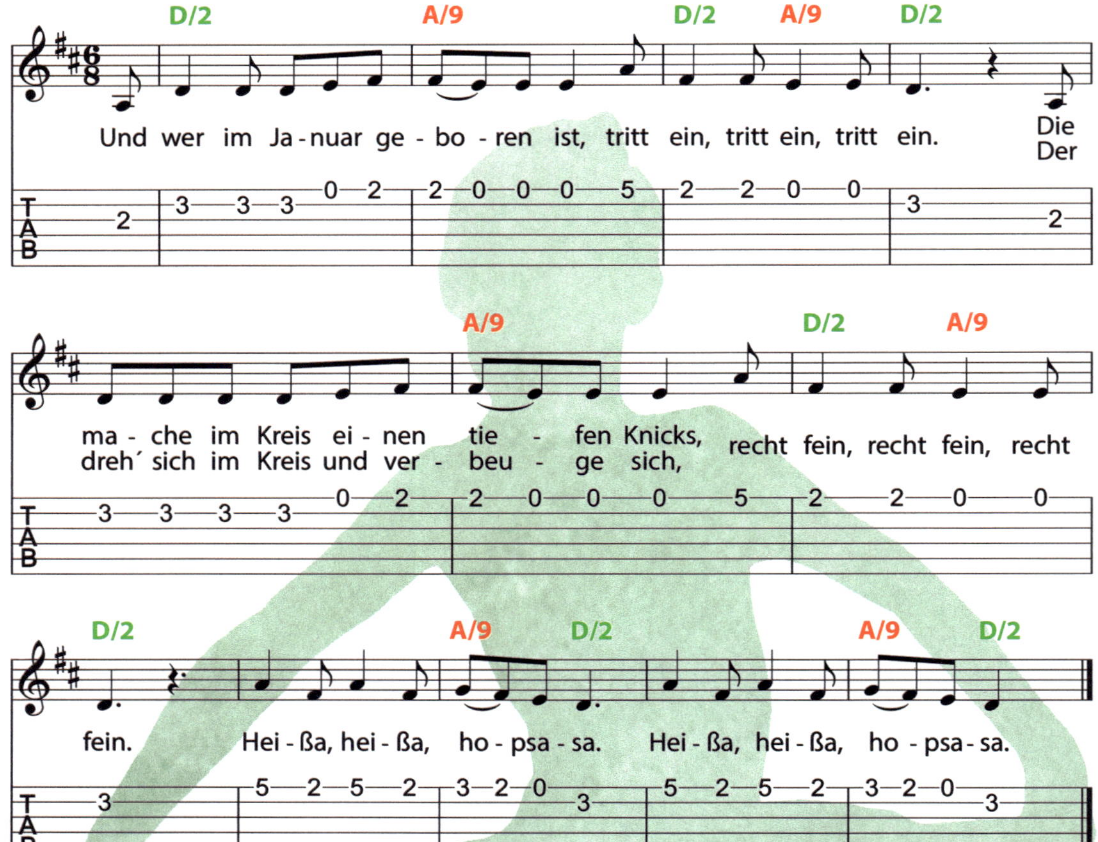

Immer wieder kommt ein neuer Frühling

C-Dur - Akkorde CFG

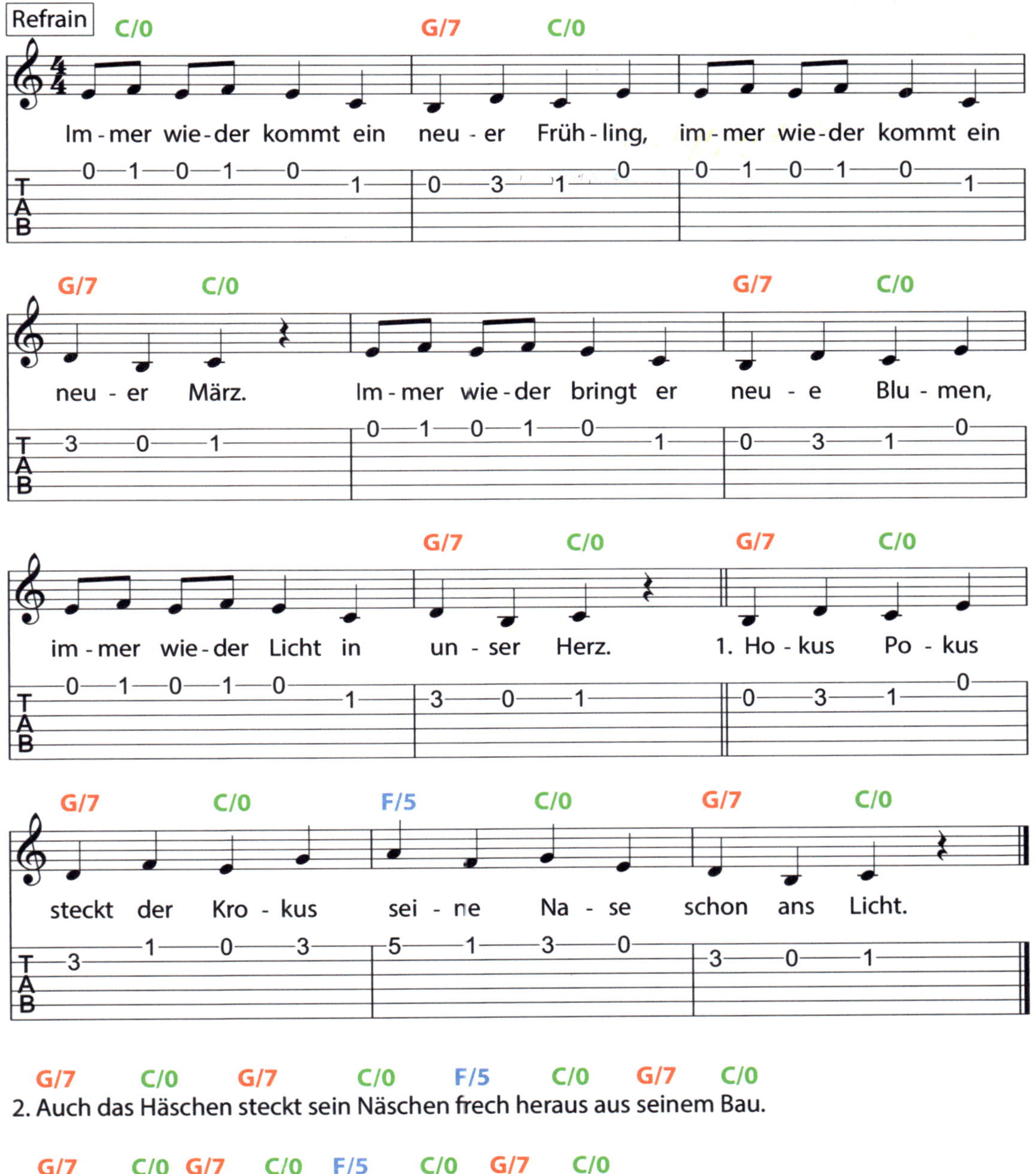

G/7 C/0 G/7 C/0 F/5 C/0 G/7 C/0
2. Auch das Häschen steckt sein Näschen frech heraus aus seinem Bau.

G/7 C/0 G/7 C/0 F/5 C/0 G/7 C/0
3. Still und leise hat die Meise sich ein neues Nest gebaut.

G/7 C/0 G/7 C/0 F/5 C/0 G/7 C/0
4. Auch die Schlange freut sich lange schon auf ihre neue Haut.

G/7 C/0 G/7 C/0 F/5 C/0 G/7 C/0
5. Und die Sonne strahlt voll Wonne, denn der Winter ist vorbei.

Melodie & Text: Zuckowski, Rolf

Die Jahresuhr

F-Dur - Akkorde **FGmBC**

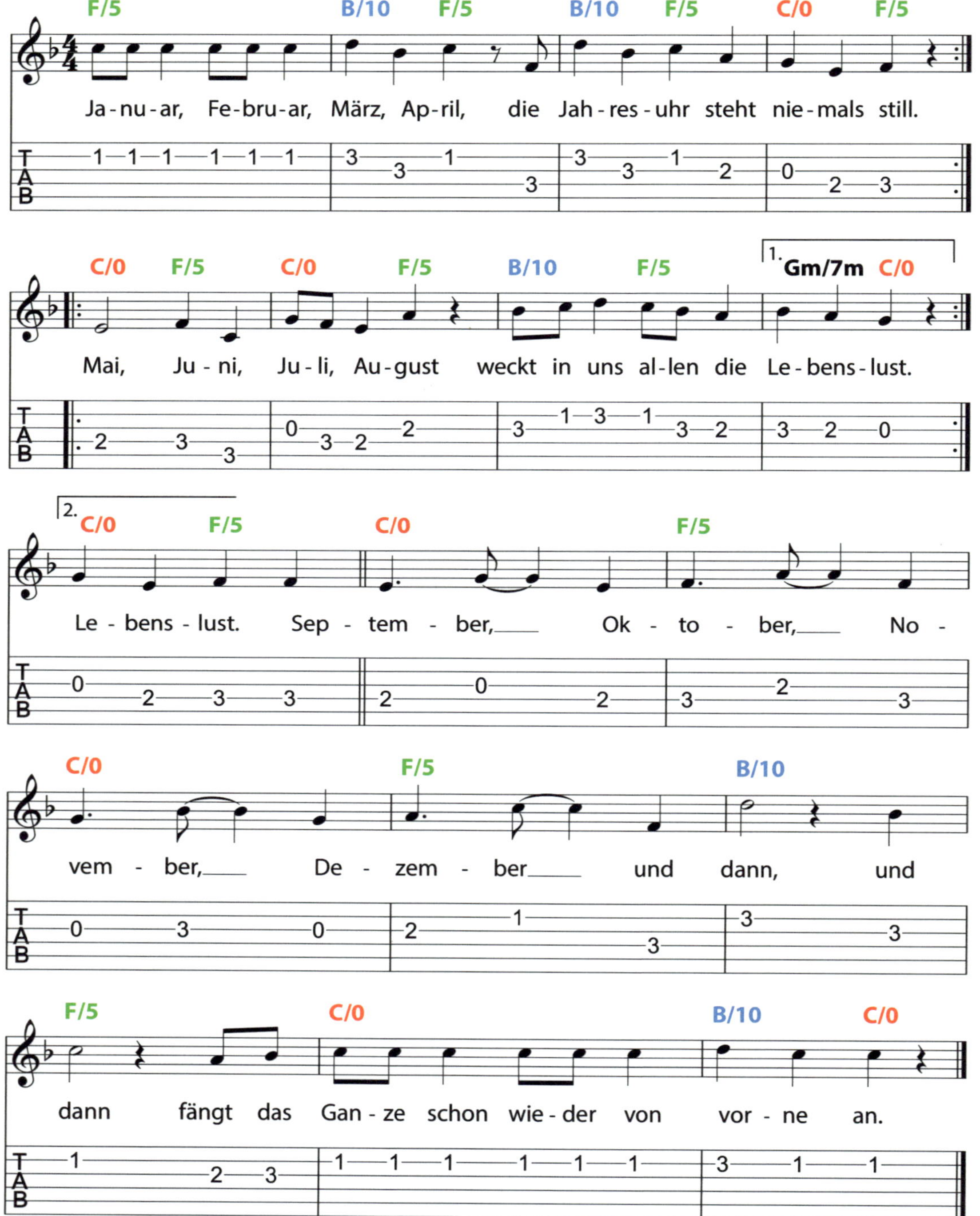

Das Jahreszeiten-Lied

A-Moll - Akkorde Am Dm E

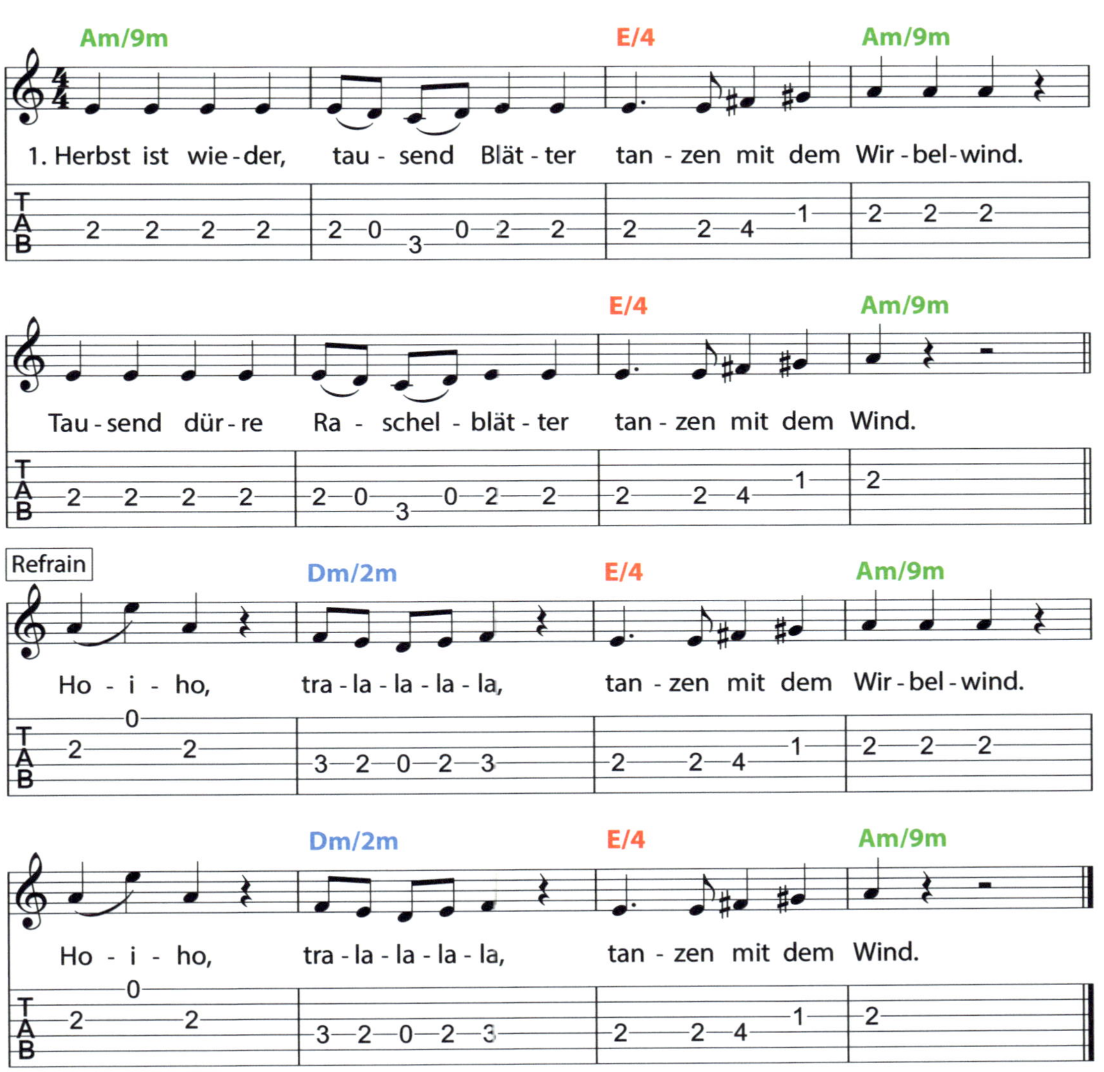

Am/9m E/4 Am/9m
2. Winter ist´s und tausend Flocken tanzen über Wald und Feld.
E/4 Am/9m
Tausend kleine, weiße Flocken tanzen über´s Feld.

Am/9m E/4 Am/9m
3. Frühling ist´s und tausend Falter tanzen über´s grüne Gras.
E/4 Am/9m
Tausend kleine Frühlingsfalter tanzen über´s Gras.

Am/9m E/4 Am/9m
4. Sommer ist´s und tausend Mücken tanzen froh im Abendlicht.
E/4 Am/9m
Tausend kleine Silbermücken tanzen froh im Licht.

Melodie & Text: Bächli, Gerda

Stups, der kleine Osterhase

C-Dur - Akkorde C Dm F G Am A

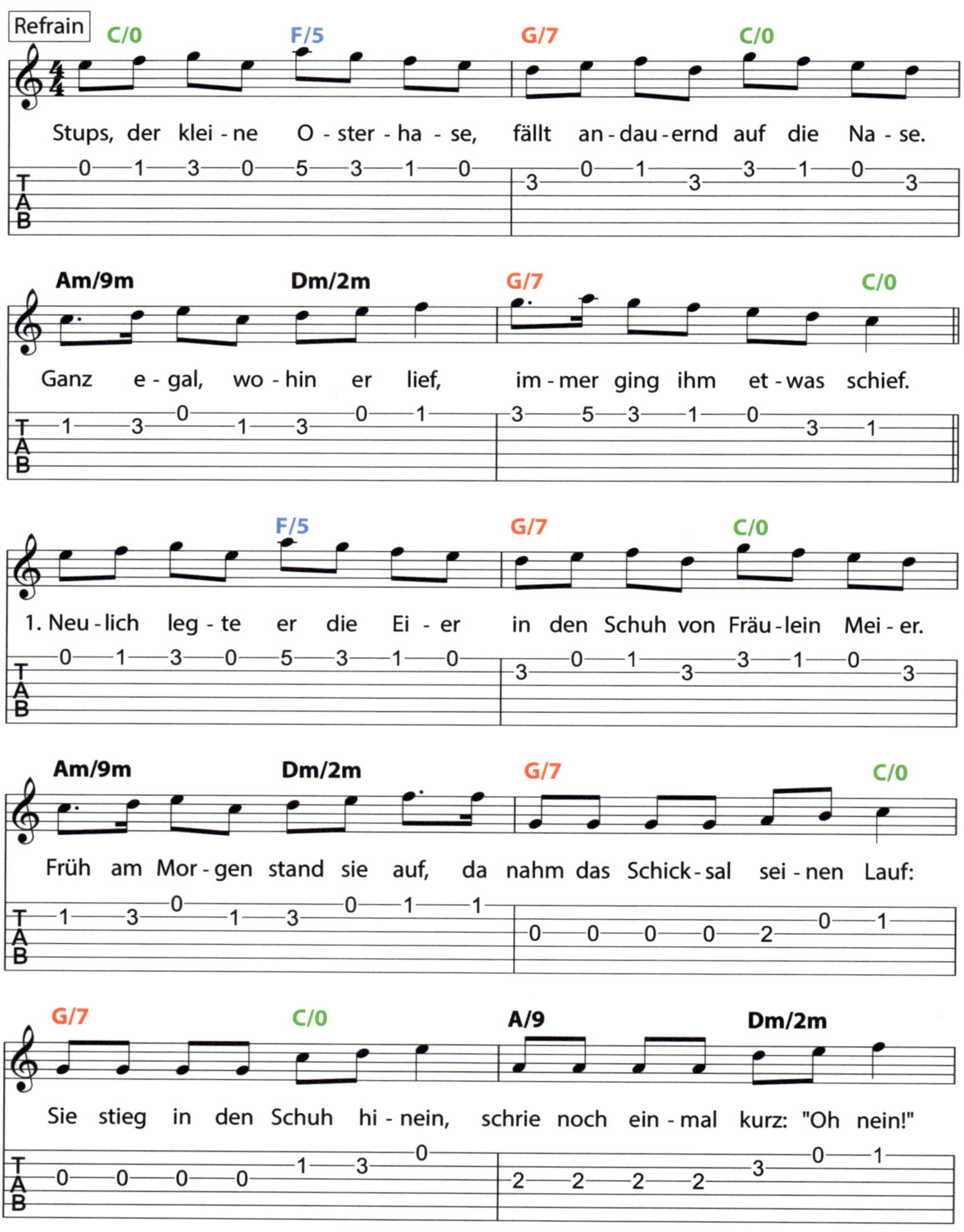

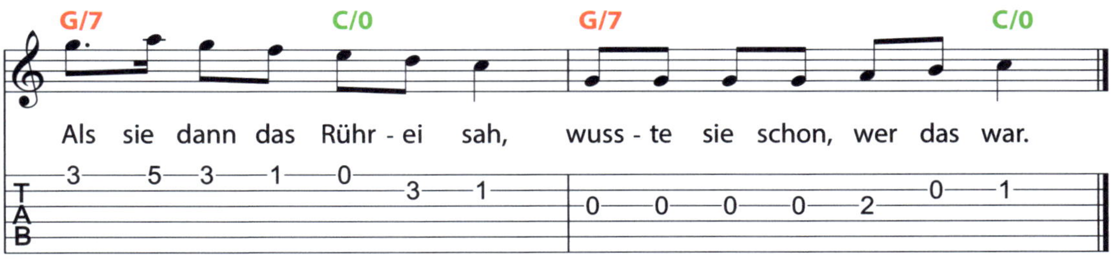

C/0 F/5 G/7 C/0
2. In der Osterhasenschule wippte er auf seinem Stuhle
Am/9m **Dm/2m** G/7 C/0
mit dem Pinsel in der Hand, weil er das so lustig fand.
G/7 C/0 **A/9** **Dm/2m**
Plötzlich ging die Sache schief, als er nur noch "Hilfe!" rief,
G/7 C/0 G/7 C/0
fiel der bunte Farbentopf ganz genau auf seinen Kopf.

C/0 F/5 G/7 C/0
3. Bei der Henne Tante Berta traf das Schicksal ihn noch härter,
Am/9m **Dm/2m** G/7 C/0
denn sie war ganz aufgeregt, weil sie grad ein Ei gelegt.
G/7 C/0 **A/9** **Dm/2m**
Stups, der viele Eier braucht, schlüpfte unter ihren Bauch.
G/7 C/0 G/7 C/0
Berta, um ihn zu behüten, fing gleich an, ihn auszubrüten.

C/0 F/5 G/7 C/0
4. Paps, der Osterhasenvater, hat genug von dem Theater
Am/9m **Dm/2m** G/7 C/0
und er sagt mit ernstem Ton: "Hör mal zu mein lieber Sohn!
G/7 C/0 **A/9** **Dm/2m**
Deine kleinen Abenteuer sind mir nicht mehr ganz geheuer."
G/7 C/0 G/7 C/0
Stups, der sagt: "Das weiß ich schon, wie der Vater, so der Sohn!"

Melodie & Text: Zuckowski, Rolf

Ein armer Mann

D-Dur - Akkorde D G A

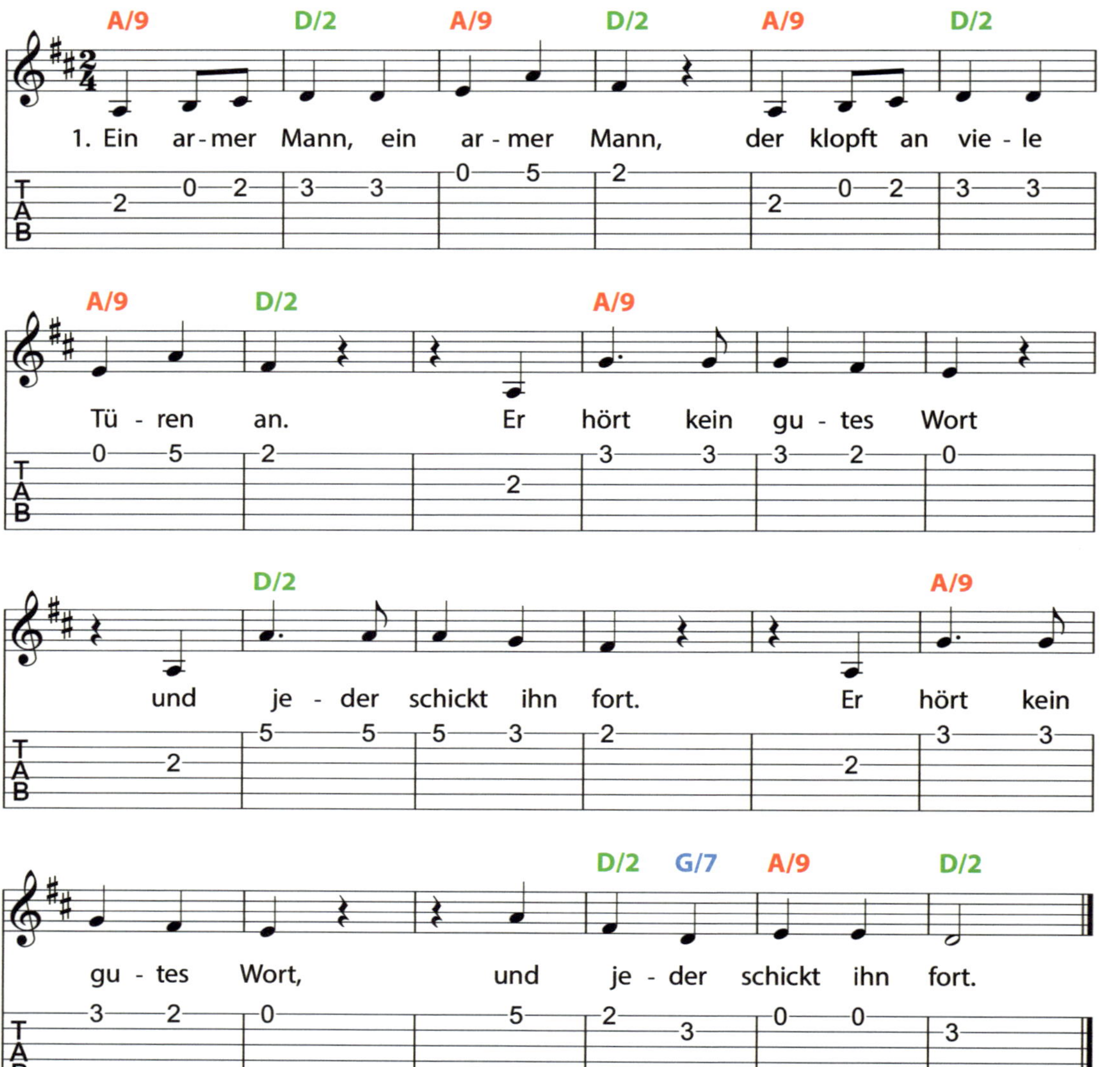

A/9 D/2 A/9 D/2 A/9 D/2 A/9 D/2 A/9

2. Ihm ist so kalt. Er friert so sehr. Wo kriegt er etwas Warmes her? Er hört kein gutes Wort,

D/2 A/9 D/2 G/7 A/9 D/2

und jeder schickt ihn fort. Er hört kein gutes Wort, und jeder schickt ihn fort.

A/9 D/2 A/9 D/2 A/9 D/2 A/9 D/2 A/9

3. Der Hunger tut dem Mann so weh, und müde stapft er durch den Schnee. Er hört kein

D/2 A/9 D/2 G/7 A/9 D/2

gutes Wort, und jeder schickt ihn fort. Er hört kein gutes Wort, und jeder schickt ihn fort.

A/9 D/2 A/9 D/2 A/9 D/2 A/9 D/2 A/9

4. Da kommt daher ein Reitersmann, der hält sogleich sein Pferd hier an. Er sieht den Mann im

D/2 A/9 D/2 G/7 A/9 D/2

Schnee und fragt: "Was tut dir weh?". Er sieht den Mann im Schnee und fragt: "Was tut dir weh?".

A/9 D/2 A/9 D/2 A/9 D/2 A/9 D/2 A/9

5. Er teilt den Mantel und das Brot und hilft dem Mann in seiner Not, so gut er helfen kann.

D/2 A/9 D/2 G/7 A/9 D/2

Sankt Martin heißt der Mann. Er hilft so gut er kann. Sankt Martin heißt der Mann.

A/9 D/2 A/9 D/2 A/9 D/2 A/9 D/2 A/9

6. Zum Martinstag steckt jedermann leuchtende Laternen an. Vergiss den andern nicht,

D/2 A/9 D/2 G/7 A/9 D/2

d´rum brennt das kleine Licht! Vergiss den andern nicht, d´rum brennt das kleine Licht!

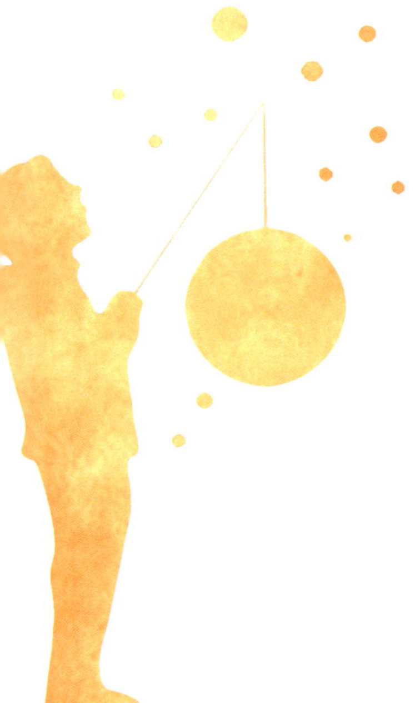

Melodie: Janssens, Peter
Text: Krenzer, Rolf

Kommt, wir woll´n Laterne laufen

D-Dur - Akkorde **DEmEGAHm**

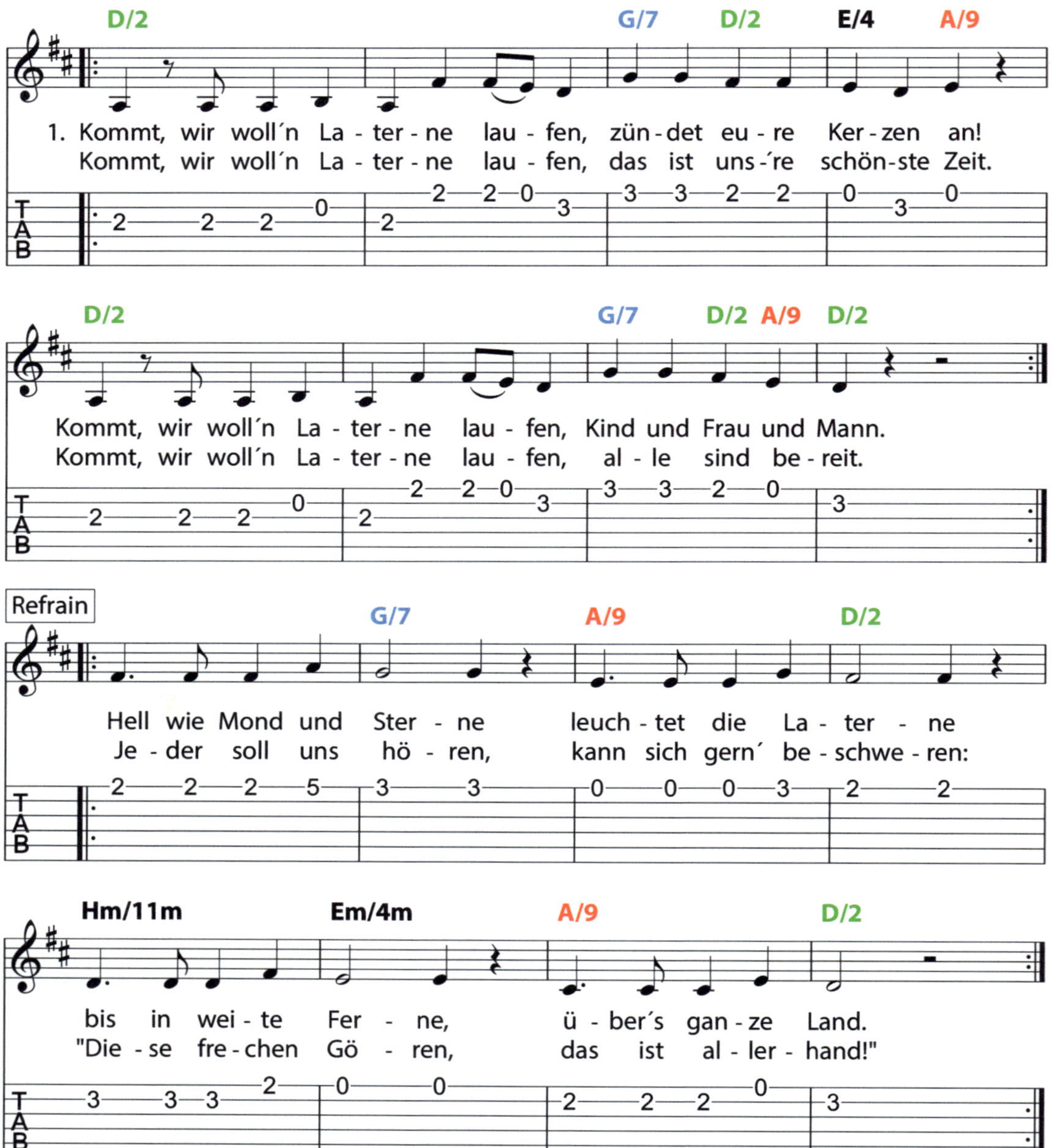

D/2 G/7 D/2 E/4 A/9
2. Kommt, wir woll'n Laterne laufen, heute bleibt das Fernseh´n aus.
D/2 G/7 D/2 A/9 D/2
Kommt, wir woll'n Laterne laufen, keiner bleibt zu Haus.
G/7 D/2 E/4 A/9
Kommt, wir woll'n Laterne laufen, nein, wir fürchten nicht die Nacht.
D/2 G/7 D/2 A/9 D/2
Kommt, wir woll'n Laterne laufen, das wär´ doch gelacht.

G/7 D/2 E/4 A/9
3. Kommt, wir woll'n Laterne laufen, bis das letzte Licht verglüht.
D/2 G/7 D/2 A/9 D/2
Kommt, wir woll'n Laterne laufen, singt mit uns das Lied!

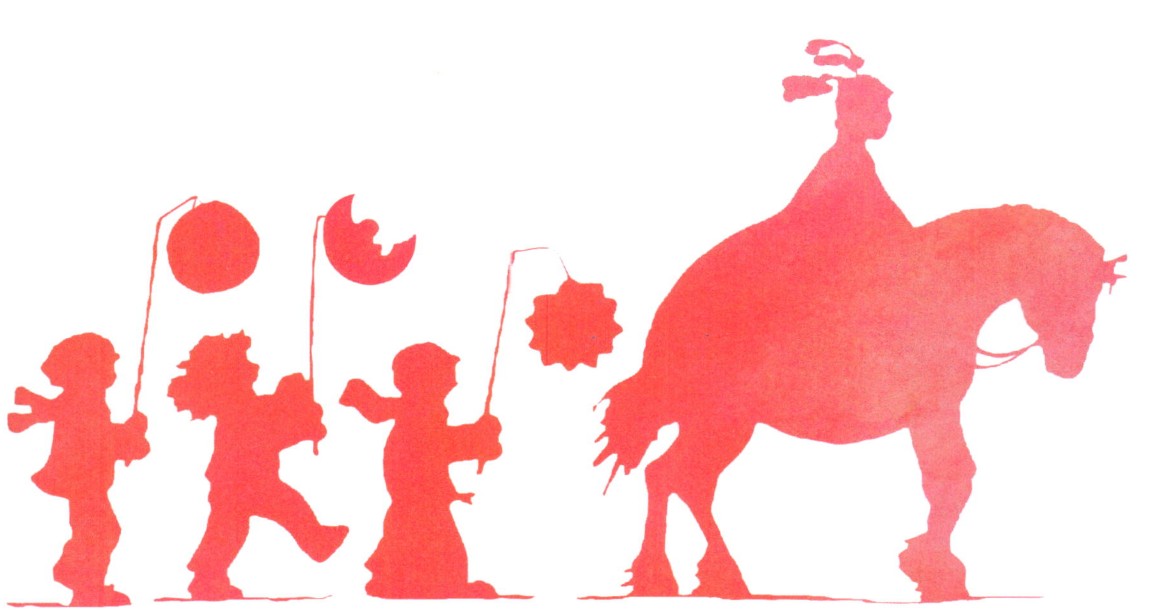

Guten Tag, ich bin der Nikolaus

C-Dur - Akkorde C Dm F G

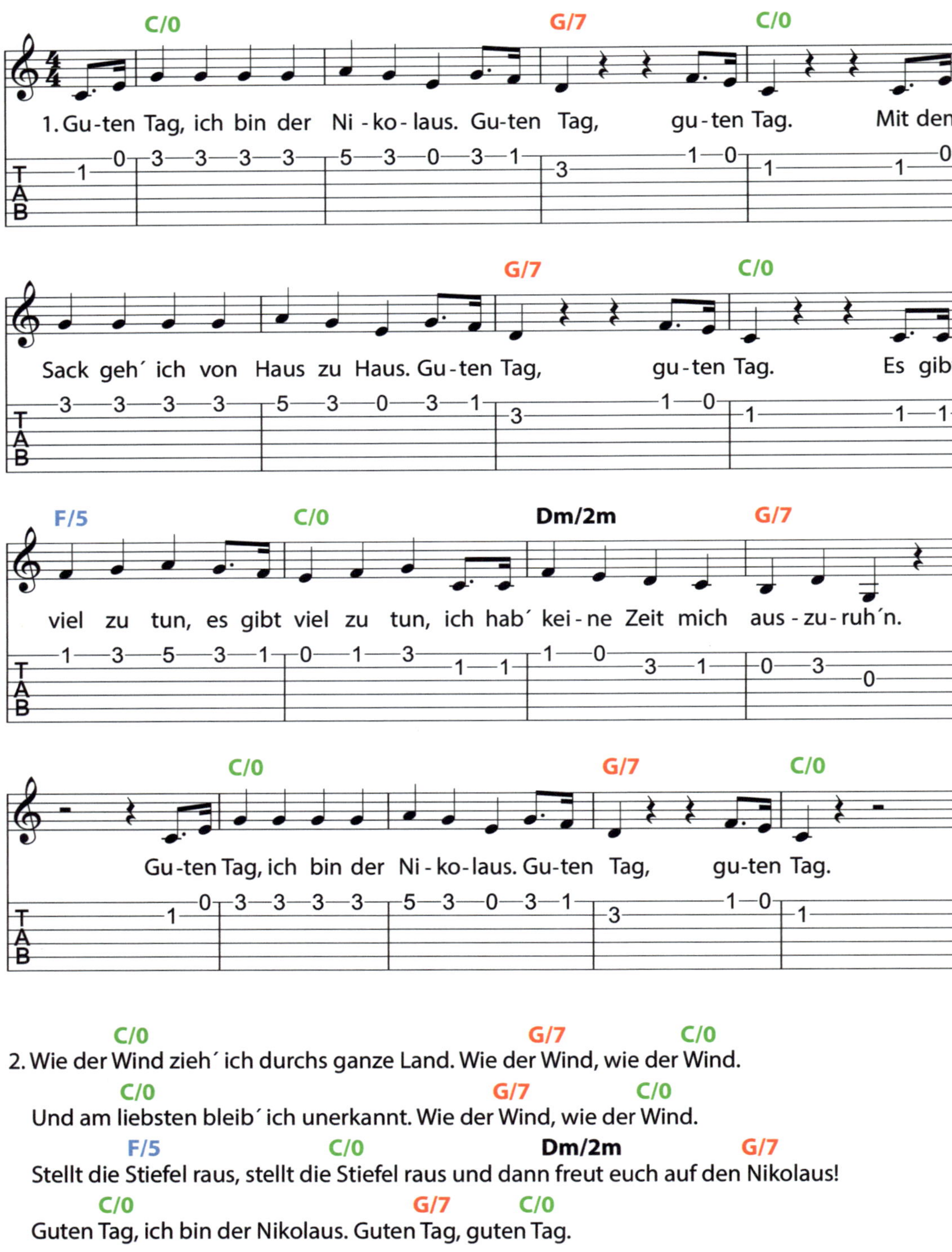

C/0 G/7 C/0
2. Wie der Wind zieh´ ich durchs ganze Land. Wie der Wind, wie der Wind.
C/0 G/7 C/0
Und am liebsten bleib´ ich unerkannt. Wie der Wind, wie der Wind.
F/5 C/0 Dm/2m G/7
Stellt die Stiefel raus, stellt die Stiefel raus und dann freut euch auf den Nikolaus!
C/0 G/7 C/0
Guten Tag, ich bin der Nikolaus. Guten Tag, guten Tag.

C/0 G/7 C/0
3. Heute Nacht, wenn alle schlafen geh´n. Heute Nacht, heute Nacht.

C/0 G/7 C/0
Könnt ihr mich in euren Träumen seh´n. Heute Nacht, heute Nacht.

F/5 C/0 Dm/2m G/7
Bis der Morgen graut, bis der Morgen graut und ihr fröhlich in die Stiefel schaut.

C/0 G/7 C/0
Guten Tag, ich bin der Nikolaus. Guten Tag, guten Tag.

G/7 C/0
Guten Tag, guten Tag.

Wir sagen euch an den lieben Advent

D-Dur - Akkorde D A

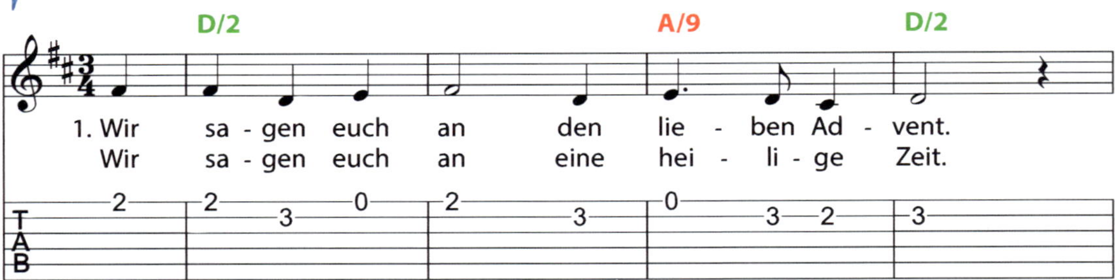

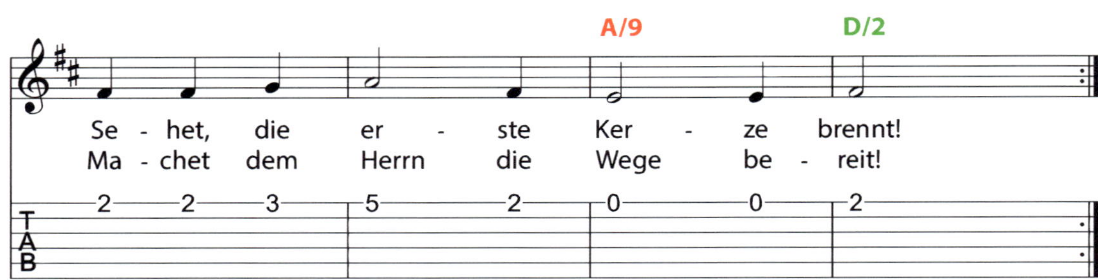

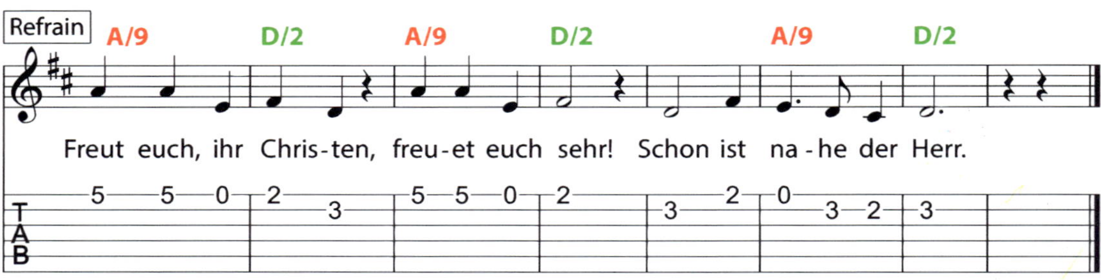

D/2 A/9 D/2 A/9 D/2
2. Wir sagen euch an den lieben Advent. Sehet die zweite Kerze brennt!
A/9 D/2 A/9 D/2
So nehmet euch eins um´s andere an, wie auch der Herr an uns getan!

D/2 A/9 D/2 A/9 D/2
3. Wir sagen euch an den lieben Advent. Sehet die dritte Kerze brennt!
A/9 D/2 A/9 D/2
Nun tragt eurer Güte leuchtenden Schein weit in die dunkle Welt hinein!

D/2 A/9 D/2 A/9 D/2
4. Wir sagen euch an den lieben Advent. Sehet die vierte Kerze brennt!
A/9 D/2 A/9 D/2
Gott selber wird kommen, er zögert nicht. Auf, auf ihr Herzen und werdet licht!

Stern über Bethlehem

D-Dur - Akkorde D F#m G A Hm

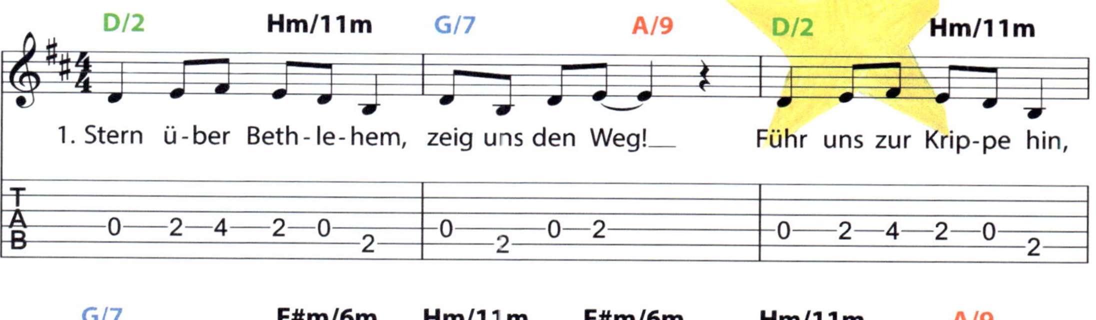

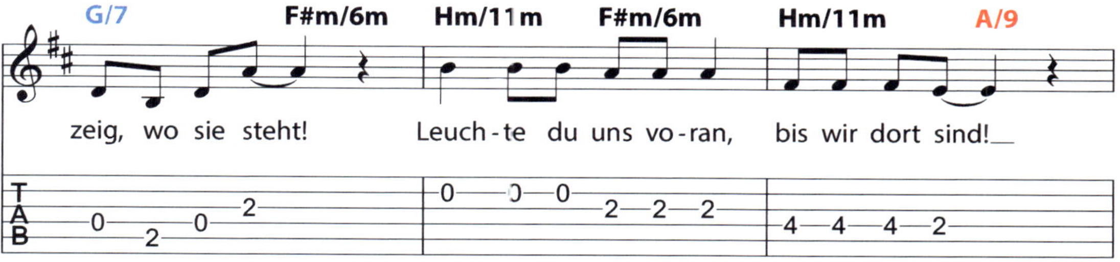

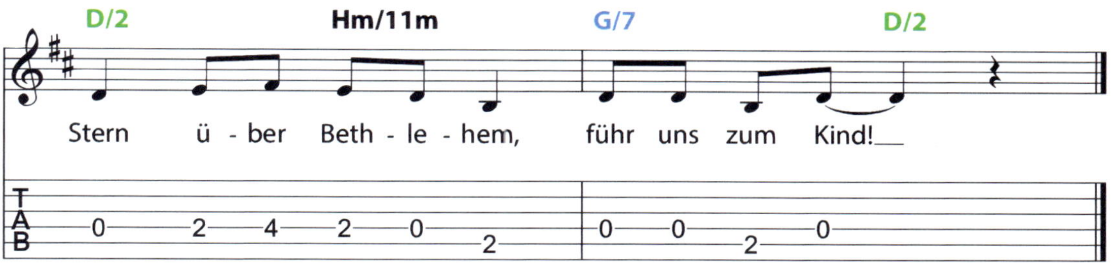

D/2 Hm/11m G/7 A/9 D/2 Hm/11m G/7 F#m/6m
2. Stern über Bethlehem, bleib bei uns stehn. Du sollst den steilen Pfad vor uns her geh´n!
Hm/11m F#m/6m Hm/11m A/9 D/2 Hm/11m G/7 D/2
Führ uns zu Stall und zu Esel und Rind! Stern über Bethlehem, führ uns zum Kind!

D/2 Hm/11m G/7 A/9 D/2 Hm/11m G/7 F#m/6m
3. Stern über Bethlehem, nun bleibst du steh`n und läßt uns alle das Wunder hier seh`n,
Hm/11m F#m/6m Hm/11m A/9 D/2 Hm/11m G/7 D/2
das da geschehen, was niemand gedacht. Stern über Bethlehem, in dieser Nacht!

D/2 Hm/11m G/7 A/9 D/2 Hm/11m G/7 F#m/6m
4. Stern über Bethlehem, wir sind am Ziel, denn dieser arme Stall bringt doch so viel.
Hm/11m F#m/6m Hm/11m A/9 D/2 Hm/11m G/7 D/2
Du hast uns hergeführt, wir danken dir. Stern über Bethlehem, wir bleiben hier!

In der Weihnachtsbäckerei

C-Dur - Akkorde **C Dm G Am**

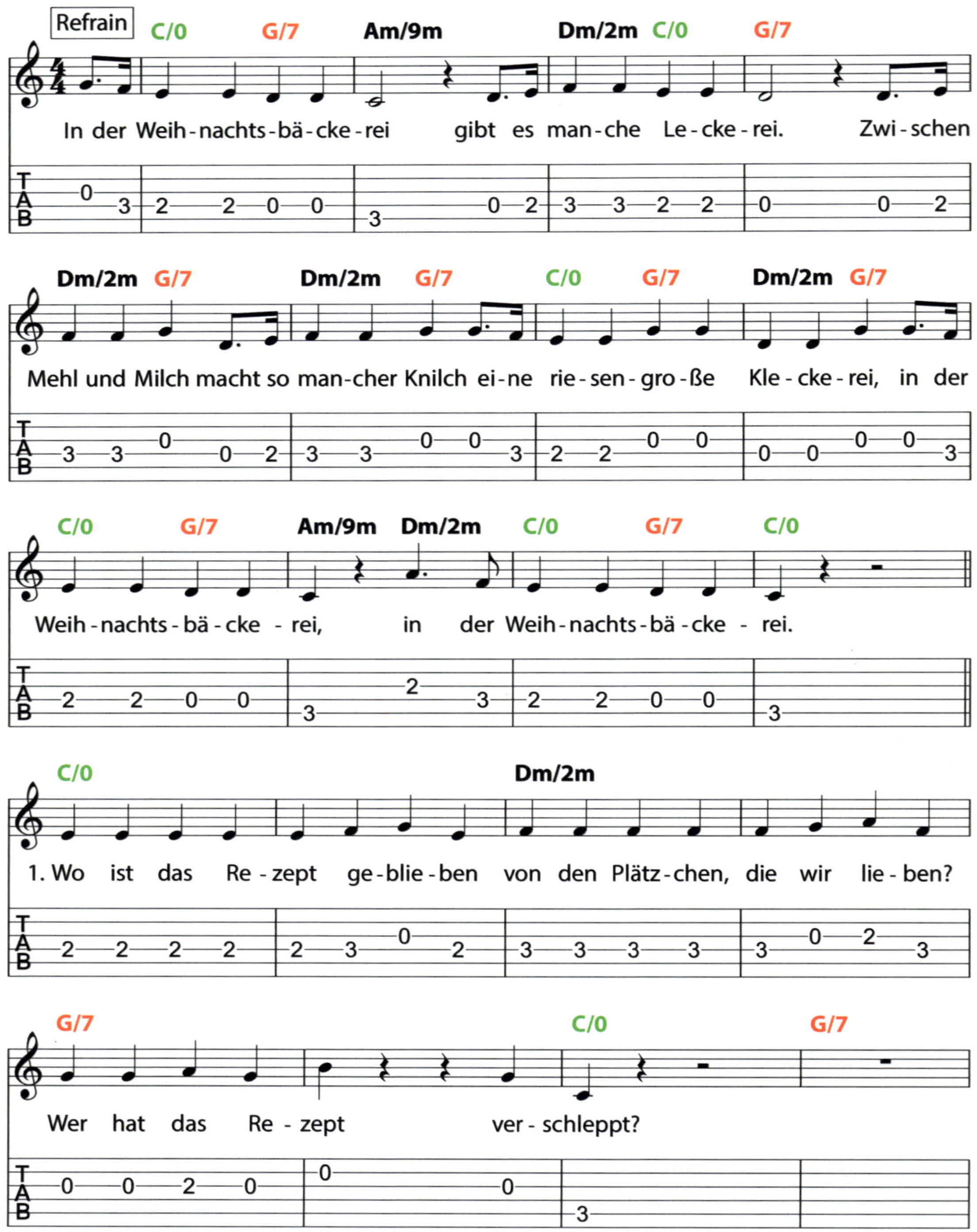

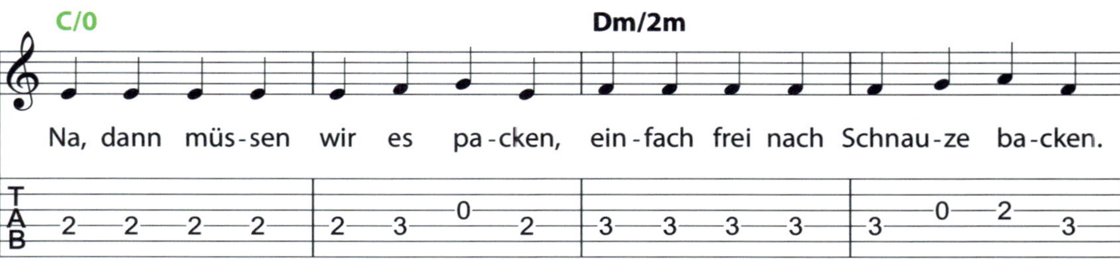

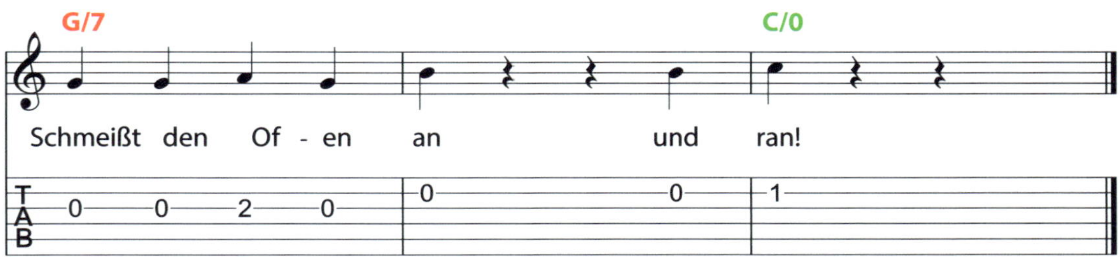

C/0 Dm/2m
2. Brauchen wir nicht Schokolade, Honig, Nüsse und Succade
G/7 C/0 G/7
und ein bisschen Zimt? Das stimmt.
C/0 Dm/2m
Butter, Mehl und Milch verrühren, zwischendurch einmal probieren
G/7 C/0
und dann kommt das Ei. Vorbei!

C/0 Dm/2m
3. Bitte mal zur Seite treten, denn wir brauchen Platz zum Kneten.
G/7 C/0 G/7
Sind die Finger rein? Du Schwein!
C/0 Dm/2m
Sind die Plätzchen, die wir stechen, erst mal auf den Ofenblechen,
G/7 C/0
warten wir gespannt. Verbrannt!

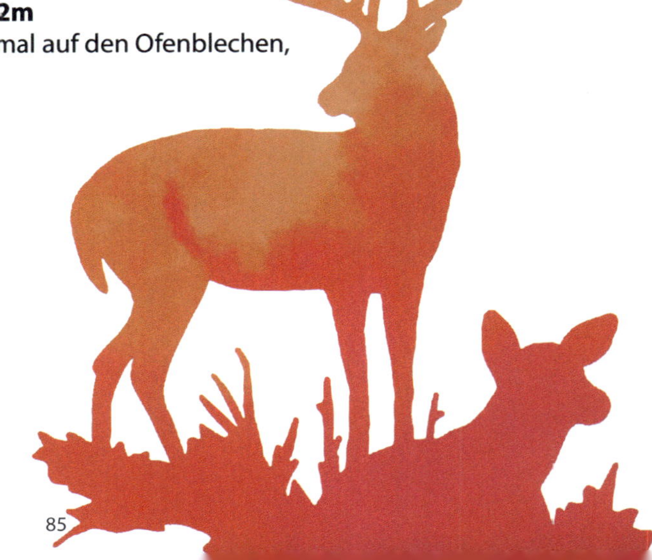

Melodie & Text: Zuckowski, Rolf

Rudolf, das kleine Rentier

G-Dur - Akkorde G Am A C D Em

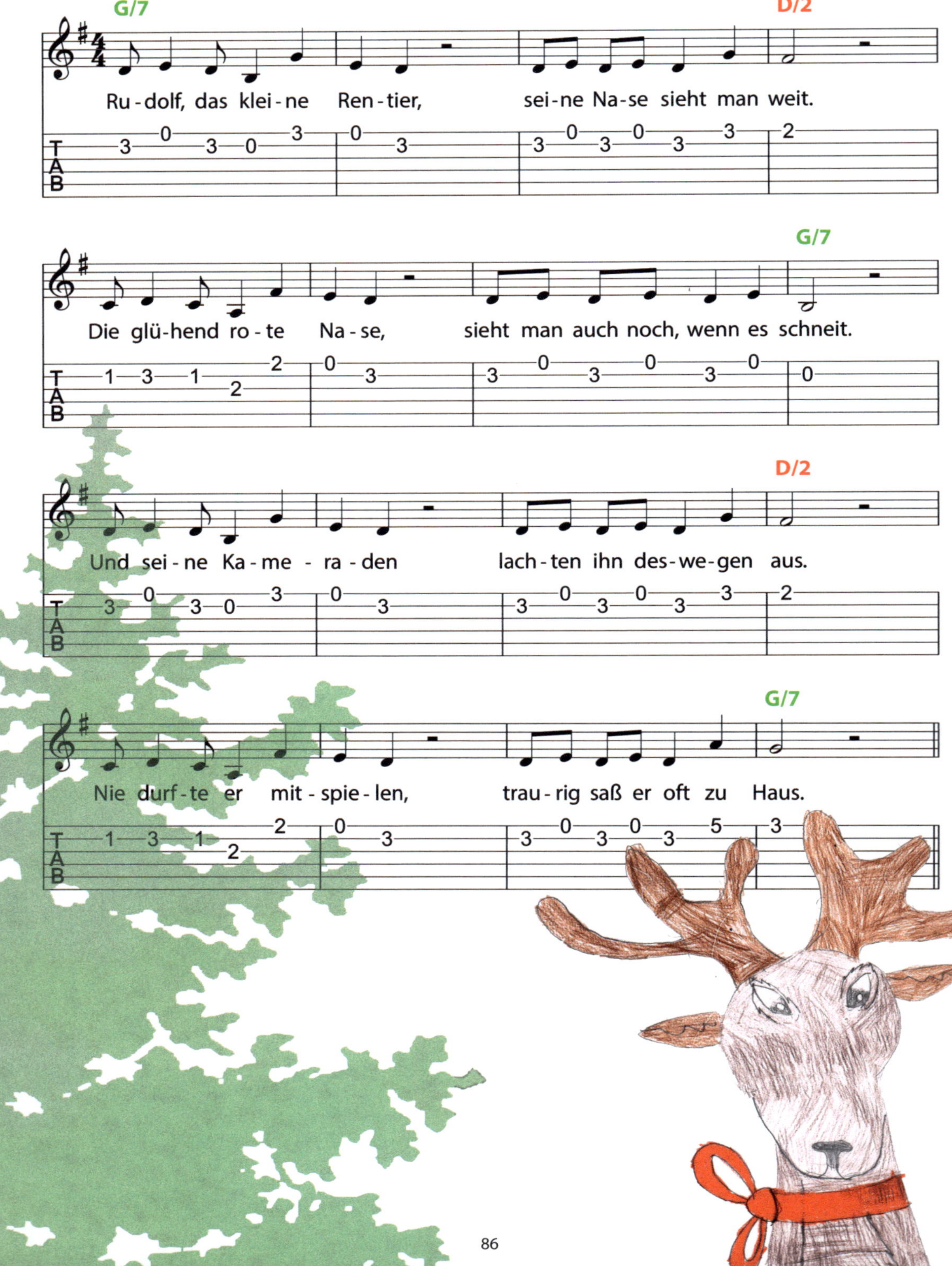

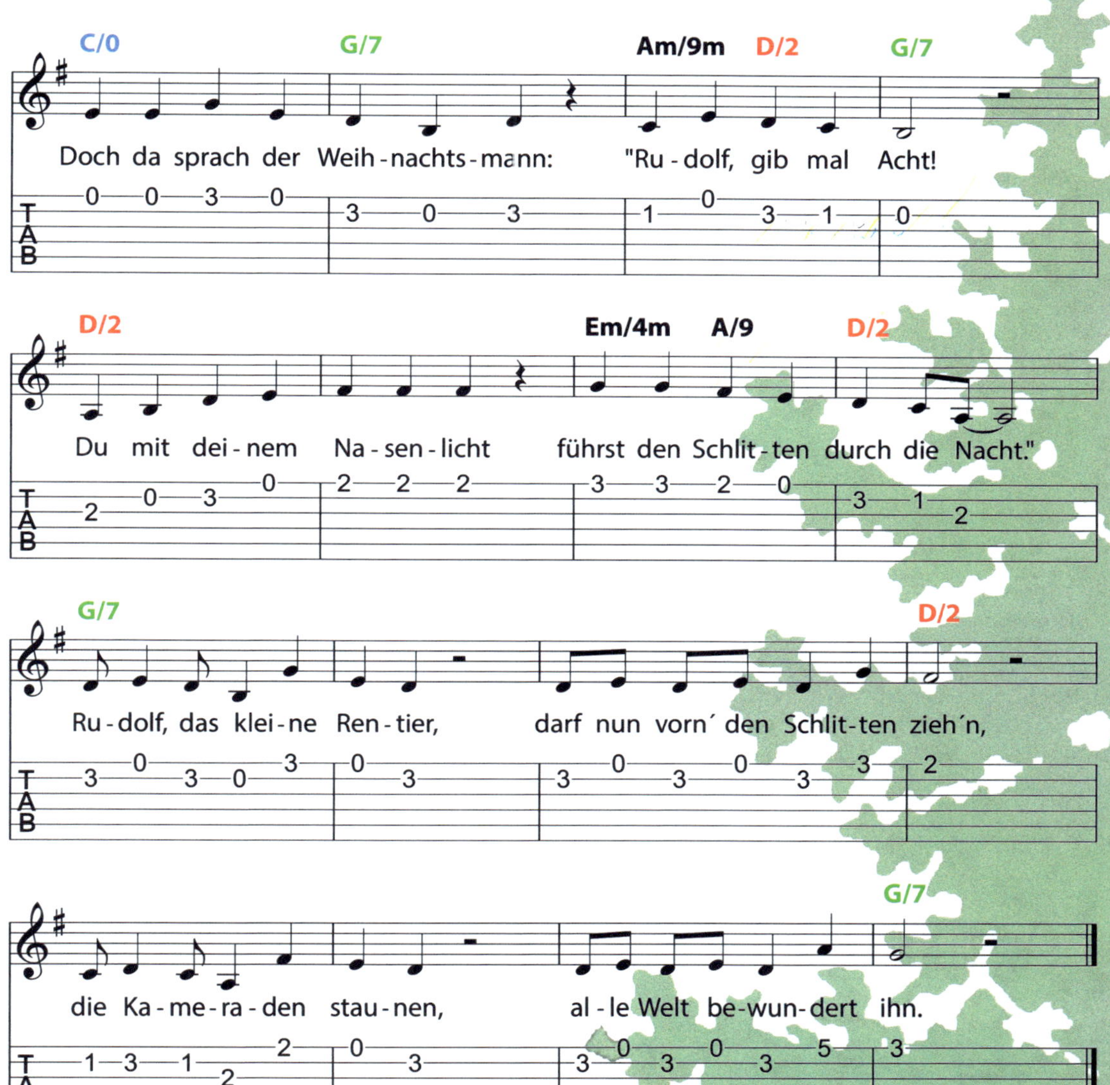

Melodie Marks, Johnny
Text: Ackermann, Horst

Lampen aus, es schlafen alle Leute

D-Dur - Akkorde D Em G A

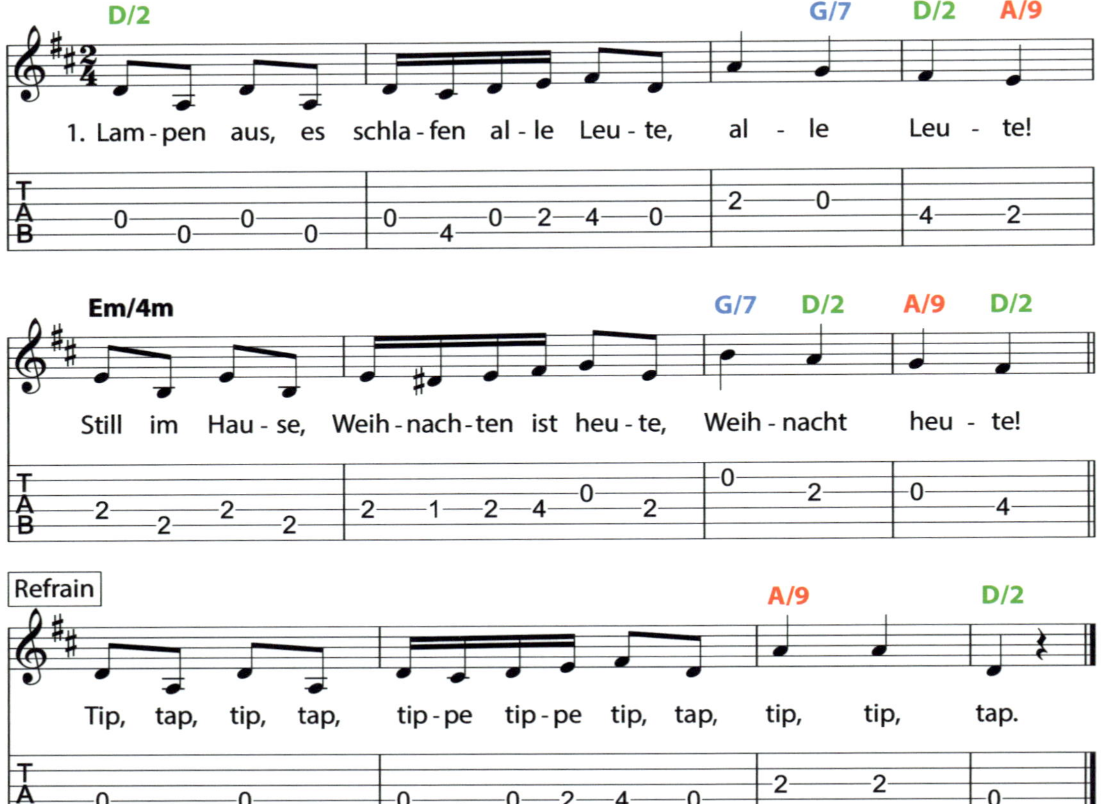

D/2 G/7 D/2 A/9
2. Wichtelmännchen kommen auf den Zehen, auf den Zehen.
Em/4m G/7 D/2 A/9 D/2
Horchen, Spähen, keiner darf sie sehen, darf sie sehen.

D/2 G/7 D/2 A/9
3. Durch das Fenster seh´n die Wichtelmännchen, Wichtelmännchen
Em/4m G/7 D/2 A/9 D/2
Weihnachtsessen, Schüsseln, viele Kännchen, viele Kännchen.

D/2 G/7 D/2 A/9
4. Auf die Tische klettern sie zum Schinken, rauf zum Schinken.
Em/4m G/7 D/2 A/9 D/2
Äpfel, Reis und Leckeres zu trinken, auch zu trinken.

```
   D/2                                              G/7 D/2  A/9
5. Alle Wichtel geben sich Geschenke, sich Geschenke.
   Em/4m                                                G/7 D/2 A/9 D/2
   Flüstern hört man: "Bitteschön", "Ich danke", Bitte,      Danke.

   D/2                                                      G/7 D/2  A/9
6. Dann zum Spielen bis zum Morgengrauen, Morgengrauen.
   Em/4m                                        G/7 D/2 A/9 D/2
   Müde sind die Wichtel anzuschauen, anzuschauen.

   D/2                                                      G/7 D/2 A/9
7. Wichtelmännchen schleichen um die Ecke, um die  Ecke.
   Em/4m                                            G/7  D/2 A/9 D/2
   Vorsicht! Auf den Zeh´n in die Verstecke, die   Verstecke.
```

Melodie & Text (OT): Sefve Sevensson, Vilhelm (frei)
Text, Spezialtext: Kontio, Matti Heikki

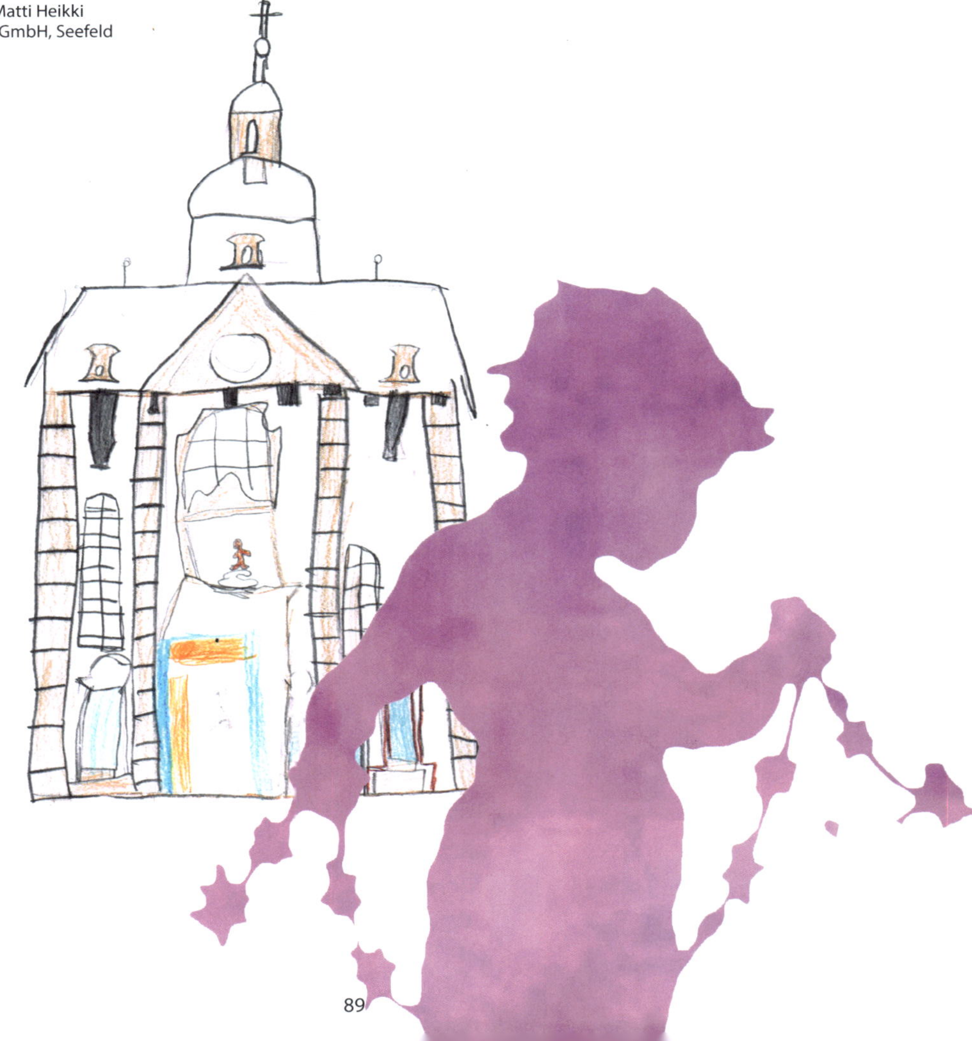

Wie schön, dass du geboren bist

D-Dur - Akkorde DGA

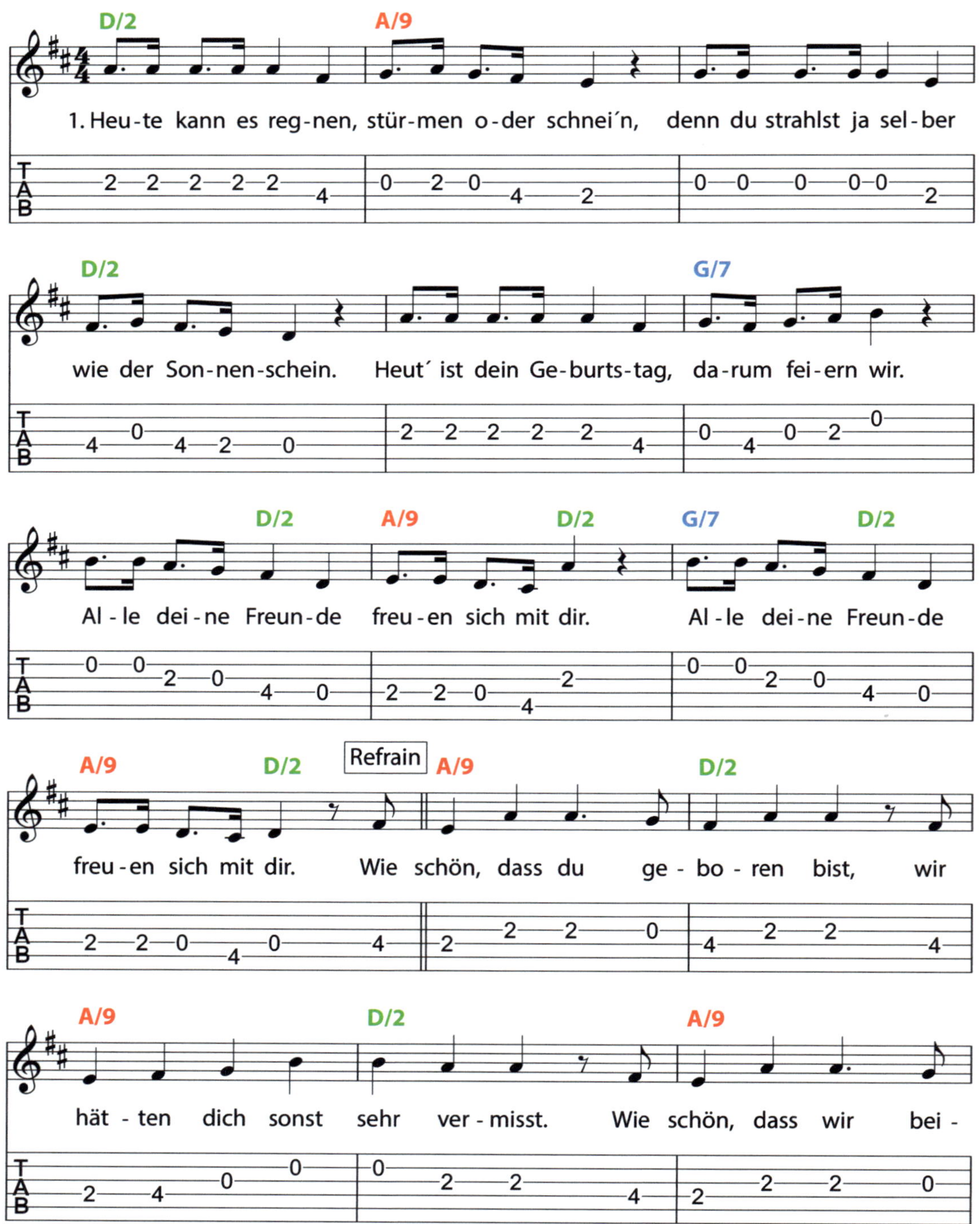

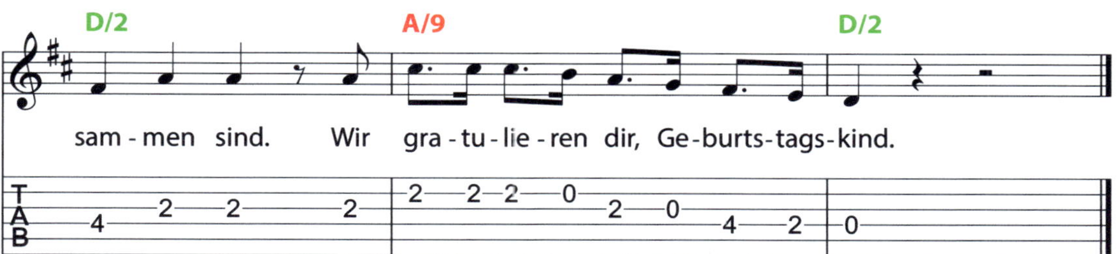

D/2 A/9
2. Uns´re guten Wünsche haben ihren Grund:
D/2
Bitte bleib noch lange glücklich und gesund.
G/7
Dich so froh zu sehen ist, was uns gefällt.
D/2 A/9 D/2 G/7 D/2 A/9 D/2
Tränen gibt es schon genug auf dieser Welt. Tränen gibt es schon genug auf dieser Welt.

D/2 A/9
3. Montag, Dienstag, Mittwoch, das ist ganz egal,
D/2
dein Geburtstag kommt im Jahr doch nur einmal.
G/7
Darum lasst uns feiern, dass die Schwarte kracht.
D/2 A/9 D/2 G/7 D/2 A/9 D/2
Heute wird getanzt, gesungen und gelacht. Heute wird getanzt, gesungen und gelacht.

Melodie & Text: Zuckowski, Rolf

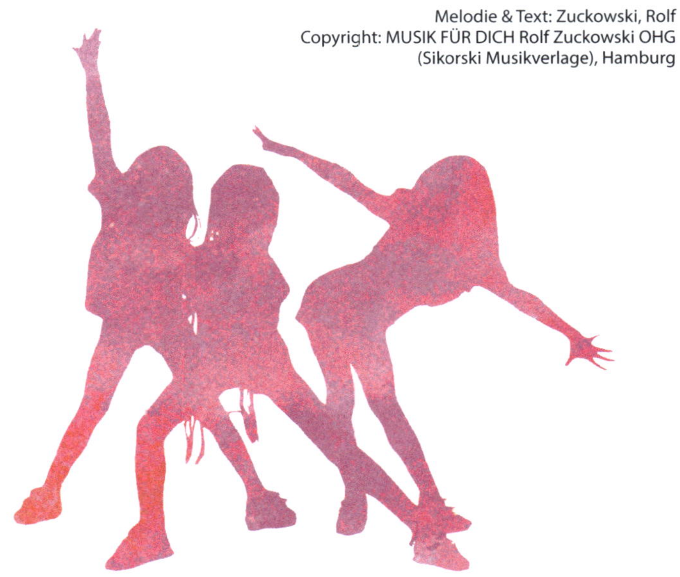

Ich schenk´ dir einen Regenbogen

D-Dur - Akkorde **D Em G A Hm**

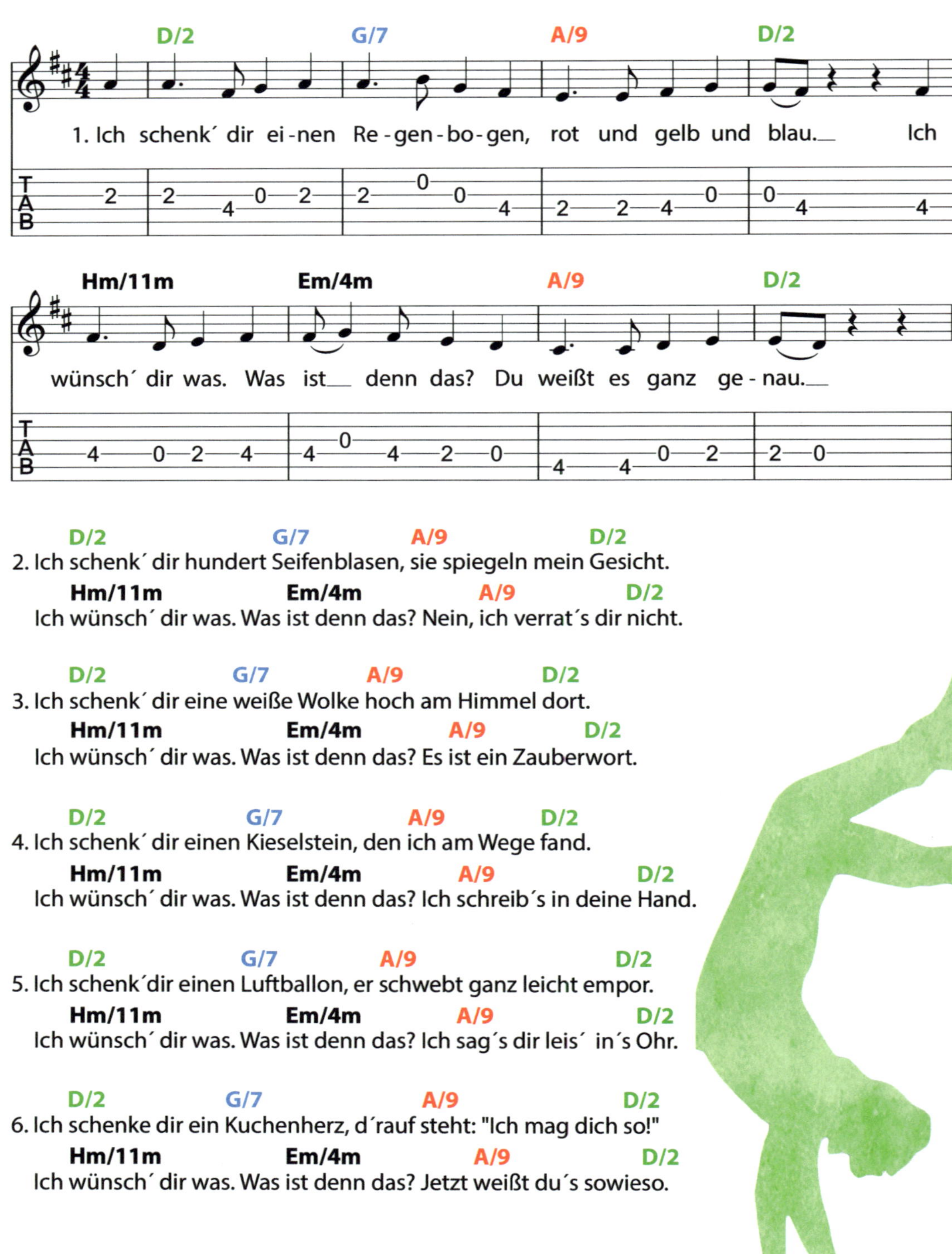

D/2 **G/7** **A/9** **D/2**
2. Ich schenk´ dir hundert Seifenblasen, sie spiegeln mein Gesicht.
Hm/11m **Em/4m** **A/9** **D/2**
Ich wünsch´ dir was. Was ist denn das? Nein, ich verrat´s dir nicht.

D/2 **G/7** **A/9** **D/2**
3. Ich schenk´ dir eine weiße Wolke hoch am Himmel dort.
Hm/11m **Em/4m** **A/9** **D/2**
Ich wünsch´ dir was. Was ist denn das? Es ist ein Zauberwort.

D/2 **G/7** **A/9** **D/2**
4. Ich schenk´ dir einen Kieselstein, den ich am Wege fand.
Hm/11m **Em/4m** **A/9** **D/2**
Ich wünsch´ dir was. Was ist denn das? Ich schreib´s in deine Hand.

D/2 **G/7** **A/9** **D/2**
5. Ich schenk´dir einen Luftballon, er schwebt ganz leicht empor.
Hm/11m **Em/4m** **A/9** **D/2**
Ich wünsch´ dir was. Was ist denn das? Ich sag´s dir leis´ in´s Ohr.

D/2 **G/7** **A/9** **D/2**
6. Ich schenke dir ein Kuchenherz, d´rauf steht: "Ich mag dich so!"
Hm/11m **Em/4m** **A/9** **D/2**
Ich wünsch´ dir was. Was ist denn das? Jetzt weißt du´s sowieso.

Melodie & Text: Kreusch-Jacob, Dorothée

Lasst uns miteinander

F-Dur - Akkorde F B C

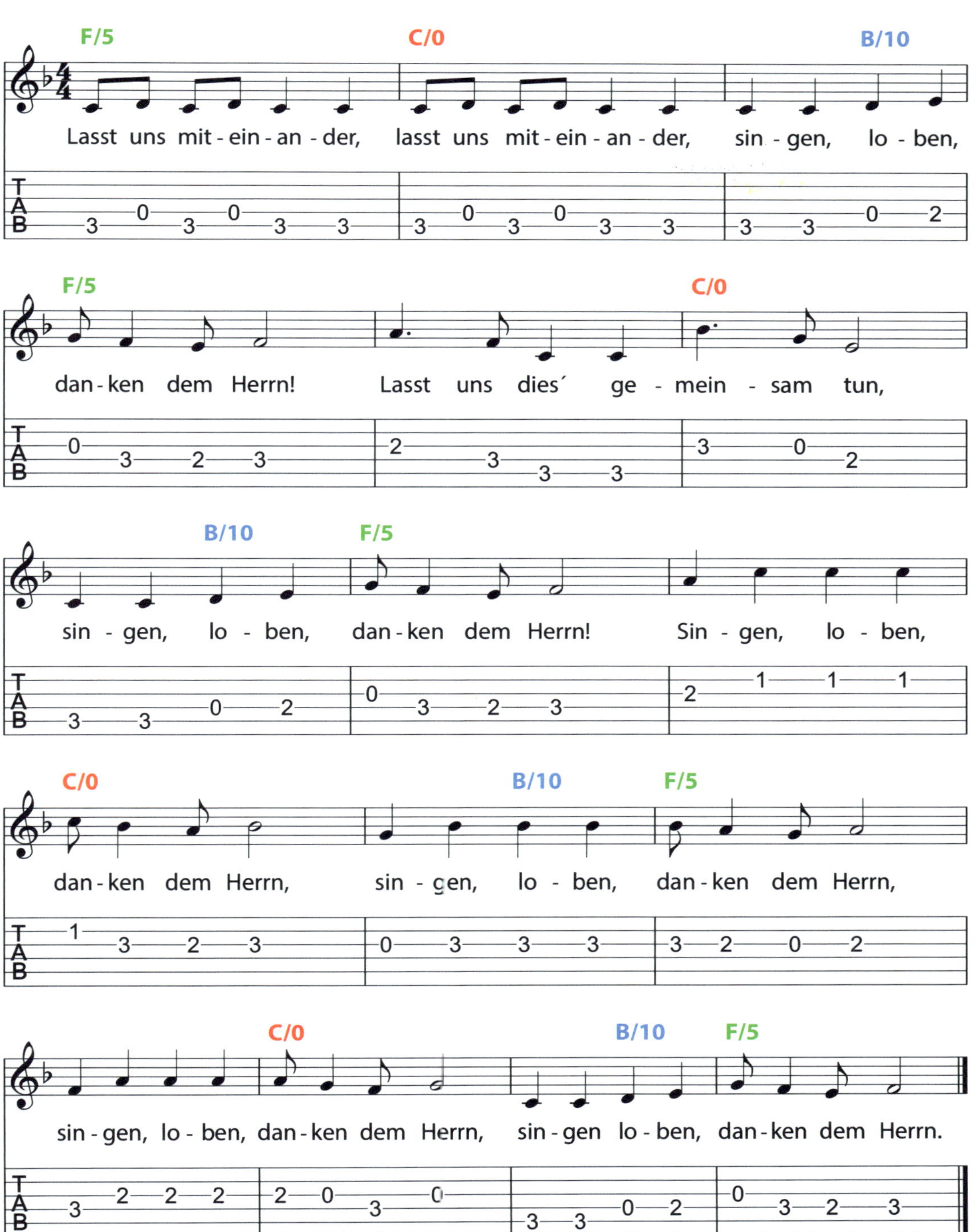

Lieder für
Relig

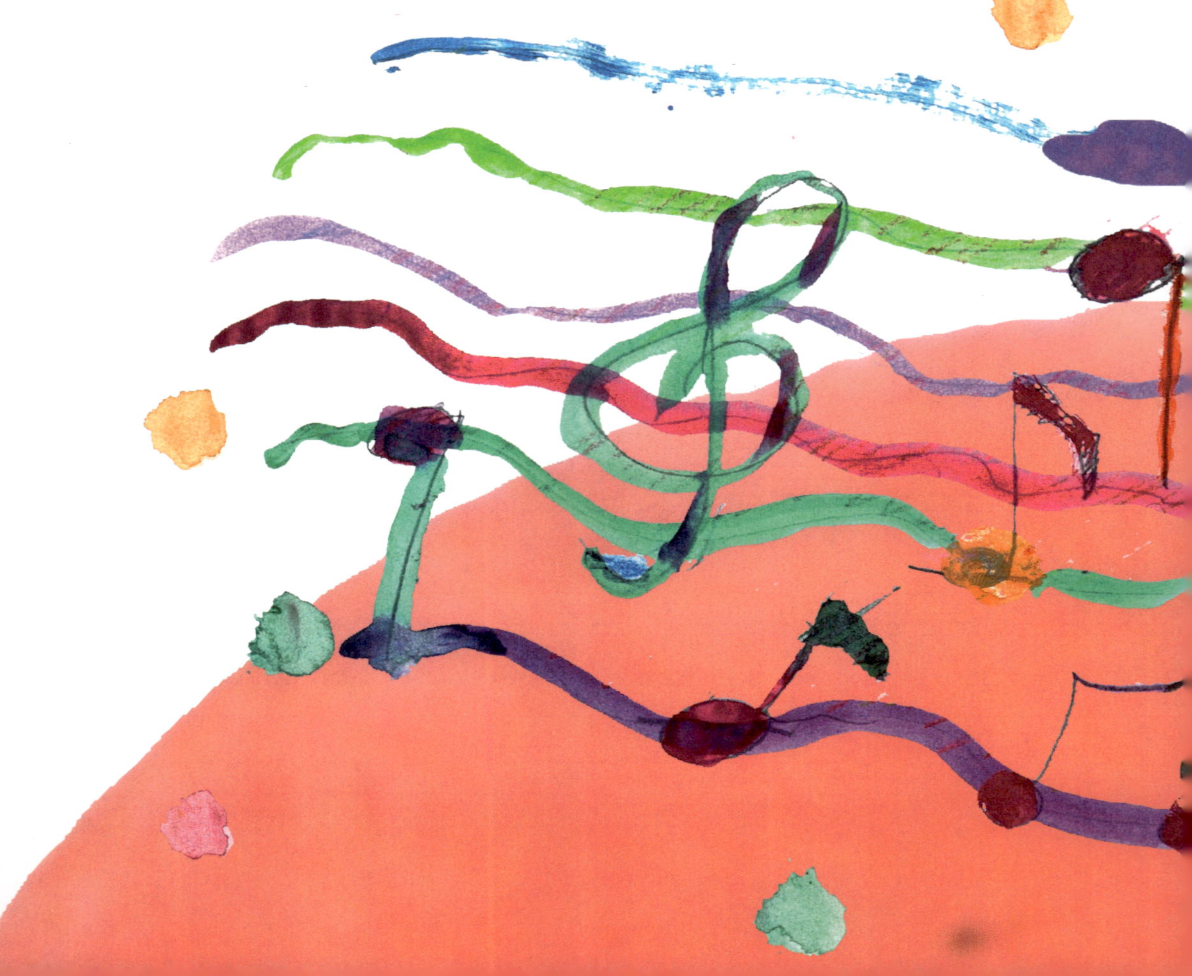

ten

nsunterricht

Laudato si

G-Dur - Akkorde G C D Em

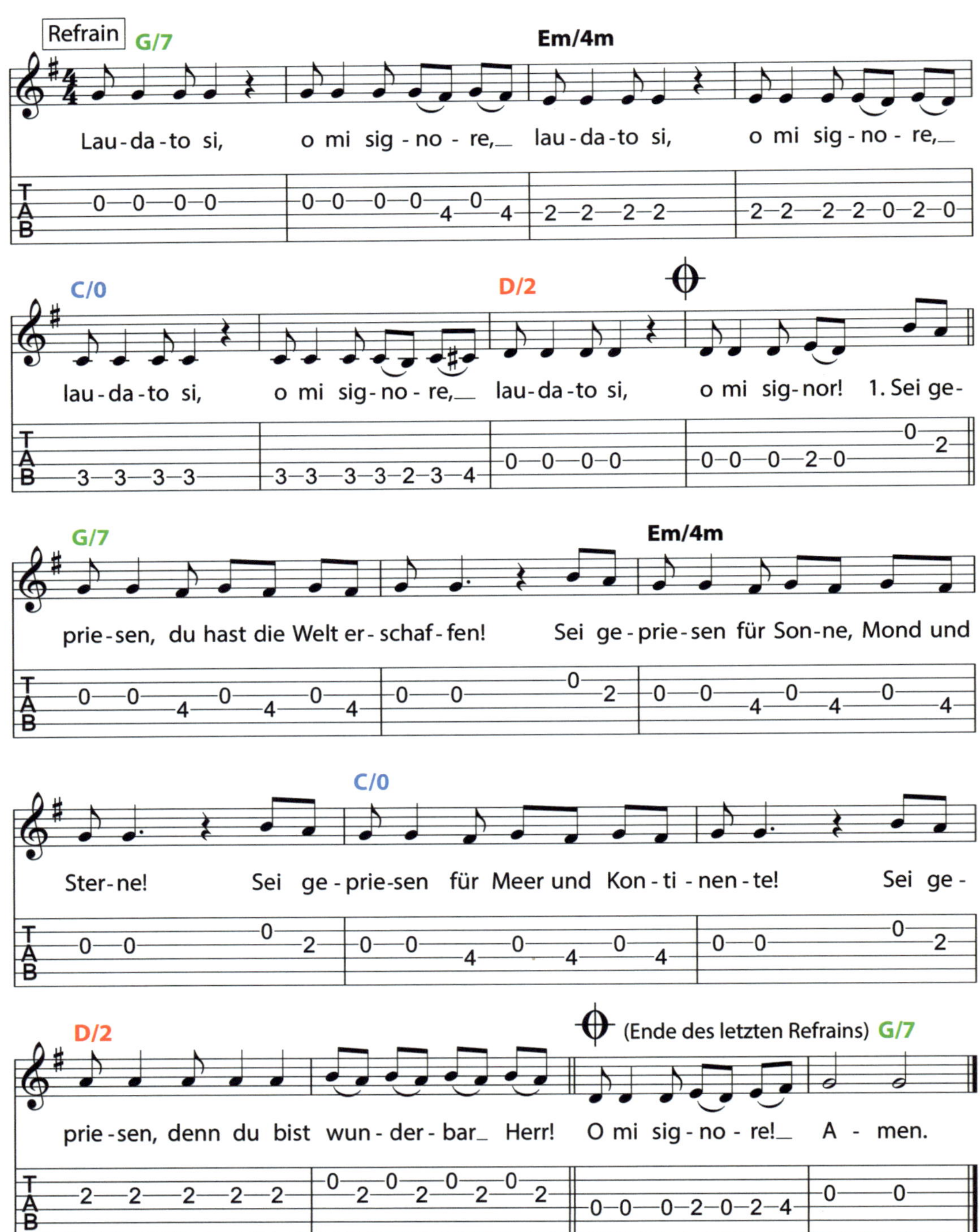

G/7 Em/4m
2. Sei gepriesen für Licht und Dunkelheiten! Sei gepriesen für Nächte und für Tage!
C/0 D/2
Sei gepriesen für Jahre und Gezeiten! Sei gepriesen, denn du bist wunderbar, Herr!

G/7 Em/4m
3. Sei gepriesen für Wolken, Wind und Regen! Sei gepriesen, du lässt die Quellen springen!
C/0 D/2
Sei gepriesen, du lässt die Felder reifen! Sei gepriesen, denn du bist wunderbar, Herr!

G/7 Em/4m
4. Sei gepriesen für deine hohen Berge! Sei gepriesen für Feld und Wald und Täler!
C/0 D/2
Sei gepriesen für deiner Bäume Schatten! Sei gepriesen, denn du bist wunderbar, Herr!

G/7 Em/4m
5. Sei gepriesen, du lässt die Vögel kreisen! Sei gepriesen, wenn sie am Morgen singen!
C/0 D/2
Sei gepriesen für alle deine Tiere! Sei gepriesen, denn du bist wunderbar, Herr!

G/7 Em/4m
6. Sei gepriesen, denn du, Herr, schufst den Menschen! Sei gepriesen, er ist dein Bild der Liebe!
C/0 D/2
Sei gepriesen für jedes Volk der Erde! Sei gepriesen, denn du bist wunderbar, Herr!

G/7 Em/4m
7. Sei gepriesen, du selbst bist Mensch geworden! Sei gepriesen für Jesus, unser'n Bruder!
C/0 D/2
Sei gepriesen, wir tragen seinen Namen! Sei gepriesen, denn du bist wunderbar, Herr!

G/7 Em/4m
8. Sei gepriesen, er hat zu uns gesprochen! Sei gepriesen, er ist für uns gestorben!
C/0 D/2
Sei gepriesen, er ist vom Tod erstanden! Sei gepriesen, denn du bist wunderbar, Herr!

G/7 Em/4m
9. Sei gepriesen, o Herr und Leben! Sei gepriesen, du öffnest uns die Zukunft!
C/0 D/2
Sei gepriesen, in Ewigkeit gepriesen! Sei gepriesen, denn du bist wunderbar, Herr!

Melodie aus Italien (frei)
Text: (OT) Assisi, Franz von (frei)/Pilz, Winfried

Du hast uns deine Welt geschenkt

G-Dur - Akkorde G C D

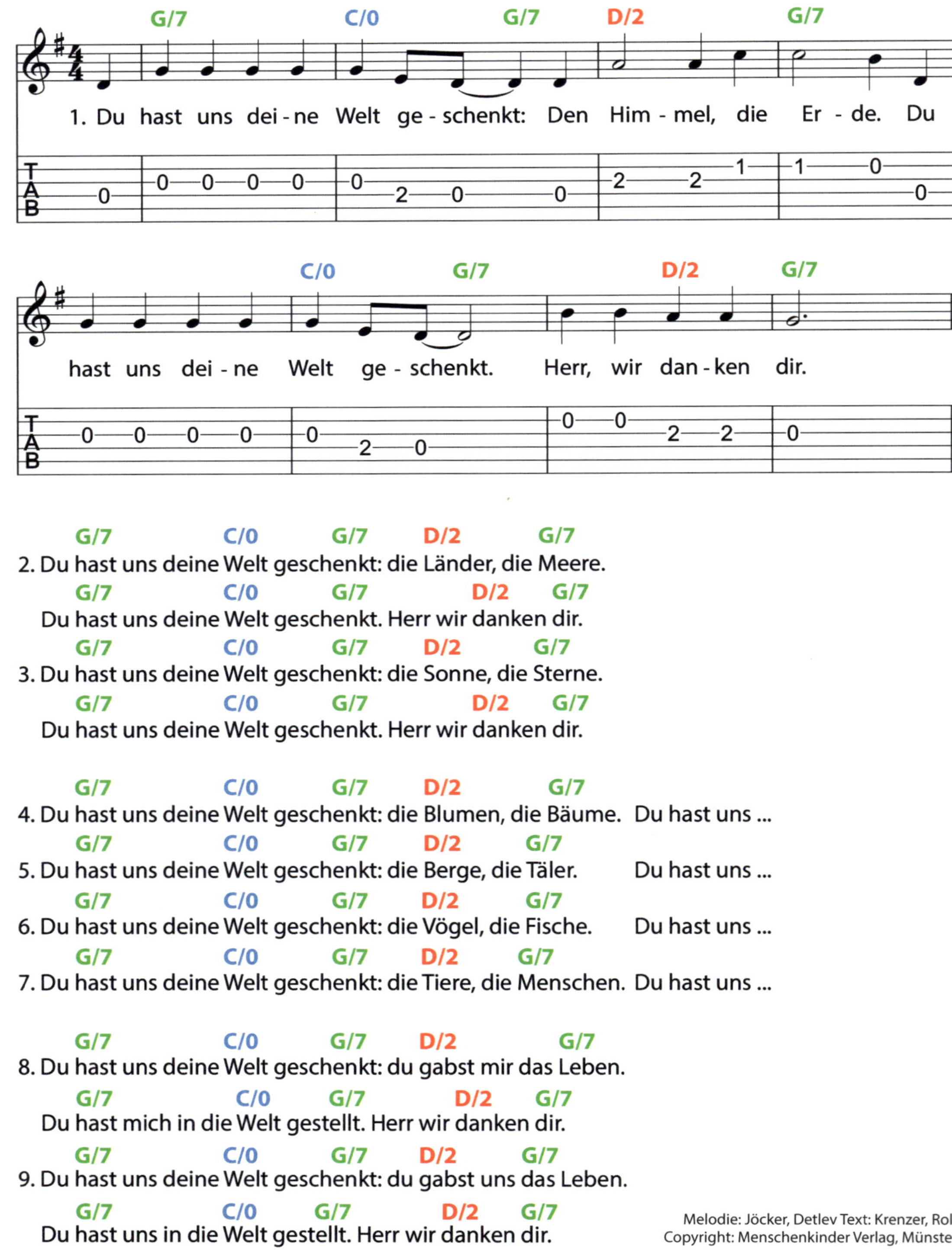

G/7 C/0 G/7 D/2 G/7
2. Du hast uns deine Welt geschenkt: die Länder, die Meere.
G/7 C/0 G/7 D/2 G/7
Du hast uns deine Welt geschenkt. Herr wir danken dir.
G/7 C/0 G/7 D/2 G/7
3. Du hast uns deine Welt geschenkt: die Sonne, die Sterne.
G/7 C/0 G/7 D/2 G/7
Du hast uns deine Welt geschenkt. Herr wir danken dir.

G/7 C/0 G/7 D/2 G/7
4. Du hast uns deine Welt geschenkt: die Blumen, die Bäume. Du hast uns ...
G/7 C/0 G/7 D/2 G/7
5. Du hast uns deine Welt geschenkt: die Berge, die Täler. Du hast uns ...
G/7 C/0 G/7 D/2 G/7
6. Du hast uns deine Welt geschenkt: die Vögel, die Fische. Du hast uns ...
G/7 C/0 G/7 D/2 G/7
7. Du hast uns deine Welt geschenkt: die Tiere, die Menschen. Du hast uns ...

G/7 C/0 G/7 D/2 G/7
8. Du hast uns deine Welt geschenkt: du gabst mir das Leben.
G/7 C/0 G/7 D/2 G/7
Du hast mich in die Welt gestellt. Herr wir danken dir.
G/7 C/0 G/7 D/2 G/7
9. Du hast uns deine Welt geschenkt: du gabst uns das Leben.
G/7 C/0 G/7 D/2 G/7
Du hast uns in die Welt gestellt. Herr wir danken dir.

Melodie: Jöcker, Detlev Text: Krenzer, Rolf

Einfach spitze, dass du da bist

D-Dur - Akkorde **D G A Hm**

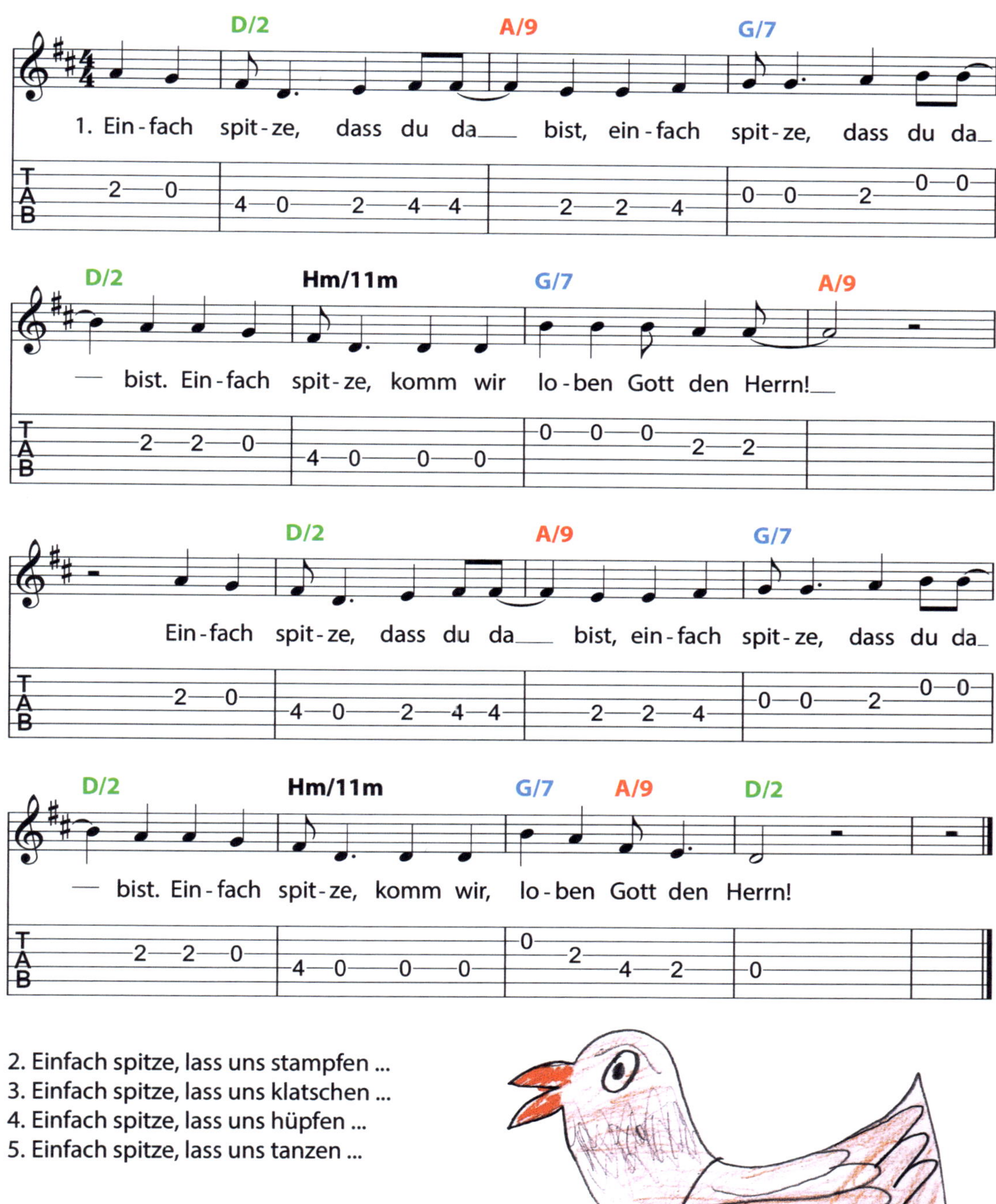

2. Einfach spitze, lass uns stampfen ...
3. Einfach spitze, lass uns klatschen ...
4. Einfach spitze, lass uns hüpfen ...
5. Einfach spitze, lass uns tanzen ...

Melodie & Text: Kallauch, Daniel

Da berühren sich Himmel und Erde

F-Dur - Akkorde **F Gm Am B C Cm Dm**

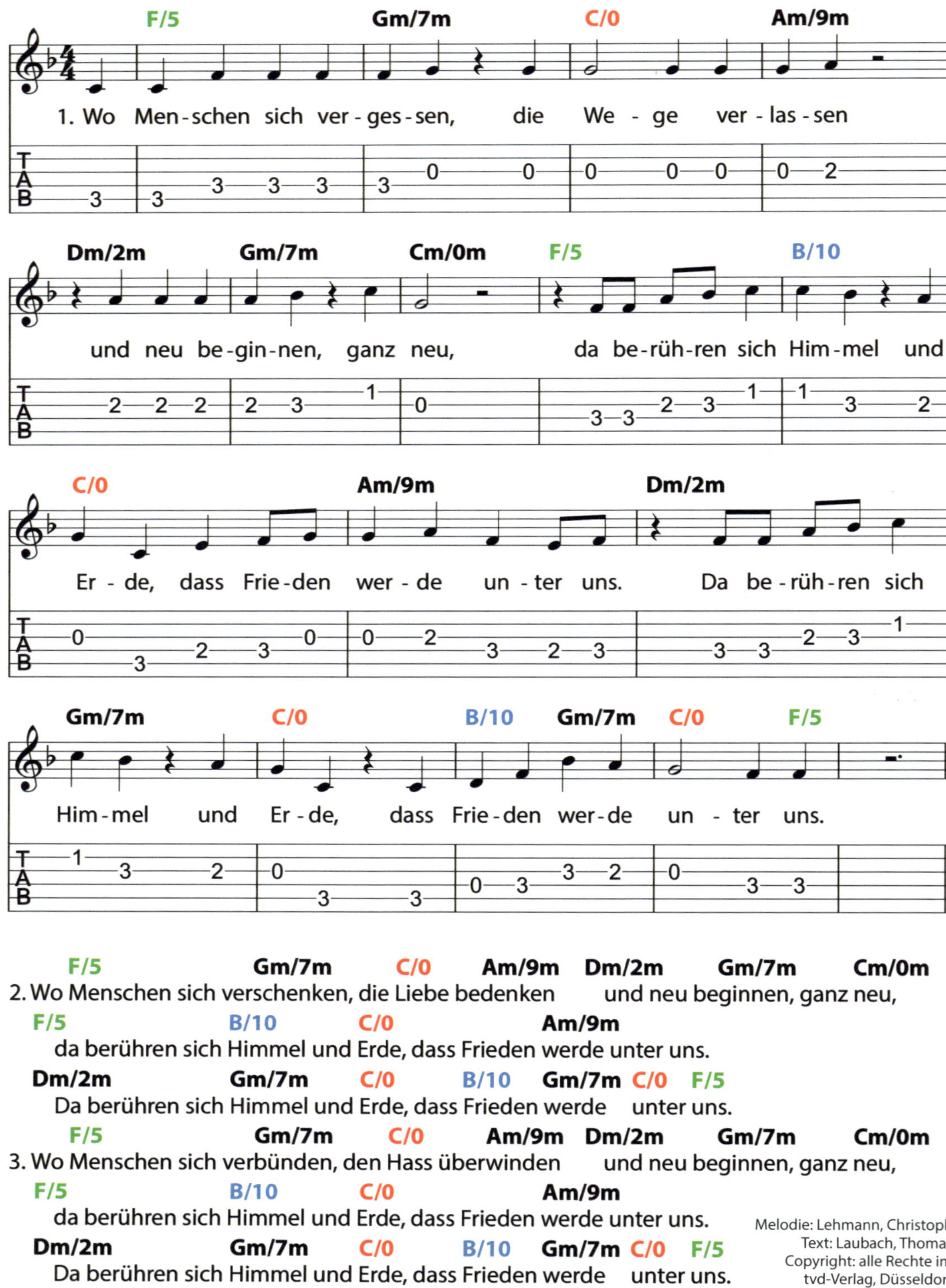

F/5 **Gm/7m** **C/0** **Am/9m** **Dm/2m** **Gm/7m** **Cm/0m**
2. Wo Menschen sich verschenken, die Liebe bedenken und neu beginnen, ganz neu,
F/5 **B/10** **C/0** **Am/9m**
da berühren sich Himmel und Erde, dass Frieden werde unter uns.
Dm/2m **Gm/7m** **C/0** **B/10** **Gm/7m** **C/0** **F/5**
Da berühren sich Himmel und Erde, dass Frieden werde unter uns.

F/5 **Gm/7m** **C/0** **Am/9m** **Dm/2m** **Gm/7m** **Cm/0m**
3. Wo Menschen sich verbünden, den Hass überwinden und neu beginnen, ganz neu,
F/5 **B/10** **C/0** **Am/9m**
da berühren sich Himmel und Erde, dass Frieden werde unter uns.
Dm/2m **Gm/7m** **C/0** **B/10** **Gm/7m** **C/0** **F/5**
Da berühren sich Himmel und Erde, dass Frieden werde unter uns.

Melodie: Lehmann, Christoph
Text: Laubach, Thomas

Eines Tages kam einer

G-Dur - Akkorde **G Am Hm C D Em**

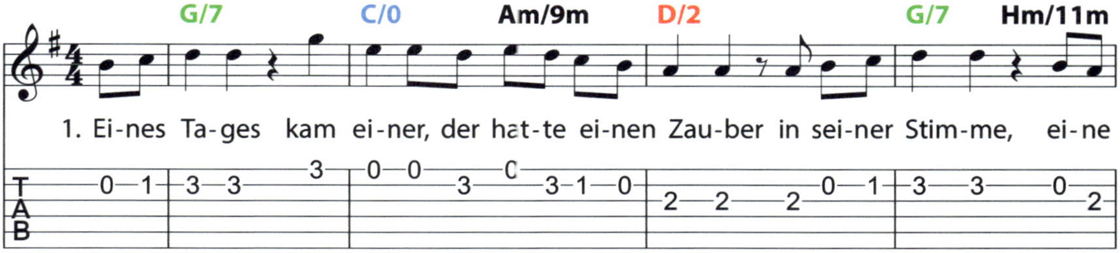

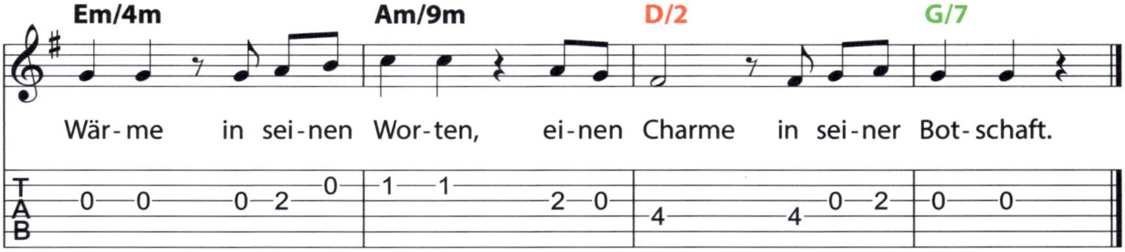

G/7 C/0 Am/9m D/2 G/7 Hm/11m

1. Ei-nes Ta-ges kam ei-ner, der hat-te ei-nen Zau-ber in sei-ner Stim-me, ei-ne

Em/4m Am/9m D/2 G/7

Wär-me in sei-nen Wor-ten, ei-nen Charme in sei-ner Bot-schaft.

G/7 C/0 Am/9m D/2 G/7 Hm/11m
2. Eines Tages kam einer, der hatte eine Freude in seinen Augen, eine
Em/4m Am/9m D/2 G/7
Freiheit in seinem Handeln, eine Zukunft in seinen Zeichen.

G/7 C/0 Am/9m D/2 G/7 Hm/11m
3. Eines Tages kam einer, der hatte eine Hoffnung in seinen Wundern, eine
Em/4m Am/9m D/2 G/7
Kraft in seinem Wesen, eine Offenheit in seinem Herzen.

G/7 C/0 Am/9m D/2 G/7 Hm/11m
4. Eines Tages kam einer, der hatte einen Vater in den Gebeten, einen
Em/4m Am/9m D/2 G/7
Helfer in seinen Ängsten, einen Gott in seinen Schreien.

G/7 C/0 Am/9m D/2 G/7 Hm/11m
5. Eines Tages kam einer, der hatte einen Geist in seinen Taten, eine
Em/4m Am/9m D/2 G/7
Treue in seinen Leiden, einen Sinn in seinem Sterben.

G/7 C/0 Am/9m D/2 G/7 Hm/11m
6. Eines Tages kam einer, der hatte einen Schatz in seinem Himmel, ein
Em/4m Am/9m D/2 G/7
Leben in seinem Tode, eine Auferstehung in seinem Glauben.

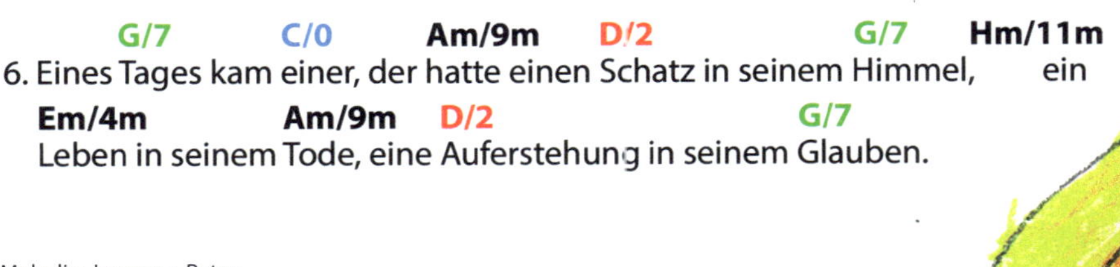

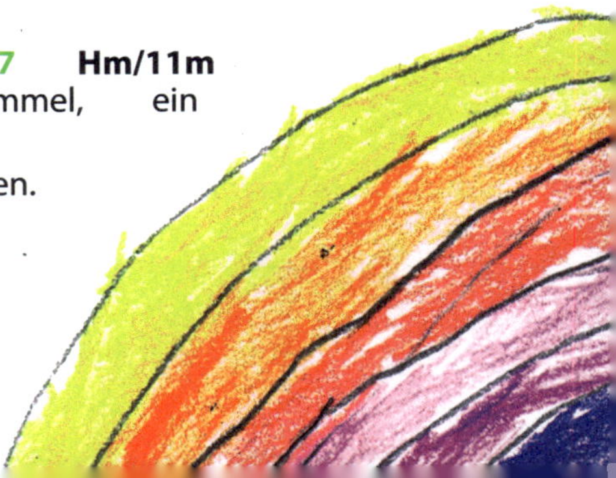

Melodie: Janssens, Peter
Text: Albrecht, Alois

Wenn einer sagt / Kindermutmachlied

F-Dur - Akkorde FGmBCDm

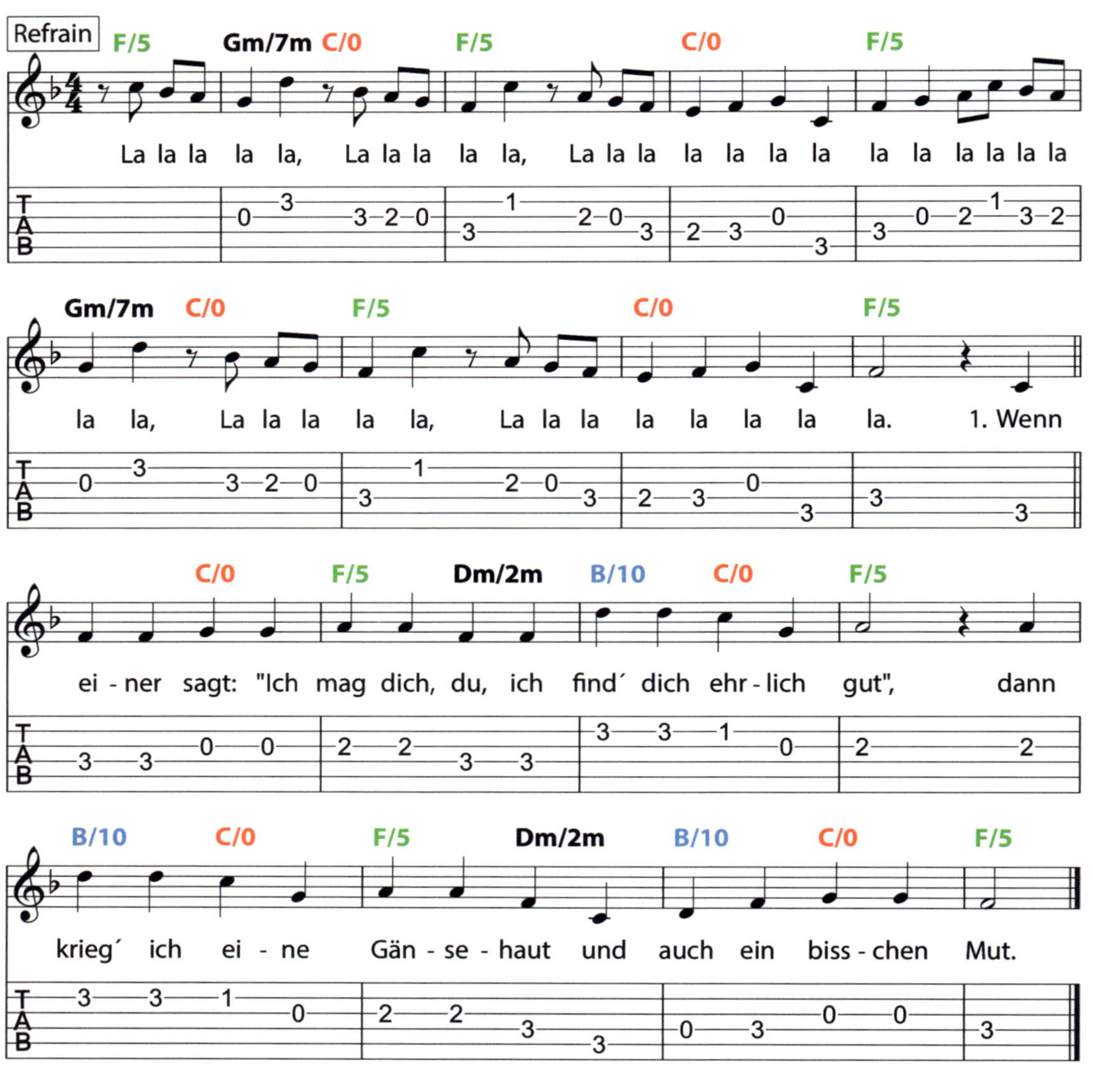

F/5 C/0 F/5 Dm/2m B/10 C/0 F/5
2. Wenn einer sagt: " Ich brauch´ dich, du, ich schaff´ es nicht allein.",
B/10 C/0 F/5 Dm/2m B/10 C/0 F/5
dann kribbelt es in meinem Bauch, ich fühl´ mich nicht mehr klein.

F/5 C/0 F/5 Dm/2m B/10 C/0 F/5
3. Wenn einer sagt: "Komm, geh mit mir, zusammen sind wir was!",
B/10 C/0 F/5 Dm/2m B/10 C/0 F/5
dann werd´ ich rot, weil ich mich freu´, dann macht das Leben Spaß.

F/5 C/0 F/5 Dm/2m B/10 C/0 F/5
4. Gott sagt zu dir: " Ich hab´ dich lieb. Ich wär´ so gern dein Freund.
B/10 C/0 F/5 Dm/2m B/10 C/0 F/5
Und das, was du allein nicht schaffst, das schaffen wir vereint."

Melodie & Text: Ebert, Andreas

Gottes Liebe ist so wunderbar

C-Dur - Akkorde C G

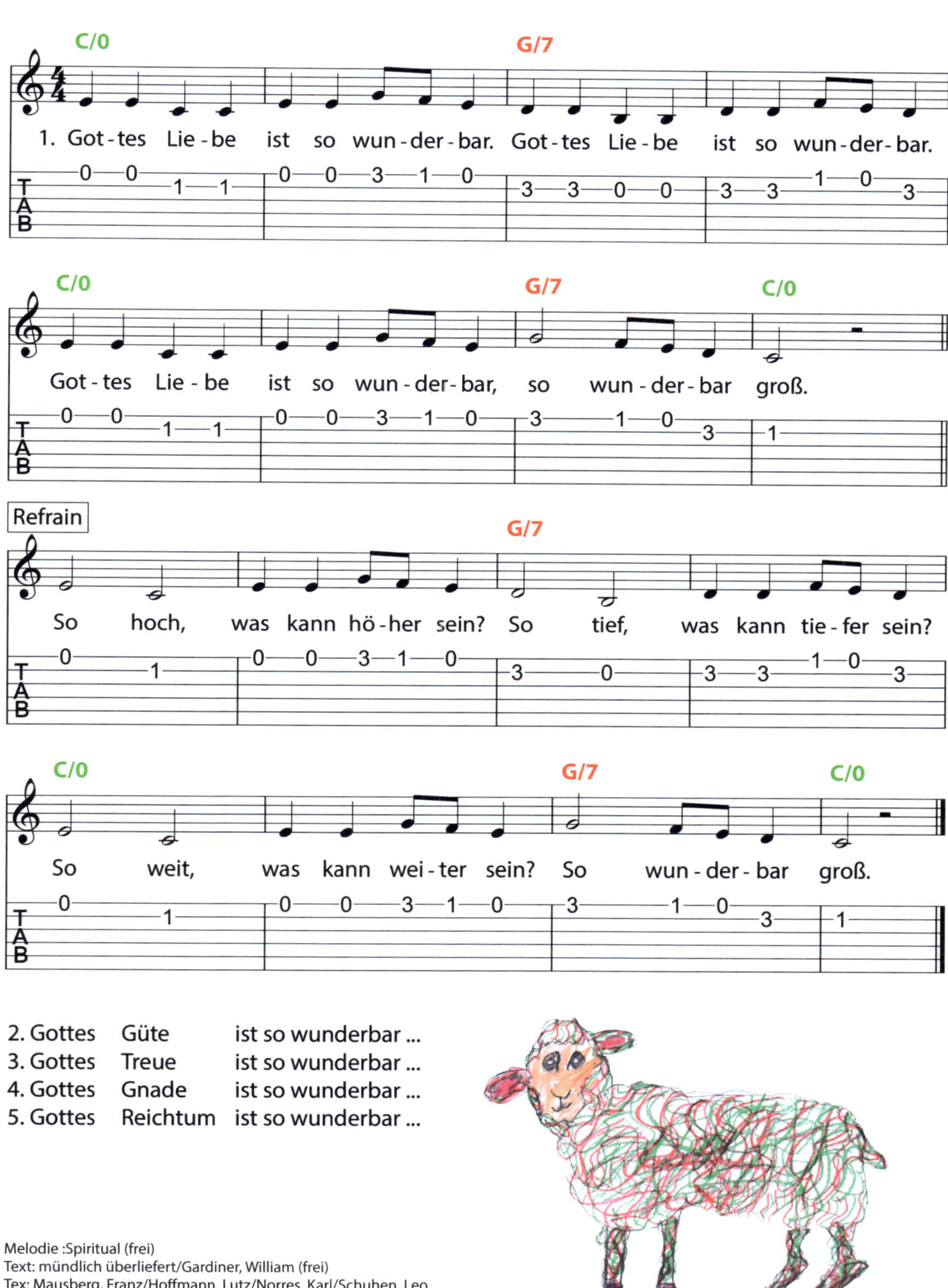

2. Gottes Güte ist so wunderbar ...
3. Gottes Treue ist so wunderbar ...
4. Gottes Gnade ist so wunderbar ...
5. Gottes Reichtum ist so wunderbar ...

Melodie :Spiritual (frei)
Text: mündlich überliefert/Gardiner, William (frei)
Tex: Mausberg, Franz/Hoffmann, Lutz/Norres, Karl/Schuhen, Leo

Er hält die ganze Welt

C-Dur - Akkorde C G

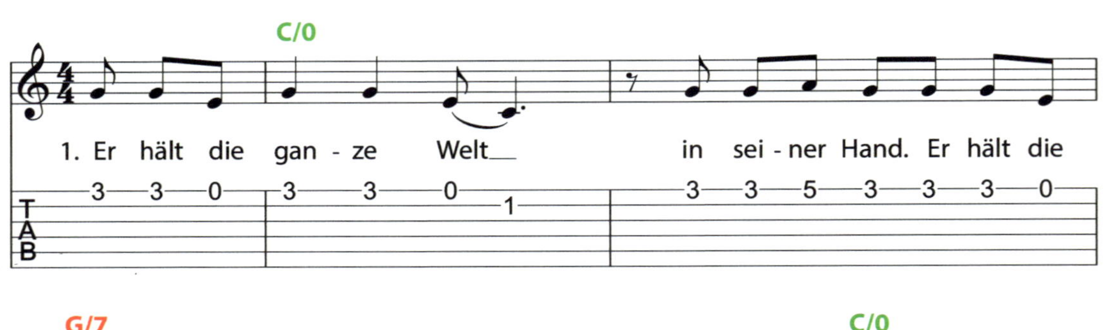

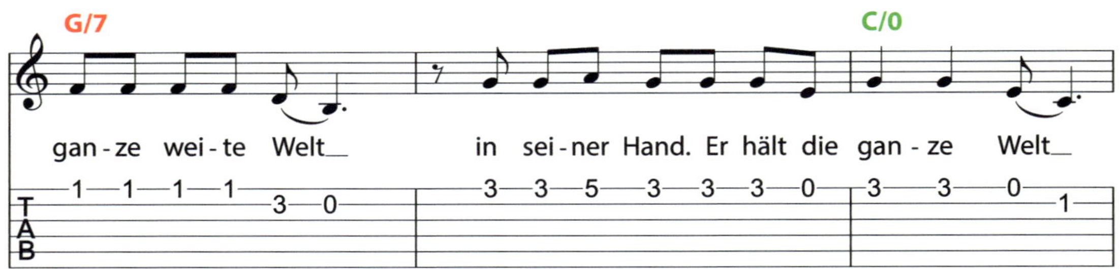

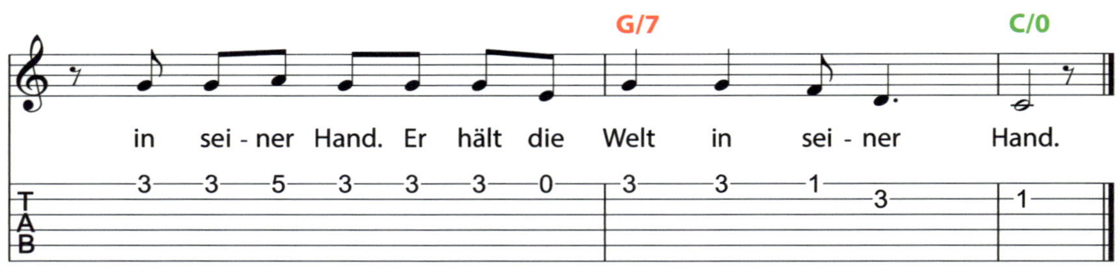

C/0 G/7
2. Er hält den Tag und die Nacht in seiner Hand. Er hält die Erde und den Himmel in seiner
C/0 G/7 C/0
Hand. Er hält das Land und das Meer in seiner Hand. Er hält die Welt in seiner Hand.

C/0 G/7
3. Er hält die Sonne und den Mond in seiner Hand. Er hält den Wind und den Regen in seiner
C/0 G/7 C/0
Hand. Er hält den großen Regenbogen in seiner Hand. Er hält die Welt in seiner Hand.

C/0 G/7
4. Er hält die Bäume und die Büsche in seiner Hand. Er hält die Tiere auf dem Felde in seiner
C/0 G/7 C/0
Hand. Er hält die Vögel und die Blumen in seiner Hand. Er hält die Welt in seiner Hand.

C/0 G/7
5. Er hält den Vater und die Mutter in seiner Hand. Er hält den Bruder und die Schwester in

C/0 G/7 C/0
seiner Hand. Er hält das süße kleine Baby in seiner Hand. Er hält die Welt in seiner Hand.

C/0 G/7
6. Er hält auch dich und mich, mein Bruder, in seiner Hand. Er hält auch dich und mich,

C/0
mein´ Schwester, in seiner Hand. Er hält auch euch, meine Freunde, in seiner Hand.

G/7 C/0
Er hält die Welt in seiner Hand.

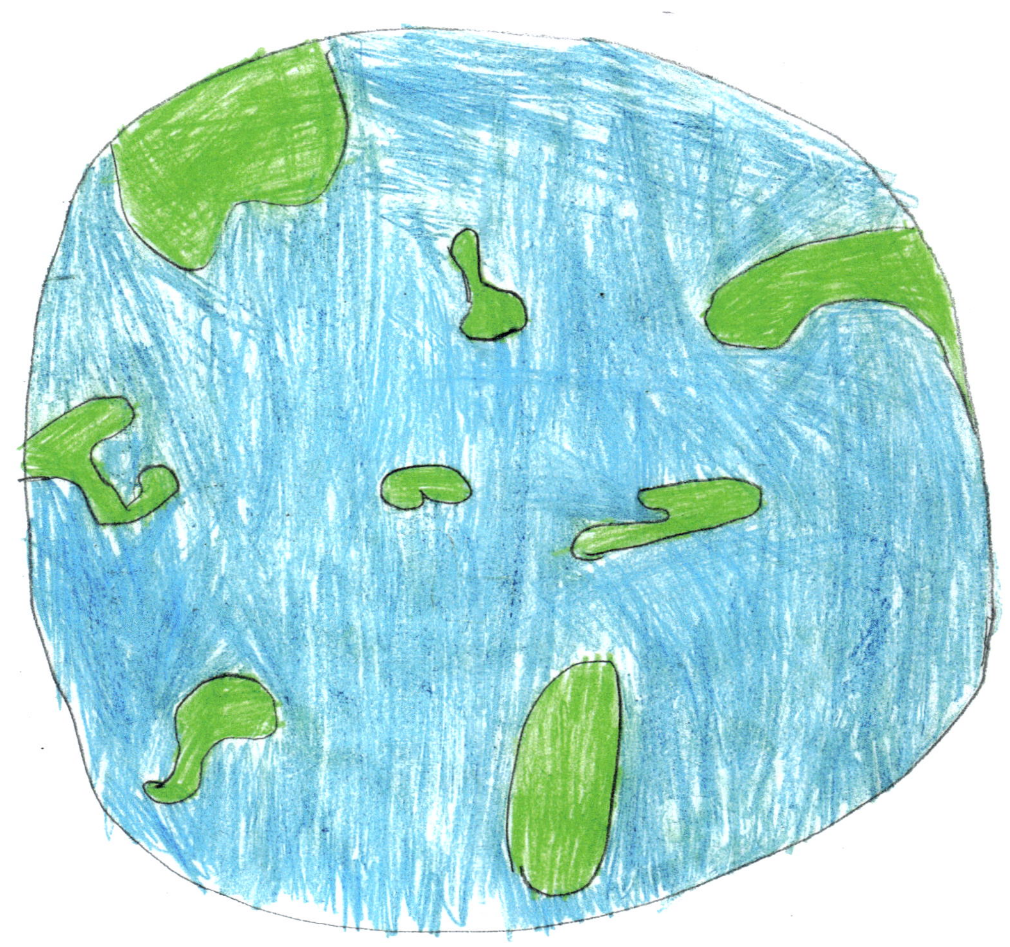

Gloria in excelsis Deo

D-Dur - Akkorde D A

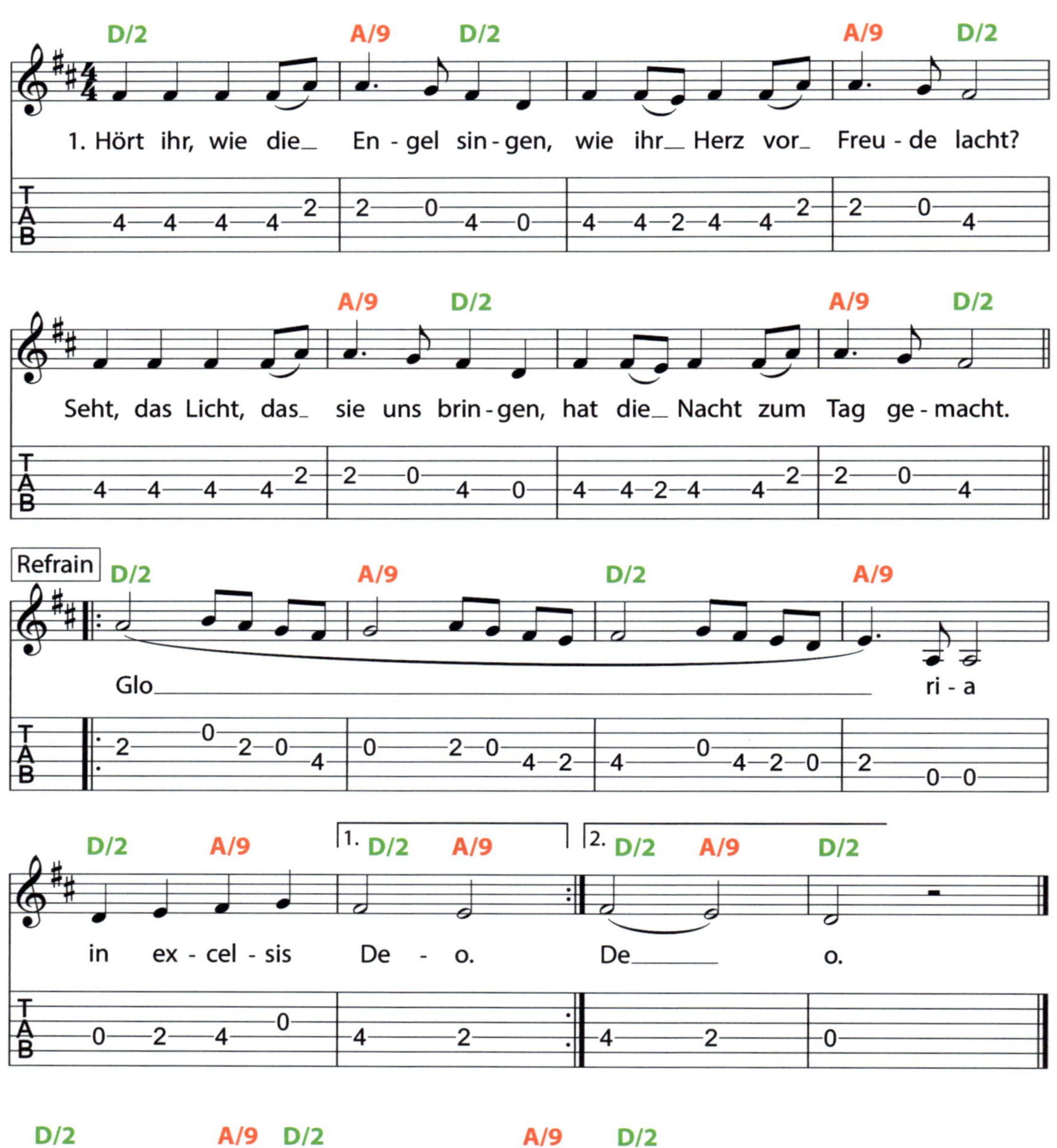

D/2 A/9 D/2 A/9 D/2
2. Hört ihr, was die Engel sagen: "Diese Welt ist nicht verlor´n!
A/9 D/2 A/9 D/2
Denn um uns´re Schuld zu tragen, wurde heut´ ein Kind gebor´n."

D/2 A/9 D/2 A/9 D/2
3. Hört ihr, wie die Engel spielen, wie ihr Lied zum Himmel klingt?
A/9 D/2 A/9 D/2
So wie sie sollt ihr euch fühlen, dass ihr selbst vor Freude singt.

Danke für diesen guten Morgen

D-Dur - Akkorde **D G A Hm**

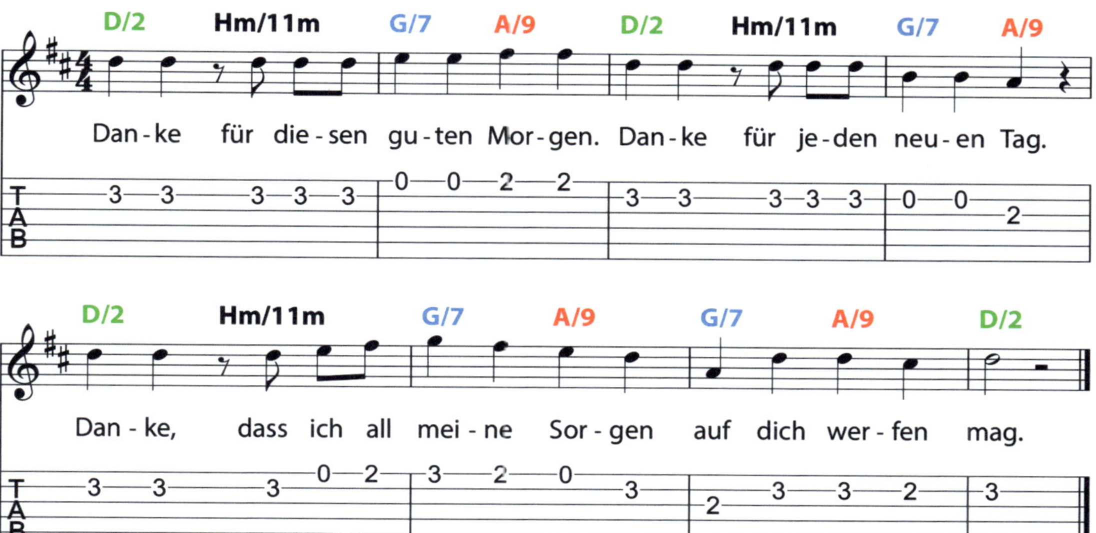

Melodie & Text: Schneider, Martin Gotthard

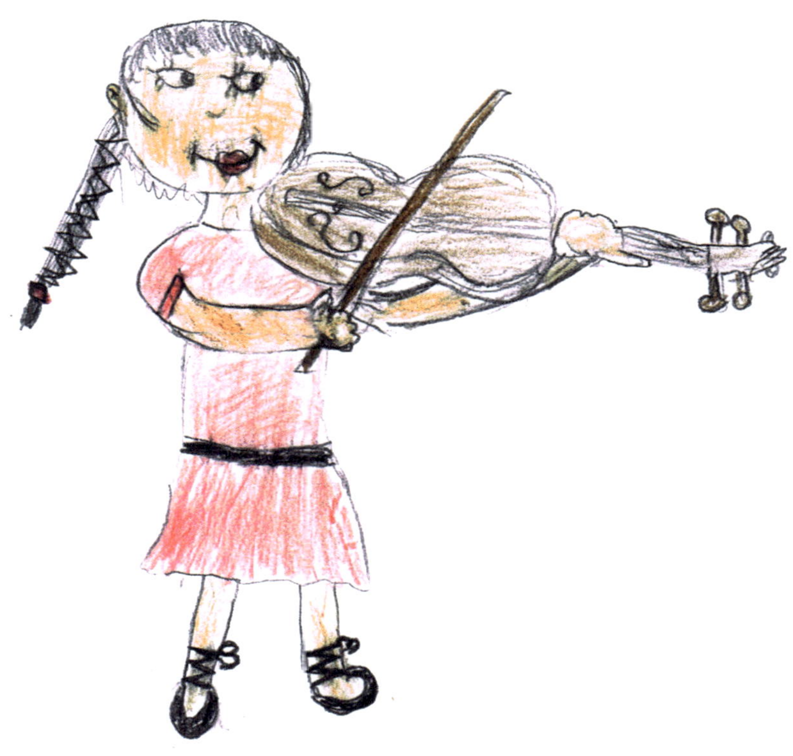

Die Sonne hoch am Himmelszelt

E-Dur - Akkorde EG#mAB

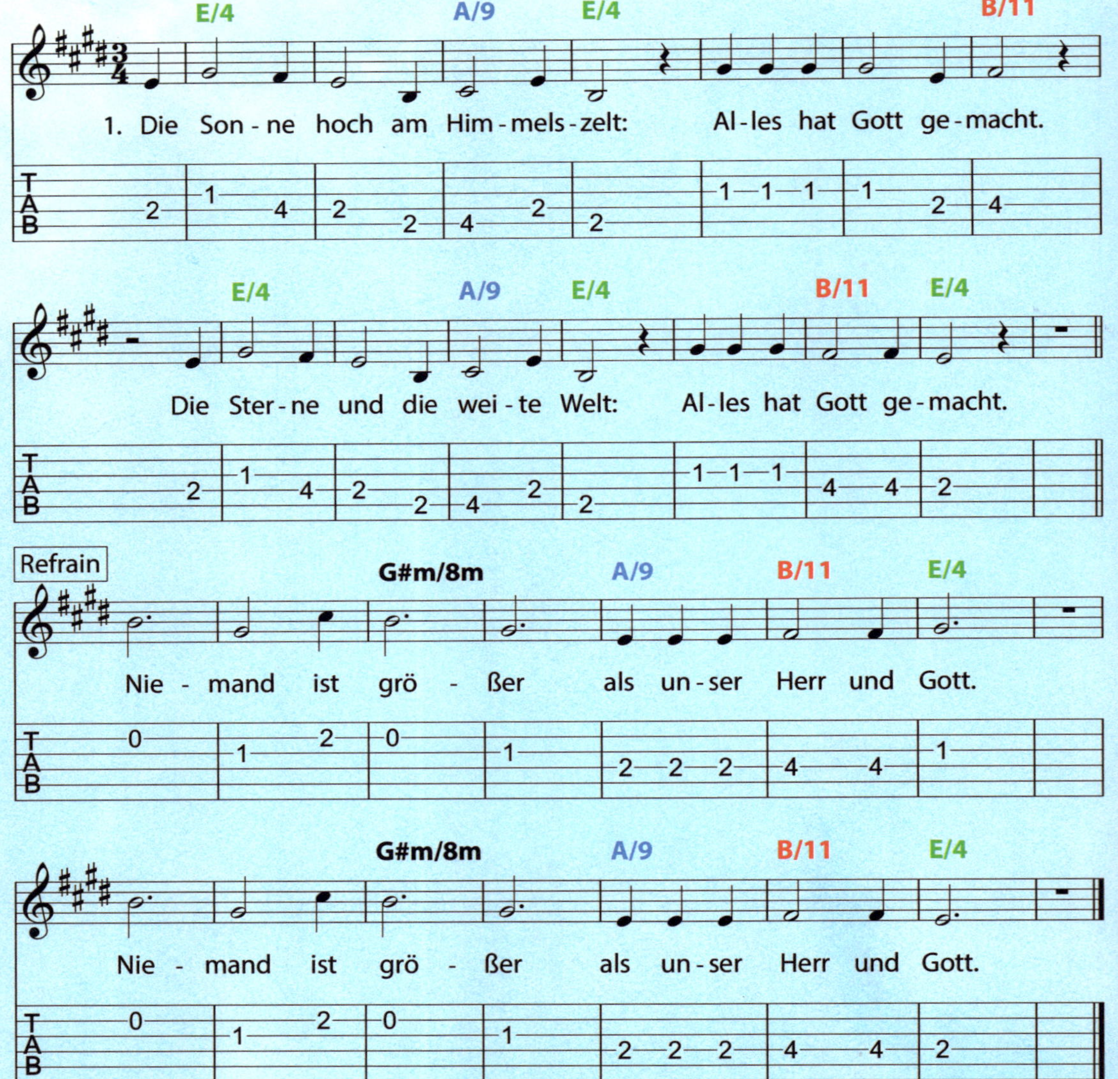

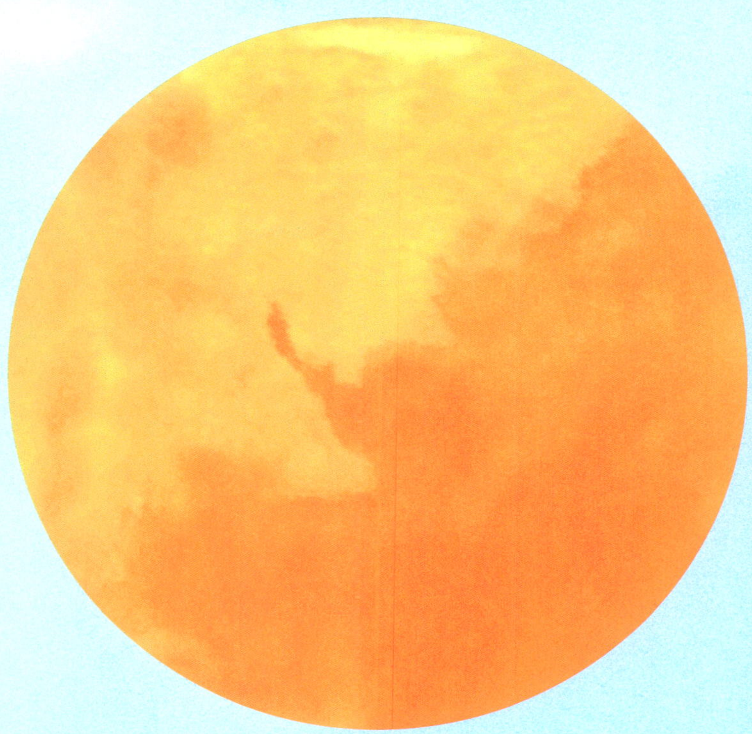

E/4 A/9 E/4 B/11
2. Die Blumen, Vögel, jedes Tier: Alles hat Gott gemacht.
E/4 A/9 E/4 B/11 E/4
Er schickte sie zur Freude mir. Alles hat Gott gemacht.

E/4 A/9 E/4 B/11
3. Die Wälder, Flüsse und das Meer: Alles hat Gott gemacht.
E/4 A/9 E/4 B/11 E/4
Und darum loben wir ihn sehr. Alles hat Gott gemacht.

E/4 A/9 E/4 B/11
4. Das Korn, Gemüse und das Obst: Alles hat Gott gemacht.
E/4 A/9 E/4 B/11 E/4
Er schenkte sie zur Nahrung uns. Alles hat Gott gemacht.

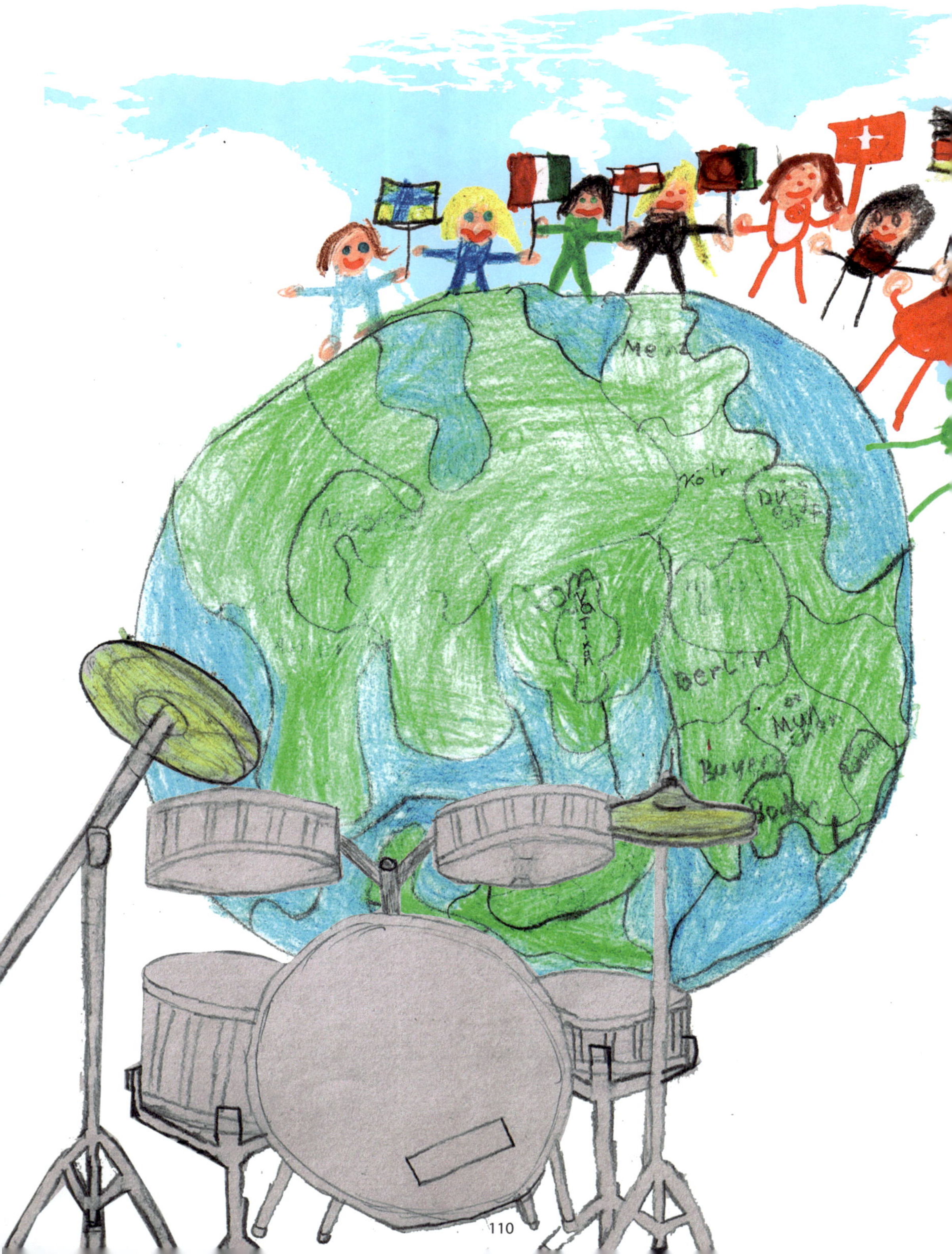
Köln
Berlin

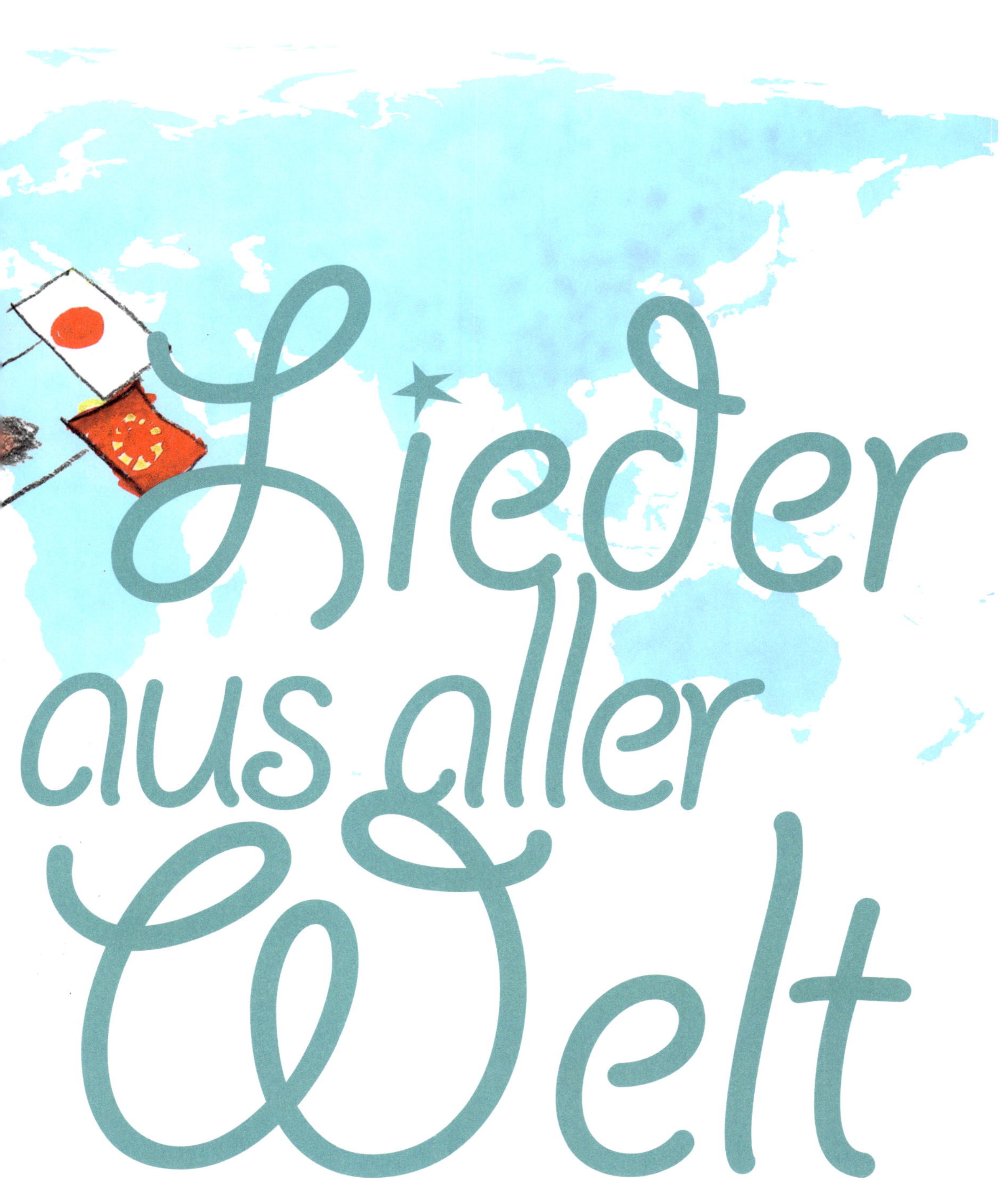
Lieder aus aller Welt

Shalom chaverim

E-Moll - Akkord **Em**

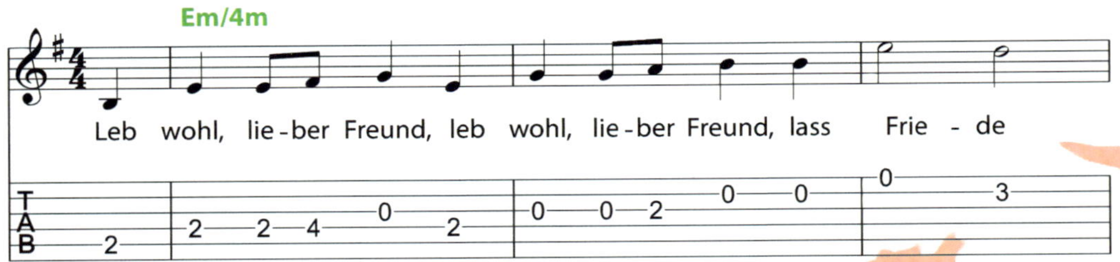

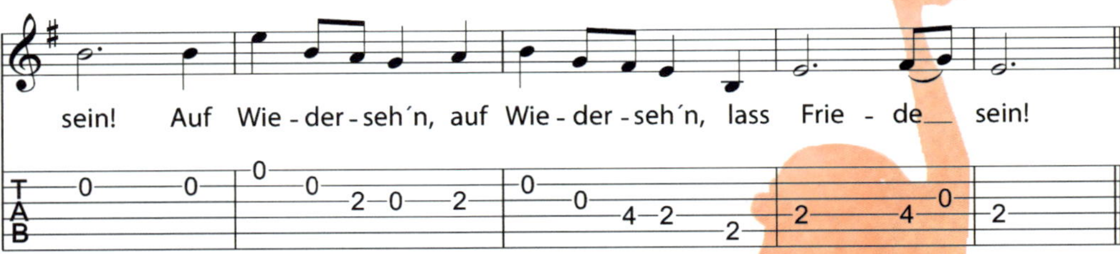

Em/4

Shalom chaverim, shalom chaverim, shalom, shalom!

Le hitraot, le hitraot, shalom, shalom!

Simama kaa

F-Dur - Akkorde F C

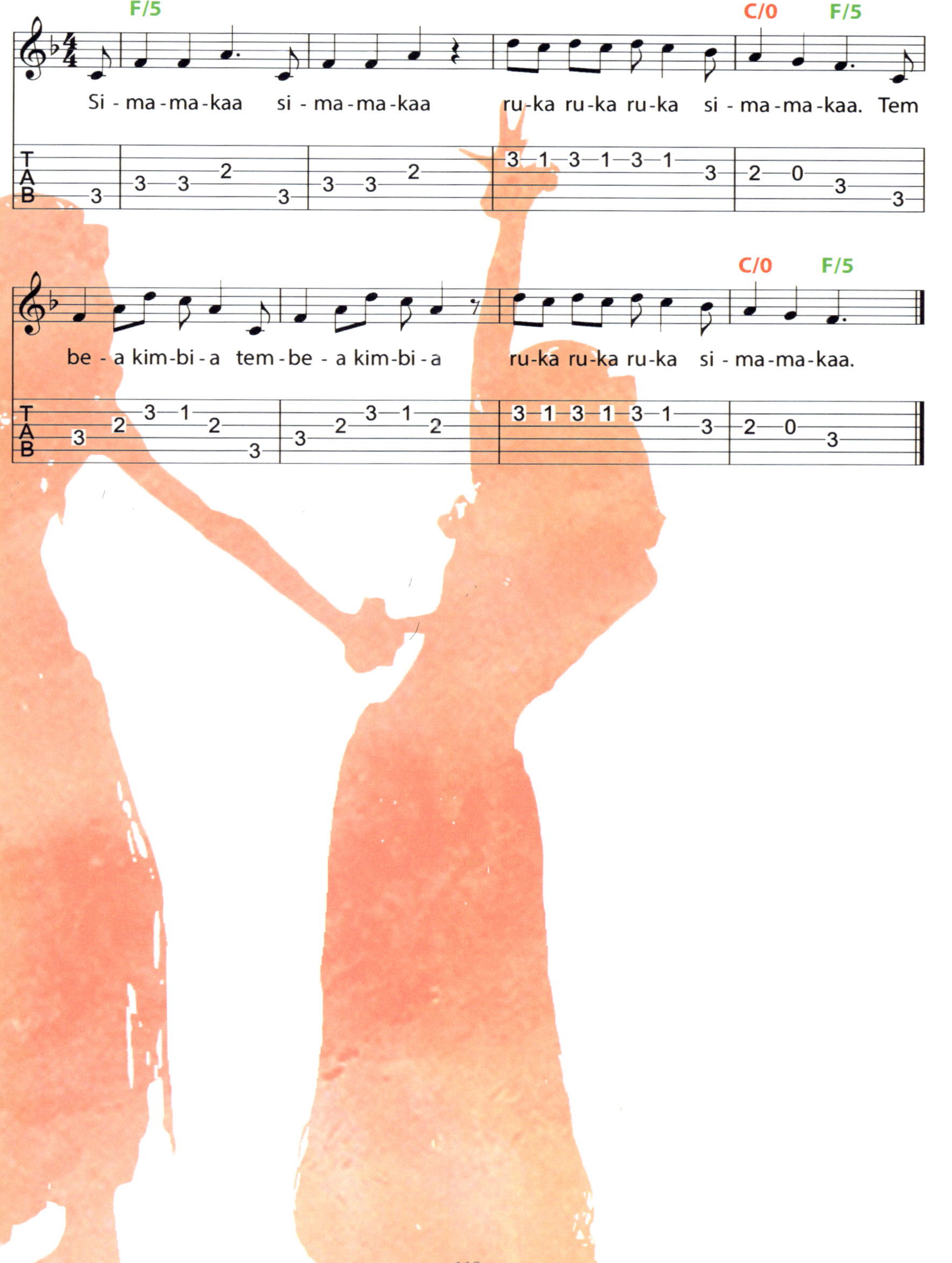

F/5 C/0 F/5

Si - ma - ma - kaa si - ma - ma - kaa ru - ka ru - ka ru - ka si - ma - ma - kaa. Tem

T A B

3 3 3 2 3 3 3 2 3 1 3 1 3 1 3 2 0 3 3

C/0 F/5

be - a kim - bi - a tem - be - a kim - bi - a ru - ka ru - ka ru - ka si - ma - ma - kaa.

T A B

3 2 3 1 2 3 3 2 3 1 2 3 1 3 1 3 1 3 2 0 3

Wir sind Kinder einer Welt

D-Dur - Akkorde D G A

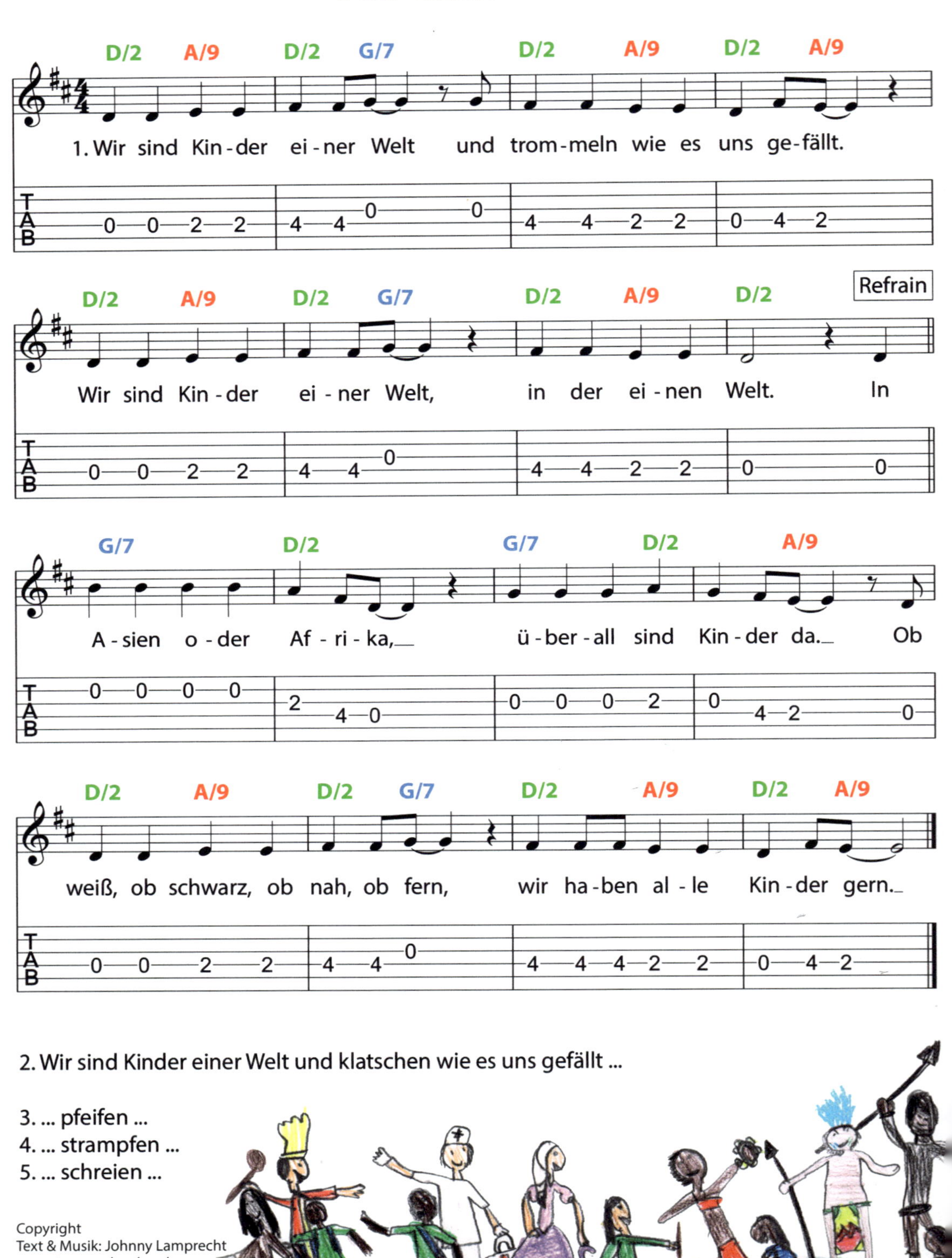

2. Wir sind Kinder einer Welt und klatschen wie es uns gefällt ...

3. ... pfeifen ...
4. ... strampfen ...
5. ... schreien ...

Un poquito cantas

D-Moll - Akkorde **Dm A**

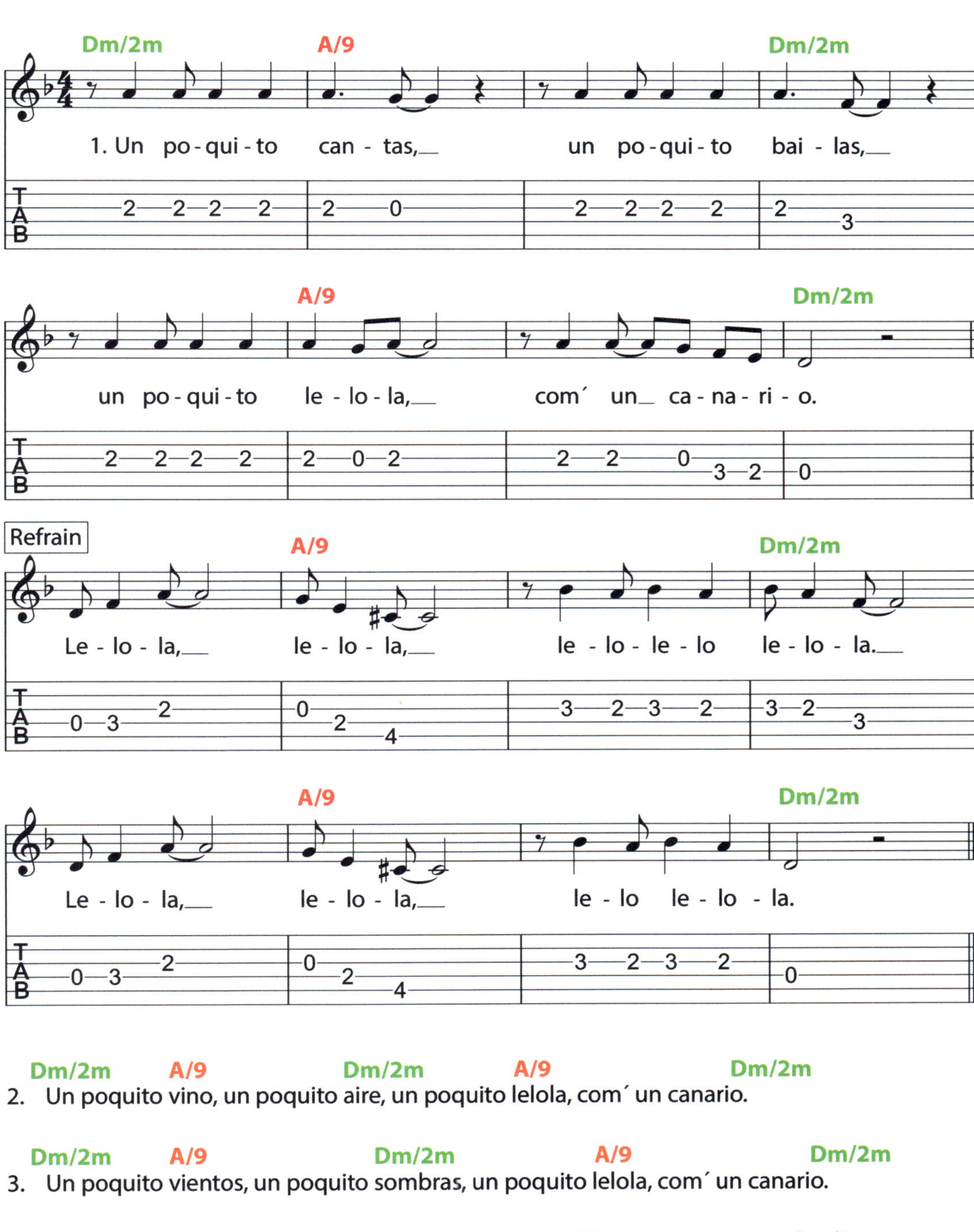

Dm/2m **A/9** **Dm/2m** **A/9** **Dm/2m**
2. Un poquito vino, un poquito aire, un poquito lelola, com´ un canario.

Dm/2m **A/9** **Dm/2m** **A/9** **Dm/2m**
3. Un poquito vientos, un poquito sombras, un poquito lelola, com´ un canario.

Dm/2m **A/9** **Dm/2m** **A/9** **Dm/2m**
4. Un poquito machos, un poquito chicas, un poquito lelola, com´ un canario.

Songs für G

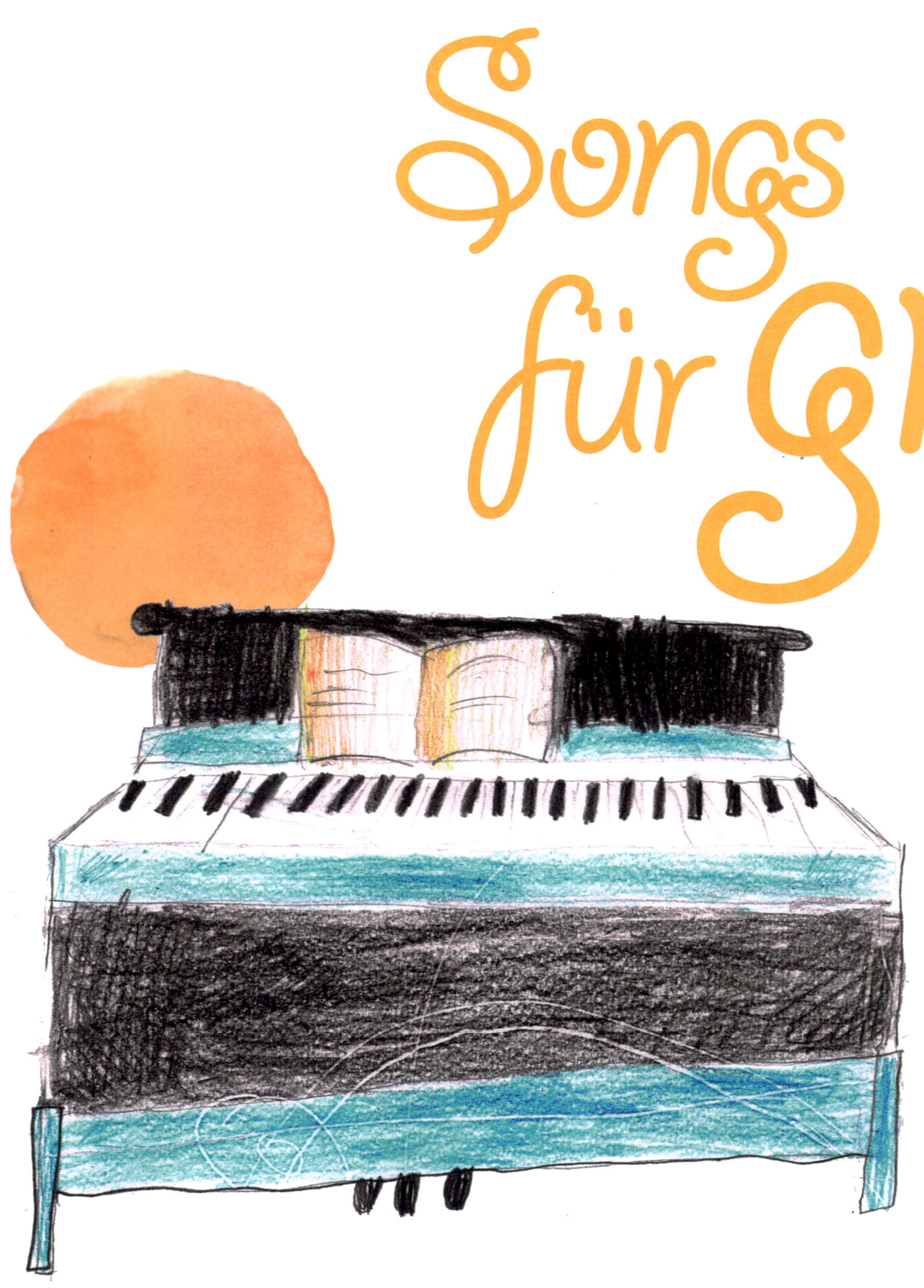

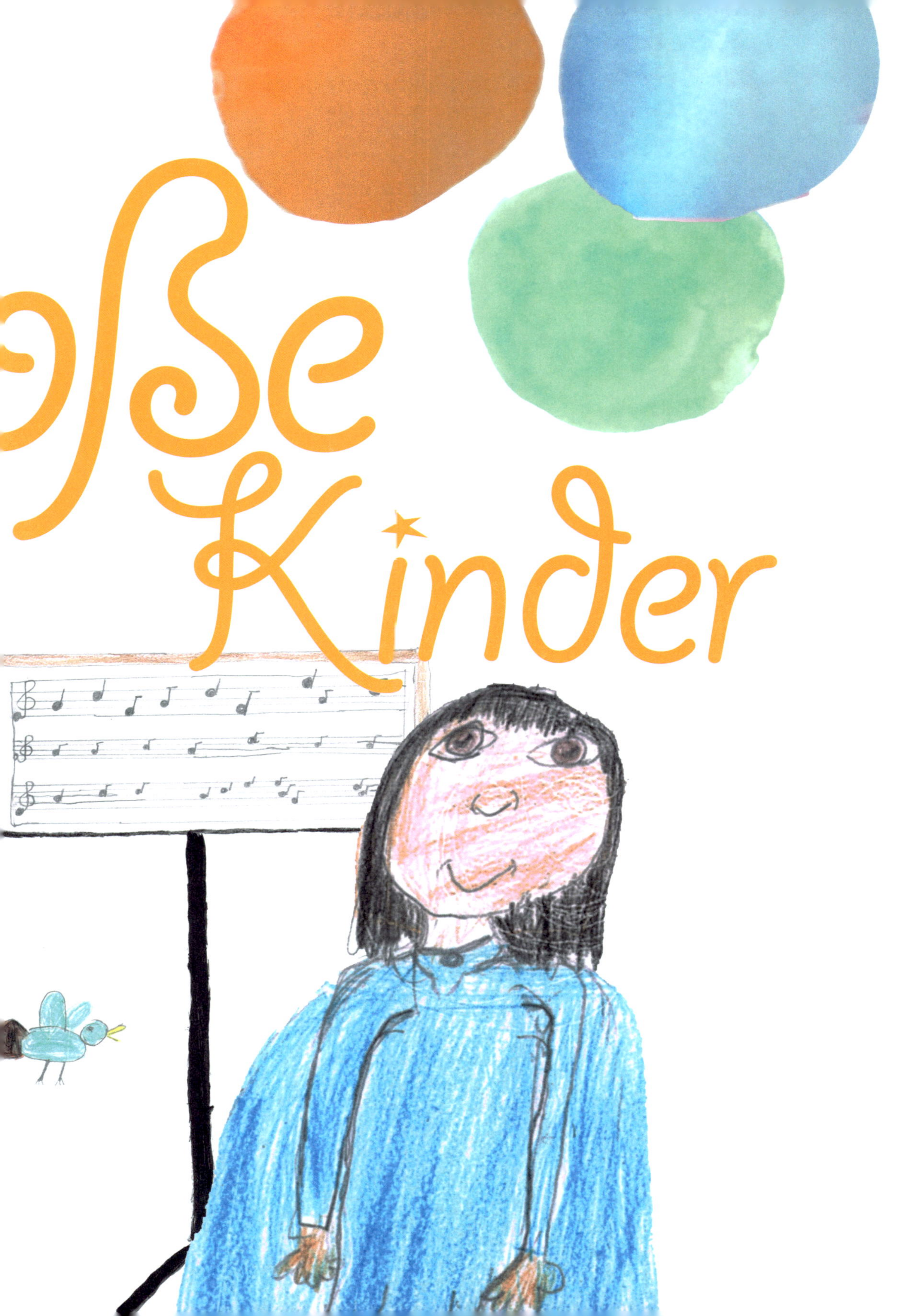
ße Kinder

Heute hier, morgen dort

C-Dur - Akkorde C F G Am

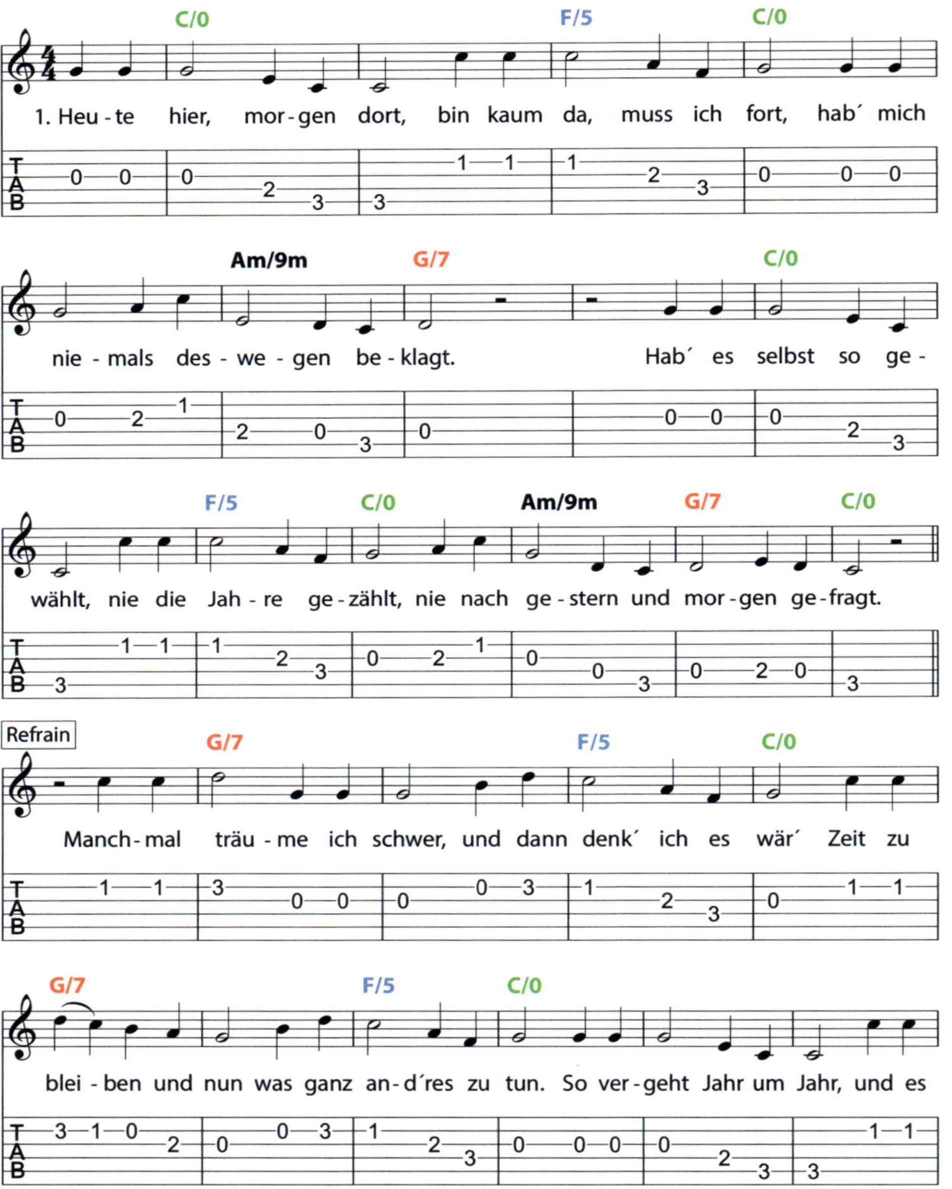

Melodie: Bolstadt, Gary
Text, 01: Wader, Hannes

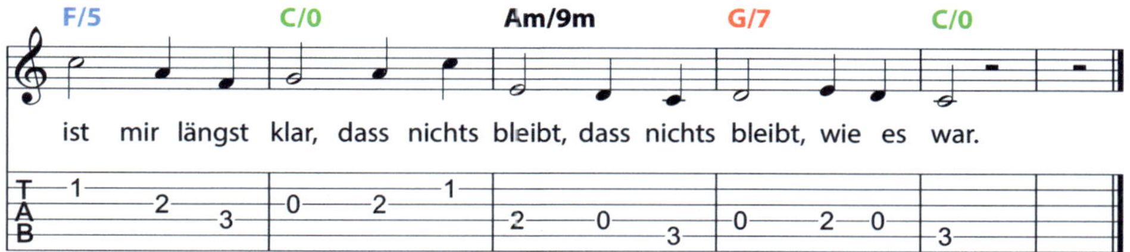

C/0 F/5 C/0
2. Dass man mich kaum vermißt, schon nach Tagen vergißt,
Am/9m G/7
wenn ich längst wieder anderswo bin.
C/0 F/5 C/0
Stört und kümmert mich nicht, vielleicht bleibt mein Gesicht
Am/9m G/7 C/0
doch dem ein´ oder and´ren im Sinn.

C/0 F/5 C/0
3. Fragt mich einer, warum ich so bin, bleib´ ich stumm,
Am/9m G/7
denn die Antwort darauf fällt mir schwer.
C/0 F/5 C/0
Denn was neu ist wird alt, und was gestern noch galt,
Am/9m G/7 C/0
stimmt schon heut´ oder morgen nicht mehr.

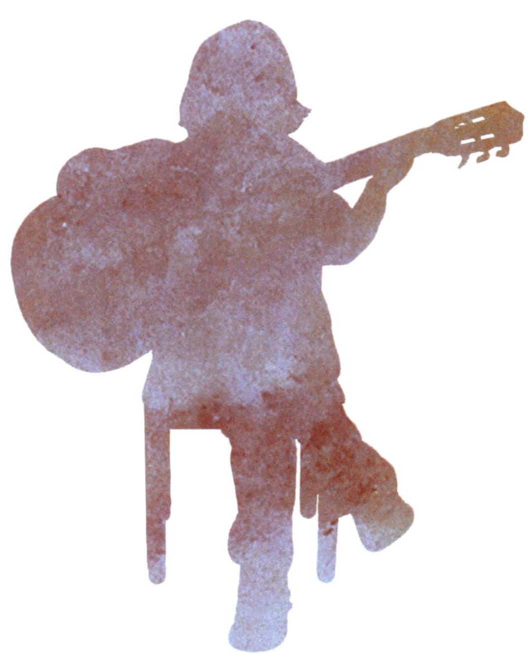

99 Luftballons

C-Dur - Akkorde CDmFG

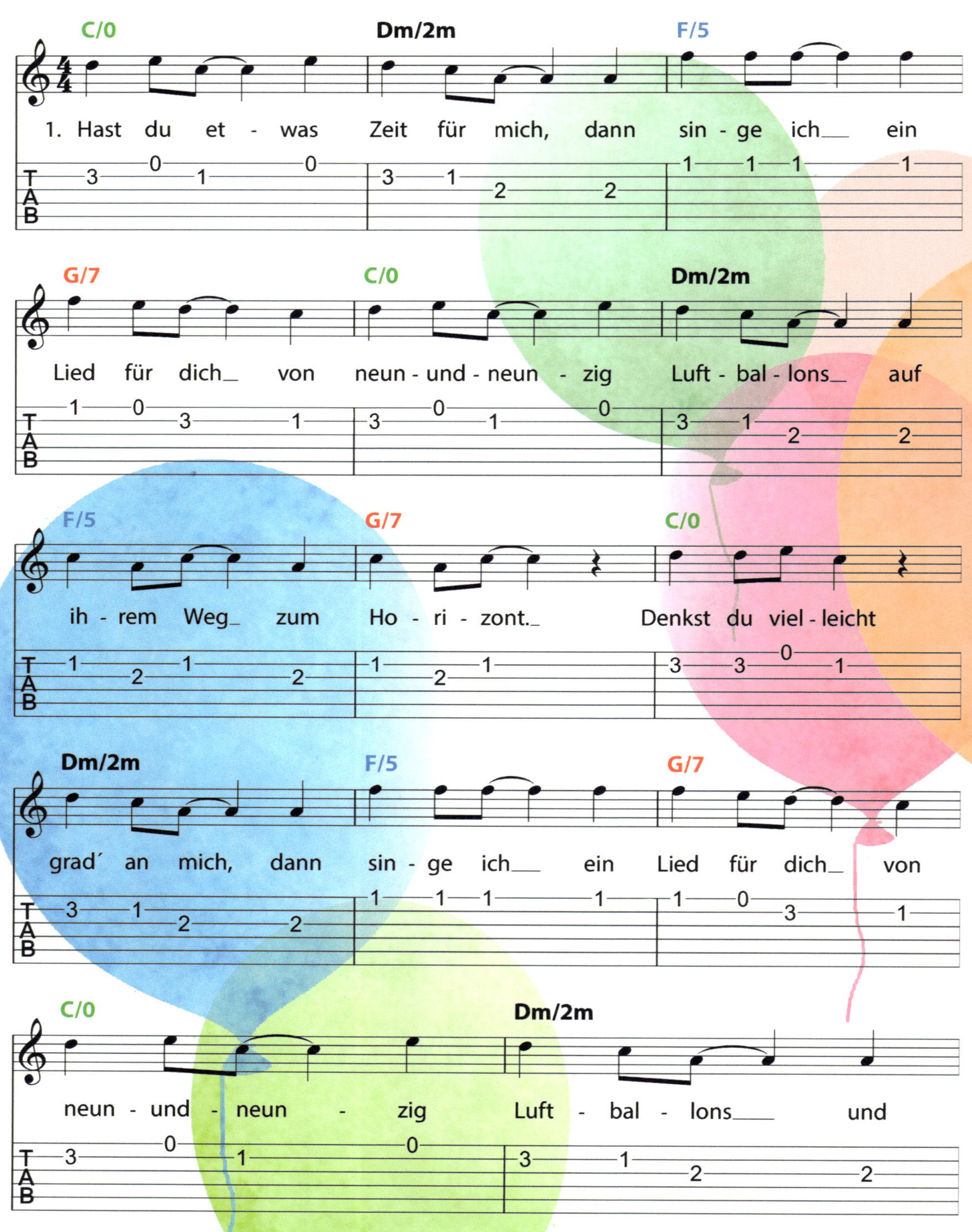

Melodie: Fahrenkrog-Petersen, Jörn-Uwe
Text: Karges, Carlo

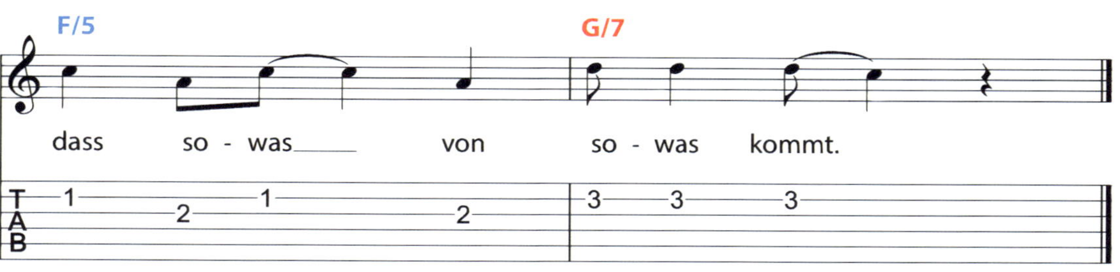

C/0 Dm/2m F/5 G/7
2. Neunundneunzig Luftballons auf ihrem Weg zum Horizont
C/0 Dm/2m F/5 G/7
hielt man für Ufo´s aus dem All. Darum schickte ein General
C/0 Dm/2m F/5 G/7
´ne Fliegerstaffel hinterher, Alarm zu geben, wenn´s so wär´,
C/0 Dm/2m F/5 G/7
dabei war´n da am Horizont nur neunundneunzig Luftballons.

C/0 Dm/2m F/5 G/7
3. Neunundneunzig Düsenflieger, jeder war ein grosser Krieger,
C/0 Dm/2m F/5 G/7
hielten sich für Captain Kirk, es gab ein großes Feuerwerk.
C/0 Dm/2m F/5 G/7
Die Nachbarn haben nichts gerafft und fühlten sich gleich angemacht.
C/0 Dm/2m F/5 G/7
Dabei schoss man am Horizont auf neunundneunzig Luftballons.

C/0 Dm/2m F/5 G/7
4. Neunundneunzig Kriegsminister, Streichholz und Benzinkanister
C/0 Dm/2m F/5 G/7
hielten sich für schlaue Leute, witterten schon fette Beute.
C/0 Dm/2m F/5 G/7
Riefen, Krieg und wollten Macht. Mann, wer hätte das gedacht,
C/0 Dm/2m F/5 G/7
dass es einmal soweit kommt wegen neunundneunzig Luftballons.

C/0 Dm/2m F/5 G/7
5. Neunundneunzig Jahre Krieg ließen keinen Platz für Sieger.
C/0 Dm/2m F/5 G/7
Kriegsminister gibt´s nicht mehr und auch keine Düsenflieger.
C/0 Dm/2m F/5 G/7
Heute zieh´ ich meine Runden, seh´ die Welt in Trümmern liegen.
C/0 Dm/2m F/5 G/7
Hab´ ´nen Luftballon gefunden, denk´ an dich und lass´ ihn fliegen.

Über den Wolken

G-Dur - Akkorde G Am C D

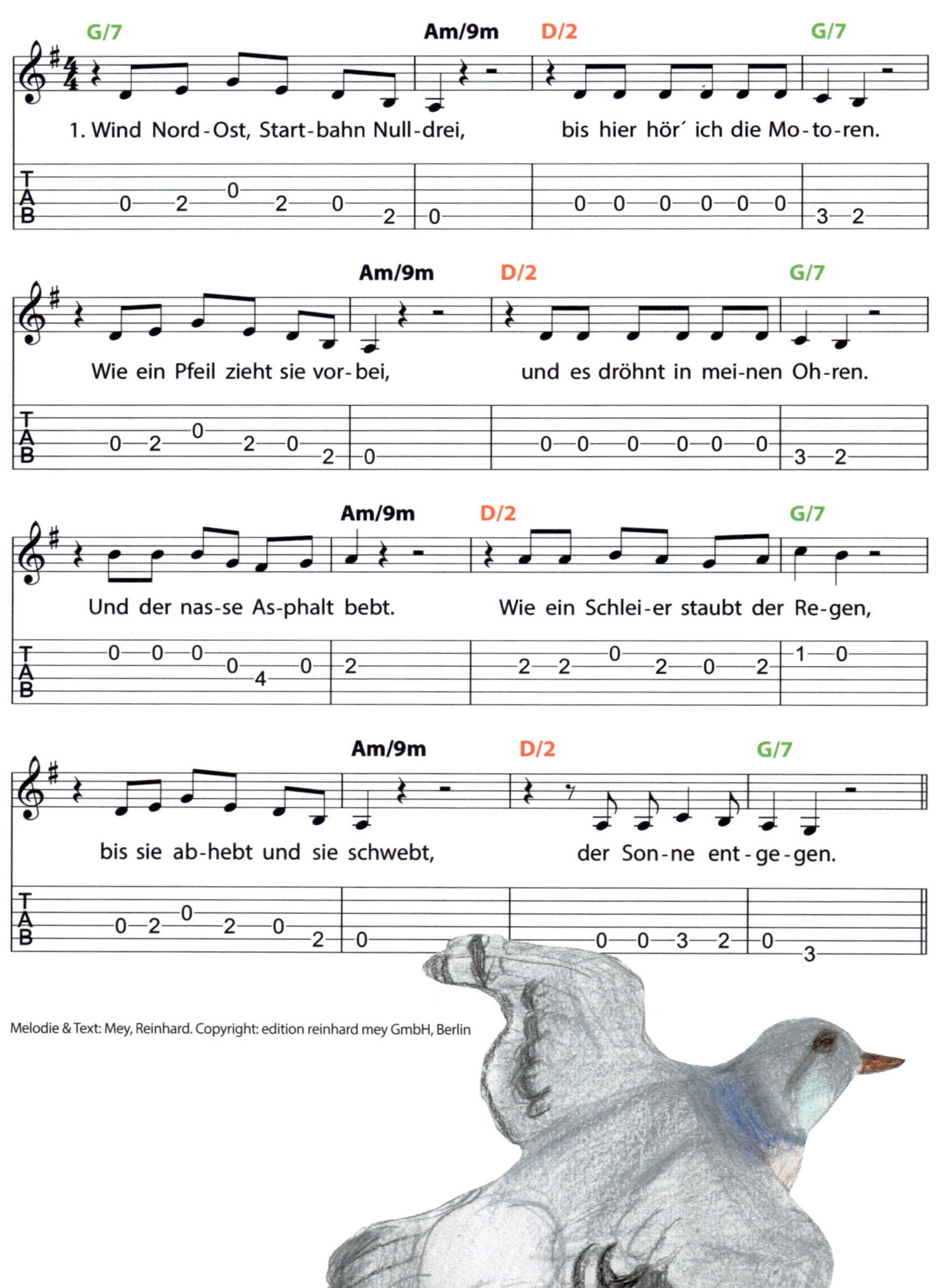

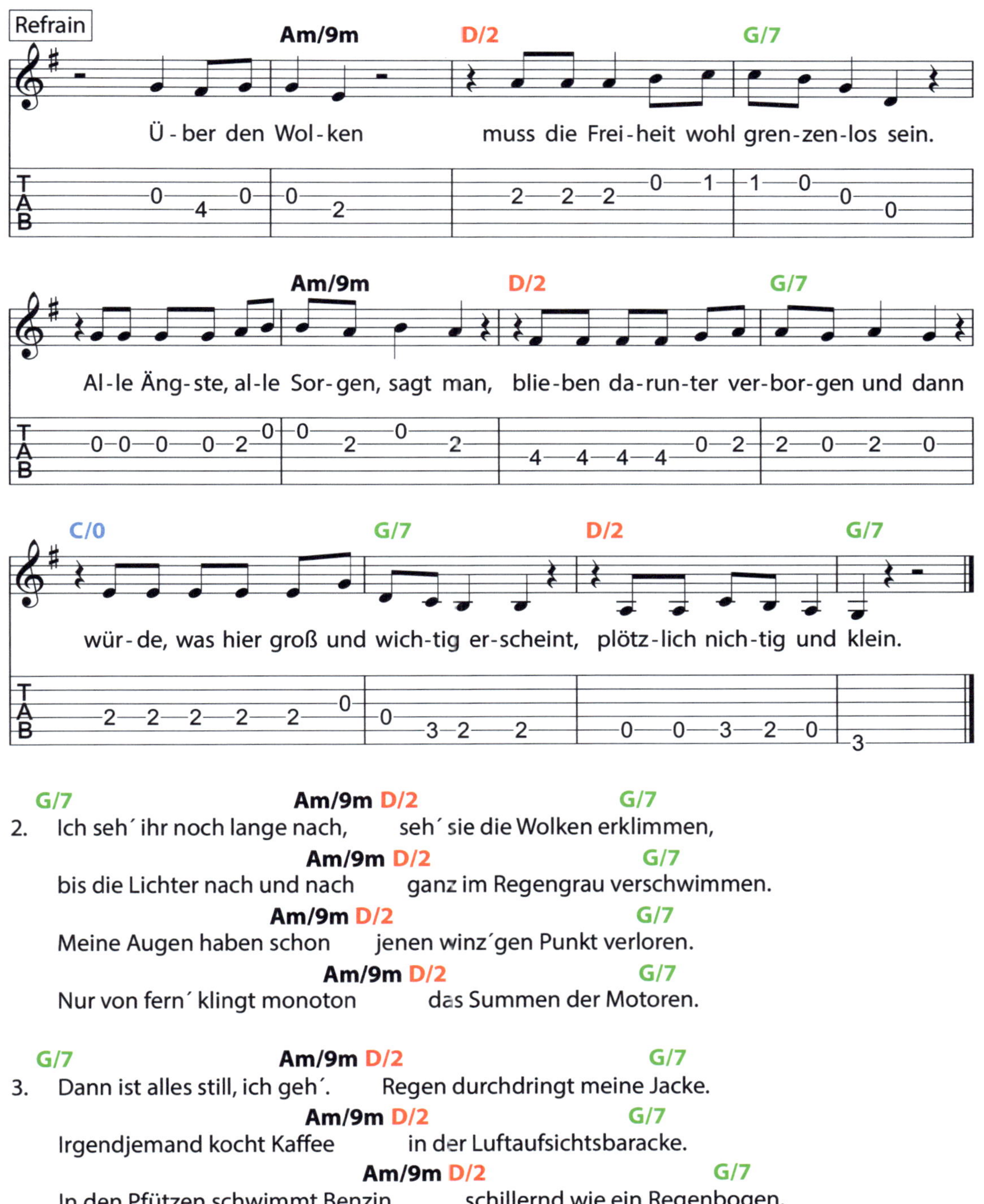

G/7 Am/9m D/2 G/7
2. Ich seh´ ihr noch lange nach, seh´ sie die Wolken erklimmen,
Am/9m D/2 G/7
bis die Lichter nach und nach ganz im Regengrau verschwimmen.
Am/9m D/2 G/7
Meine Augen haben schon jenen winz´gen Punkt verloren.
Am/9m D/2 G/7
Nur von fern´ klingt monoton das Summen der Motoren.

G/7 Am/9m D/2 G/7
3. Dann ist alles still, ich geh´. Regen durchdringt meine Jacke.
Am/9m D/2 G/7
Irgendjemand kocht Kaffee in der Luftaufsichtsbaracke.
Am/9m D/2 G/7
In den Pfützen schwimmt Benzin schillernd wie ein Regenbogen.
Am/9m D/2 G/7
Wolken spiegeln sich darin. Ich wär´ gern mitgeflogen.

Ein Kompliment

E-Moll - Akkorde **C D Em Am**

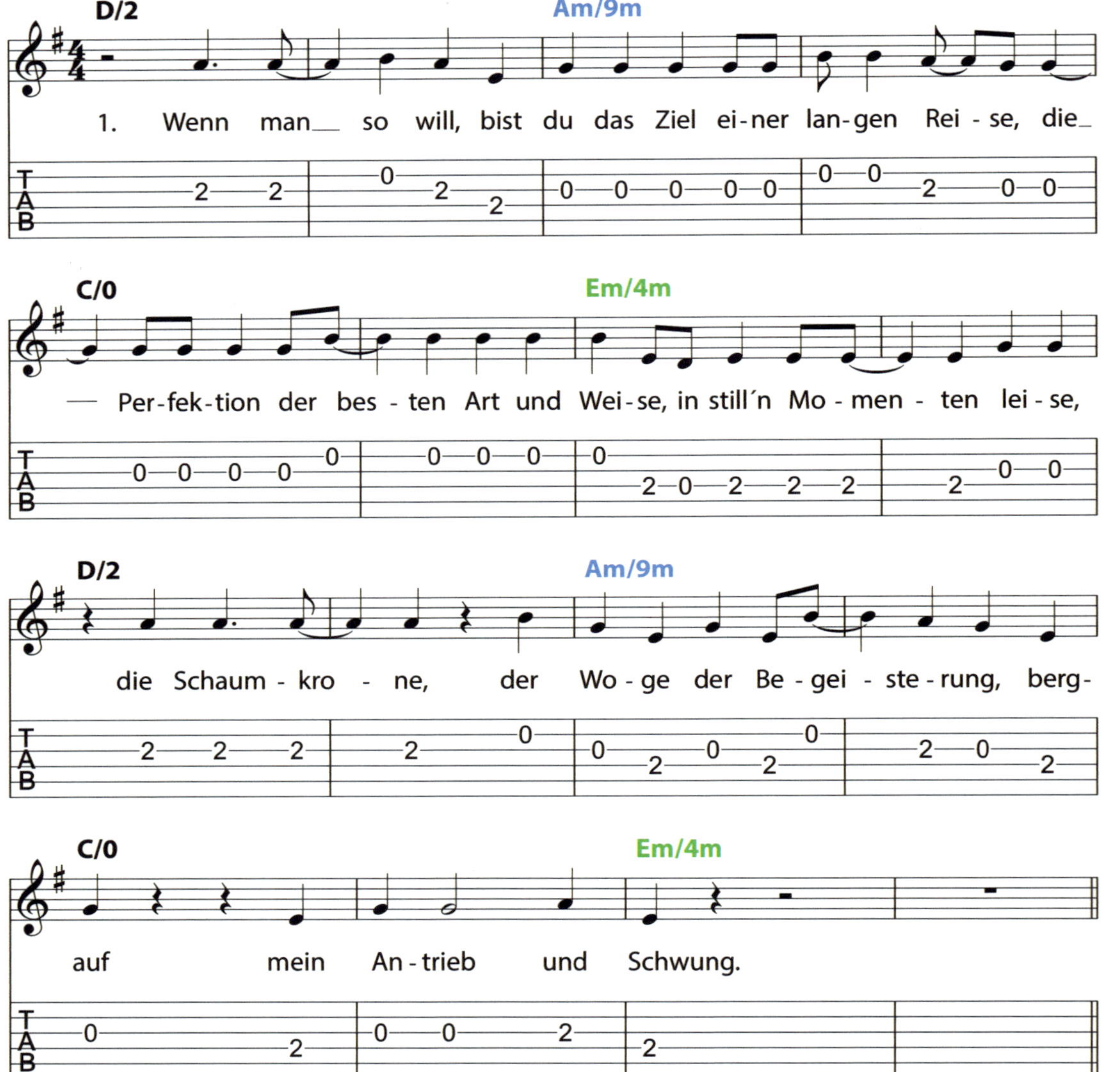

Melodie: Brugger, Peter Stephan/Linhof, Rüdiger/Weber, Florian
Text: Brugger, Peter Stephan

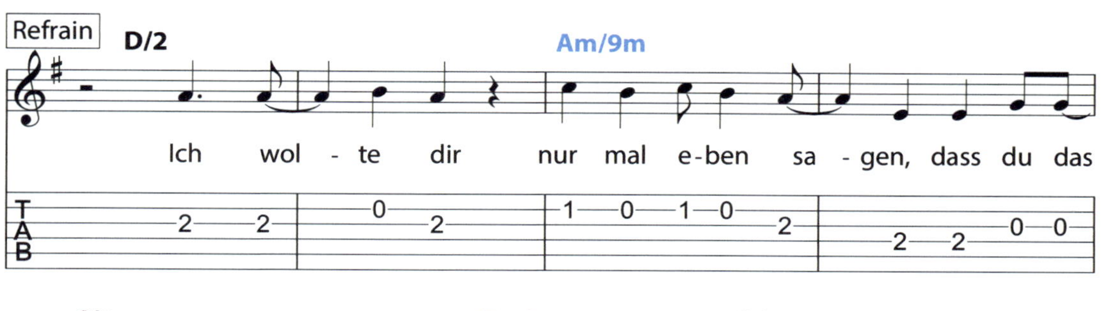

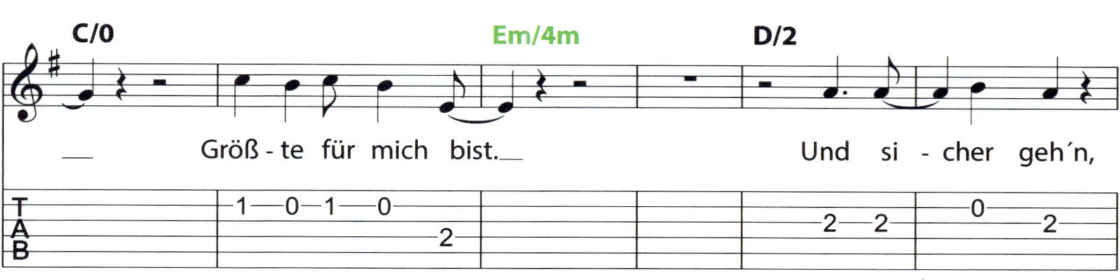

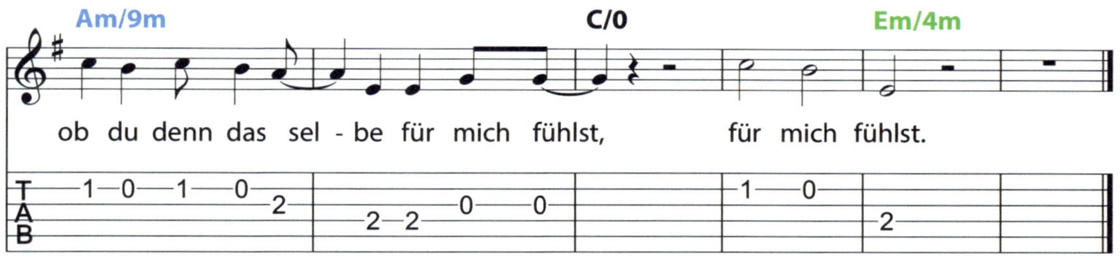

D/2 **Am/9m**
2. Wenn man so will, bist du meine Chill Out Area, meine
C/0 **Em/4m**
Feiertage in jedem Jahr, meine Süßwarenabteilung im Supermarkt.
D/2 **Am/9m**
Die Lösung, wenn mal was hakt, so wertvoll, dass man es sich gerne auf-
C/0 **Em/4m**
spart und so schön, dass man nie darauf verzichten mag.

Love Is All Around

A-Dur - Akkorde AHmDE

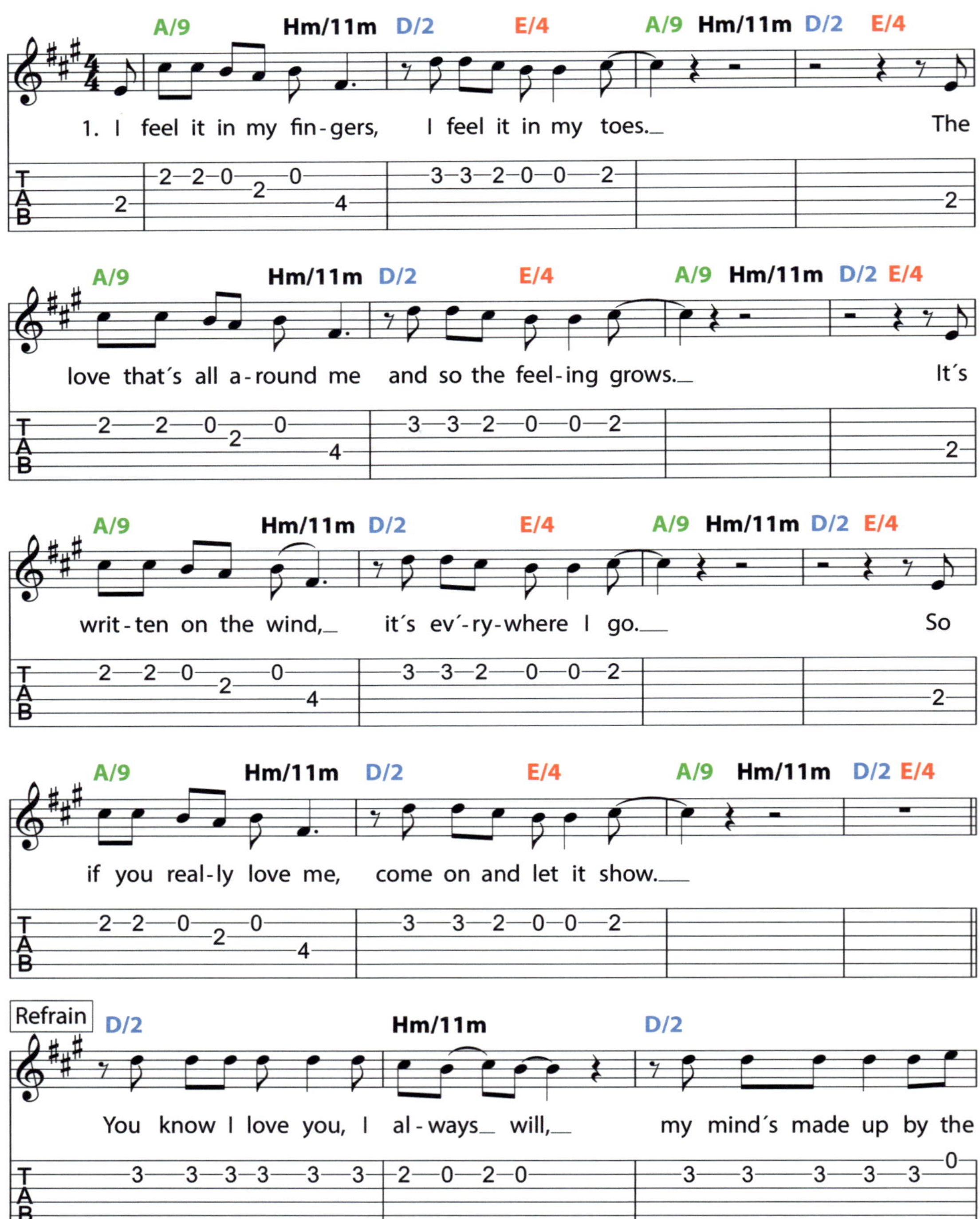

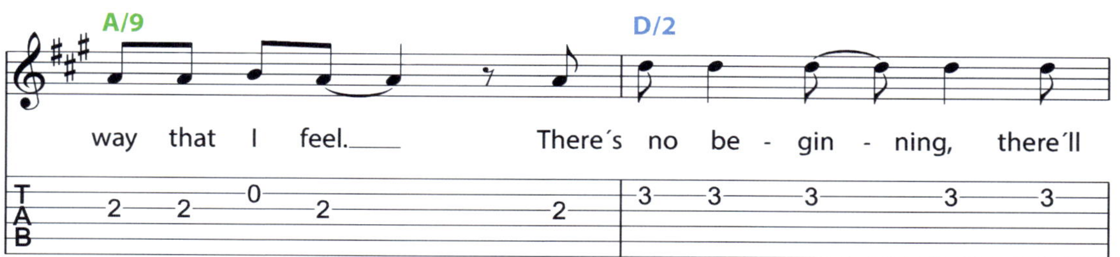
A/9
D/2
way that I feel.
There´s no be - gin - ning, there´ll
T
A
B
2 2 0 2 2
3 3 3 3 3

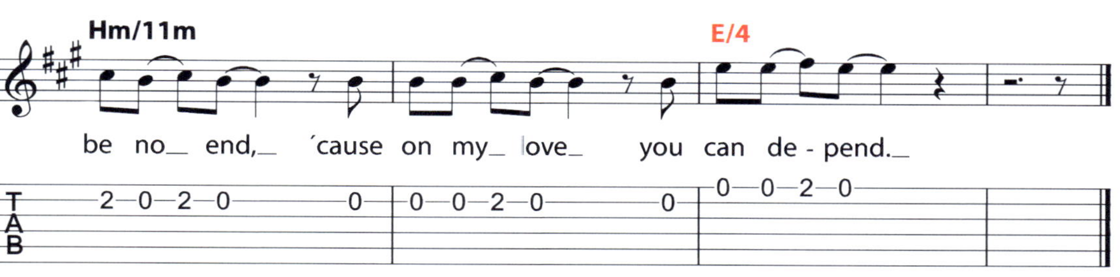
Hm/11m
E/4
be no end, ´cause on my love you can de - pend.
T
A
B
2 0 2 0 0
0 0 2 0 0
0 0 2 0

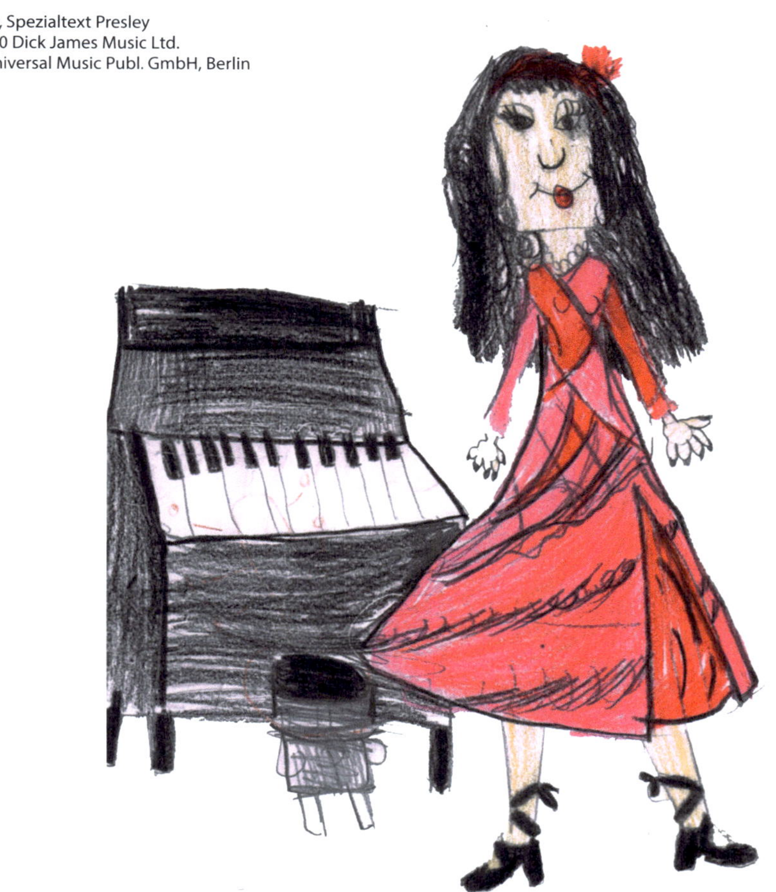

Lady In Black

A-Moll - Akkorde Am G

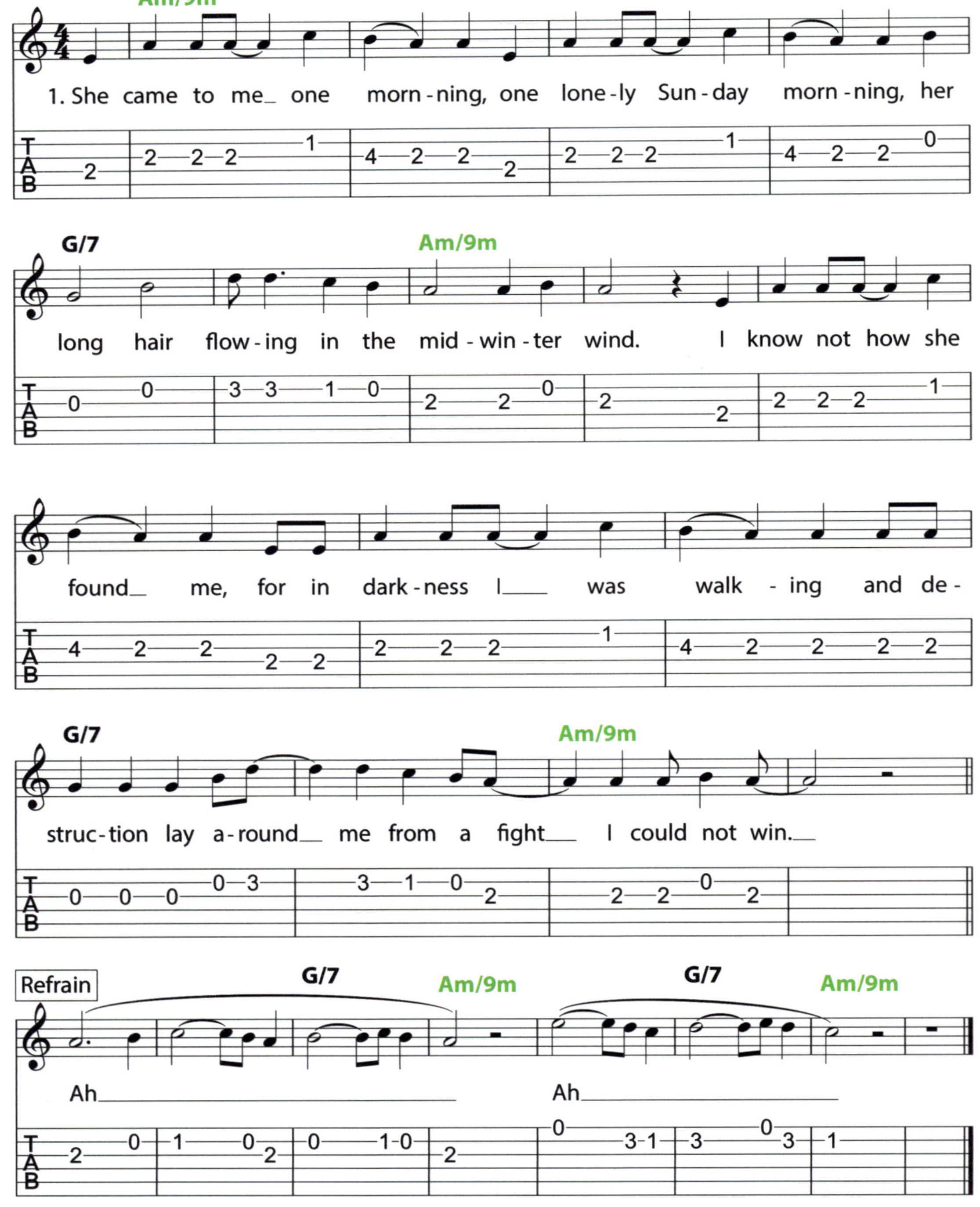

Am/9m
2. She asked me name my foe then. I said the need within some men
G/7 Am/9m
to fight and kill their brothers without thought of love or god.

And I begged her give me horses to trample down my enemies,
G/7 Am/9m
so eager was my passion to devour this waste of life.

3. But she would not think of battle that reduces men to animals,
G/7 Am/9m
so easy to begin and yet impossible to end.

For she the mother of all men had counseled me so wisely that
G/7 Am/9m
I feared to walk alone again and asked if she would stay.

4. "Oh lady lend your hand," I cried, "Oh let me rest here at your side."
G/7 Am/9m
"Have faith and trust in me," she said and filled my heart with life.

There is no strength in numbers. I've no such misconceptions.
G/7 Am/9m
But when you need me be assured I won't be far away.

5. Thus having spoke she turned away and though I found no words to say
G/7 Am/9m
I stood and watched until I saw her black cloak disappear.

My labor is no easier, but now I know I'm not alone.
G/7 Am/9m
I find new heart each time I think upon that windy day.

And if one day she comes to you drink deeply from her words so wise.
G/7 Am/9m
Take courage from her as your prize and say hello for me.

Melodie & Text: Hensley, Ken

Hallelujah

C-Dur - Akkorde **CEFGAm**

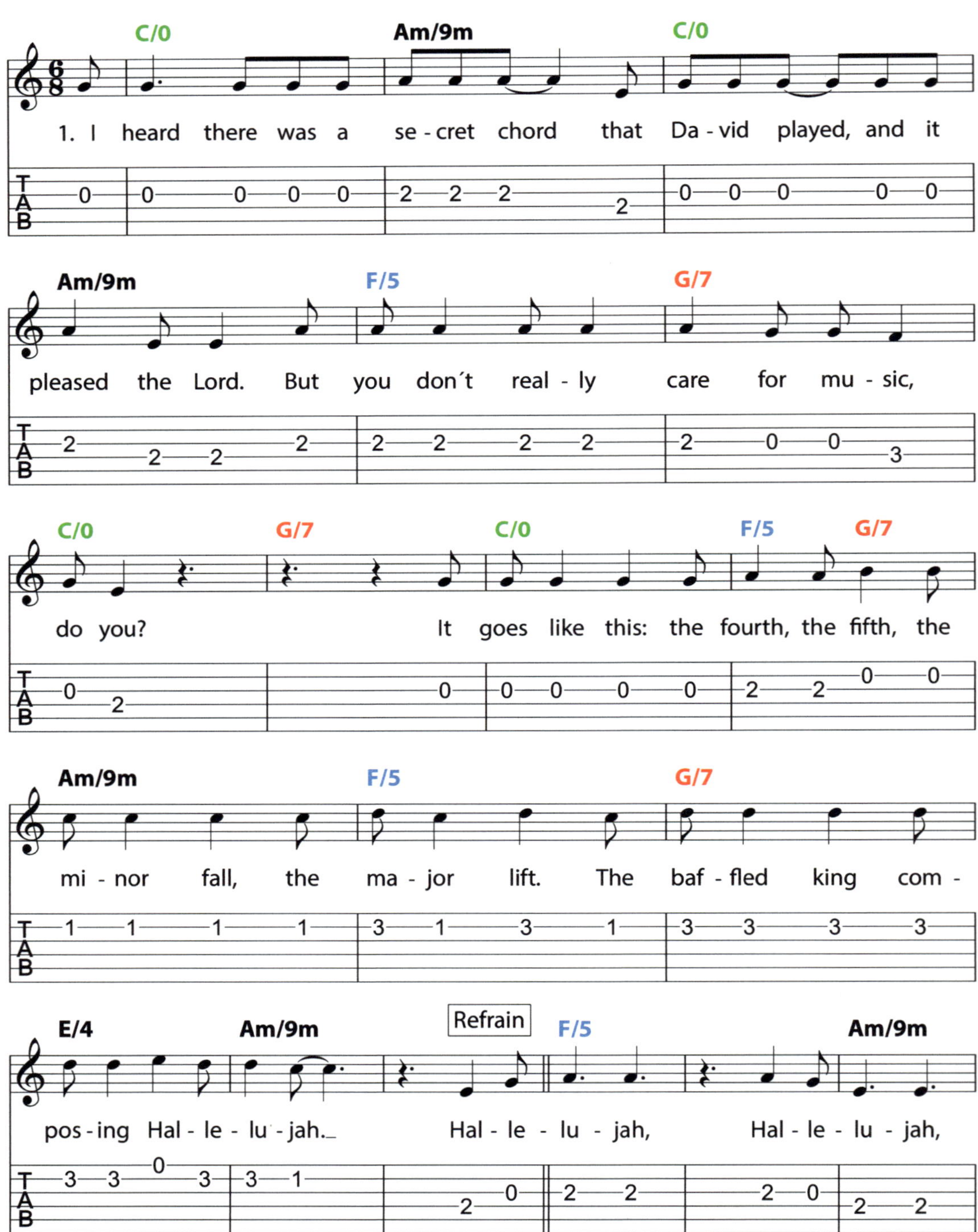

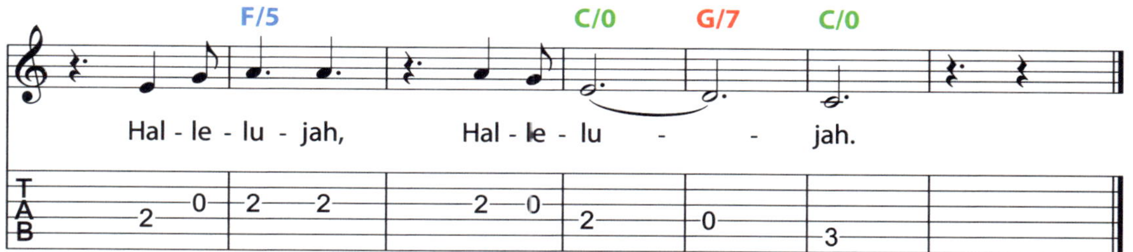

C/0 Am/9m C/0 Am/9m
2. Your faith was strong but you needed proof. You saw her bathing on the roof.
F/5 G/7 C/0 G/7 C/0 F/5 G/7
Her beauty and the moonlight overthrew you. She tied you to a kitchen chair,
Am/9m F/5 G/7 E/4 Am/9m
she broke your throne, and she cut your hair and from your lips she drew the Hallelujah.

C/0 Am/9m C/0 Am/9m
3. You say I took the name in vain. I dont even know the name.
F/5 G/7 C/0 G/7 C/0 F/5 G/7
But if I did, well really, what´s it to you? There´s a blaze of light in every word,
Am/9m F/5 G/7 E/4 Am/9m
It doesn´t matter which you heard, the holy or the broken Hallelujah.

C/0 Am/9m C/0 Am/9m
4. I did my best, but it wasn´t much, I couldn´t feel, so I tried to touch,
F/5 G/7 C/0 G/7 C/0 F/5 G/7
I´ve told the truth, I didn´t come to fool you. And even though it all went wrong
Am/9m F/5 G/7 E/4 Am/9m
I´ll stand before the Lord of song with nothing on my tongue but Hallelujah.

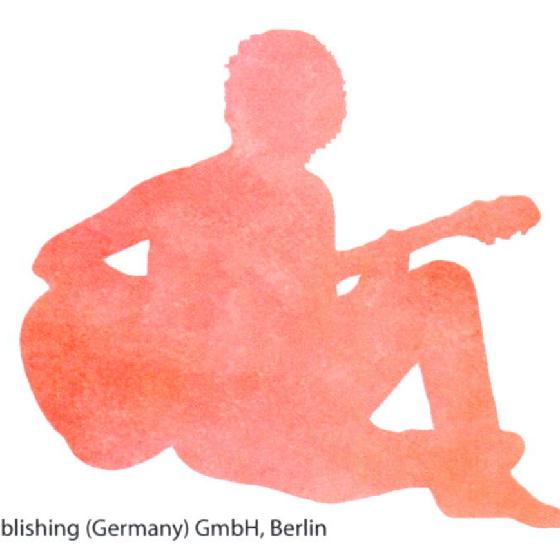

Country Roads

G-Dur - Akkorde **GCDEmF**

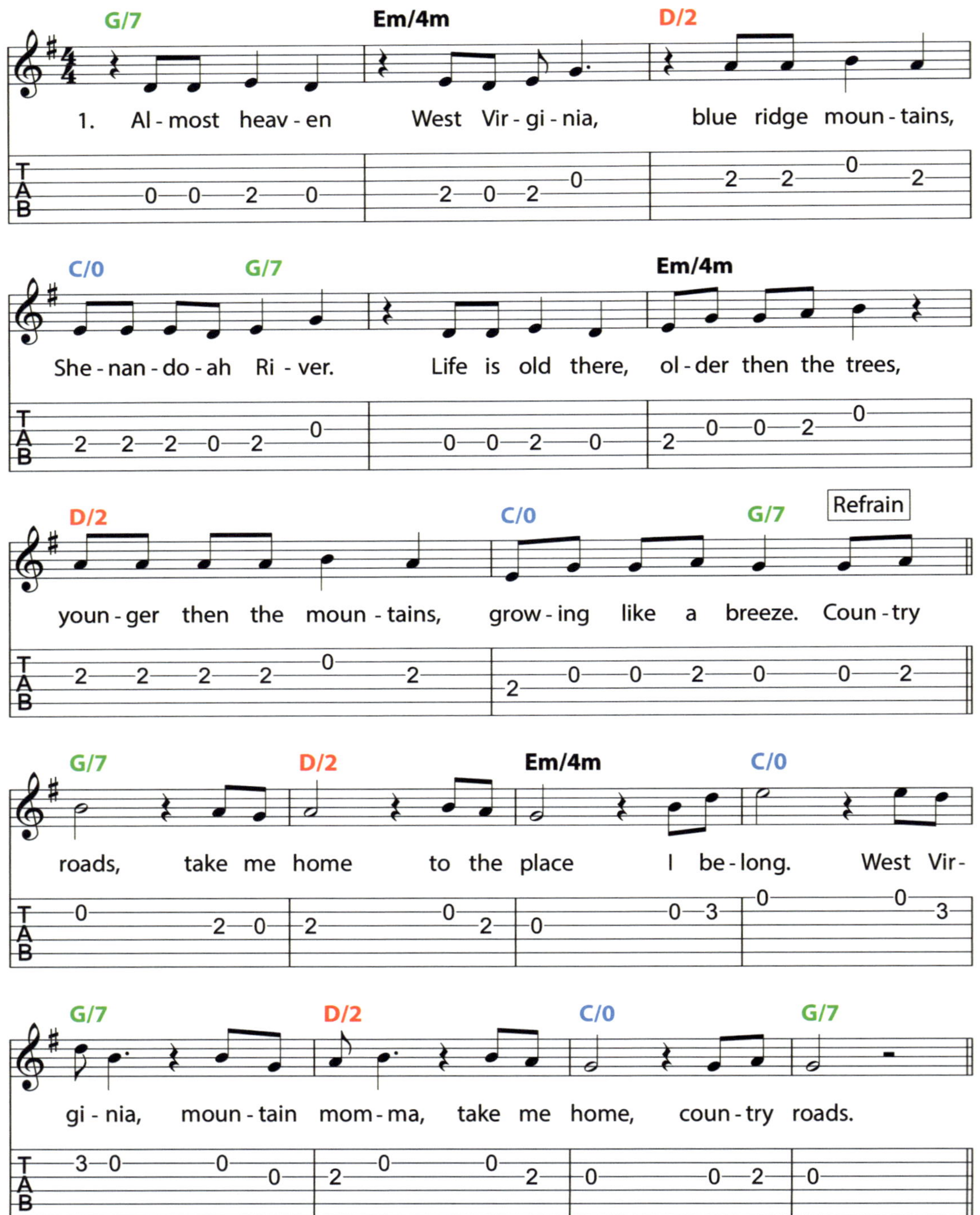

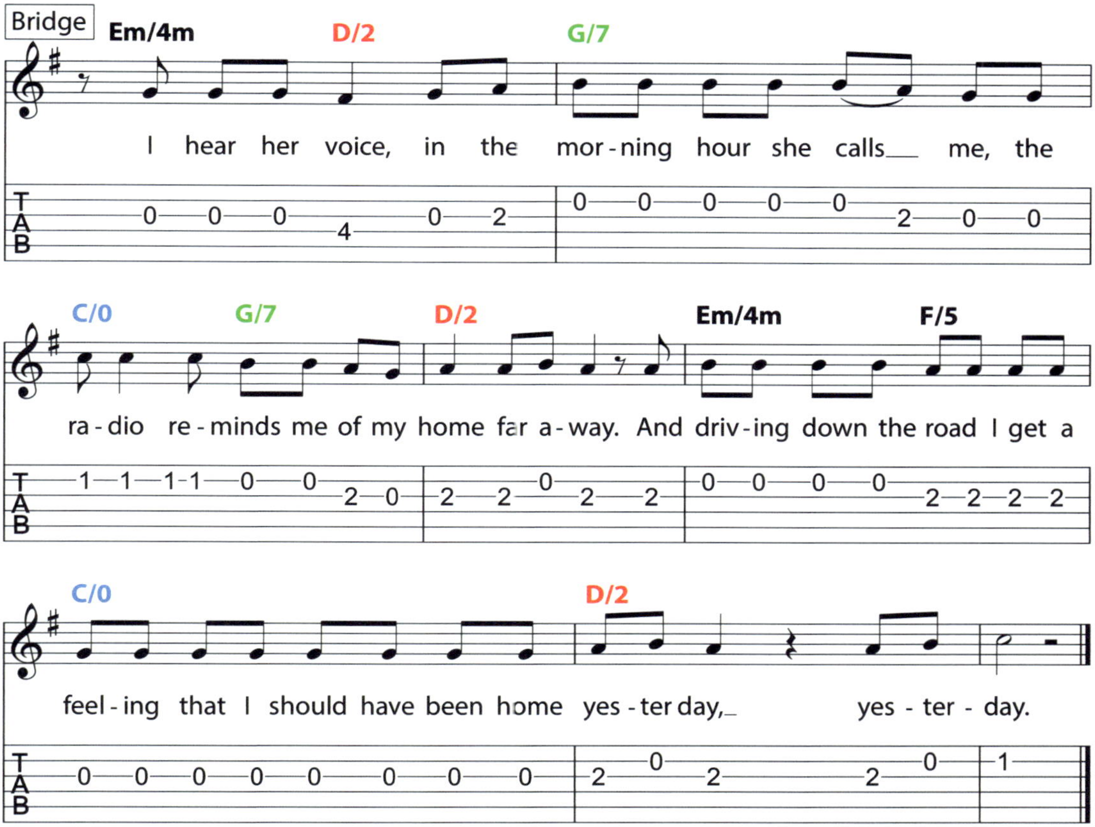

Bridge

Em/4m **D/2** **G/7**

I hear her voice, in the mor-ning hour she calls__ me, the

C/0 **G/7** **D/2** **Em/4m** **F/5**

ra-dio re-minds me of my home far a-way. And driv-ing down the road I get a

C/0 **D/2**

feel-ing that I should have been home yes-ter day,_ yes - ter - day.

G/7 **Em/4m** **D/2** **C/0** **G/7**

2. All my mem´ries gather ´round her, miner´s lady, stranger to blue water.

Em/4m **D/2** **C/0** **G/7**

Dark and dusty, painted on the sky, misty taste of moonshine, teardrop in my eyes.

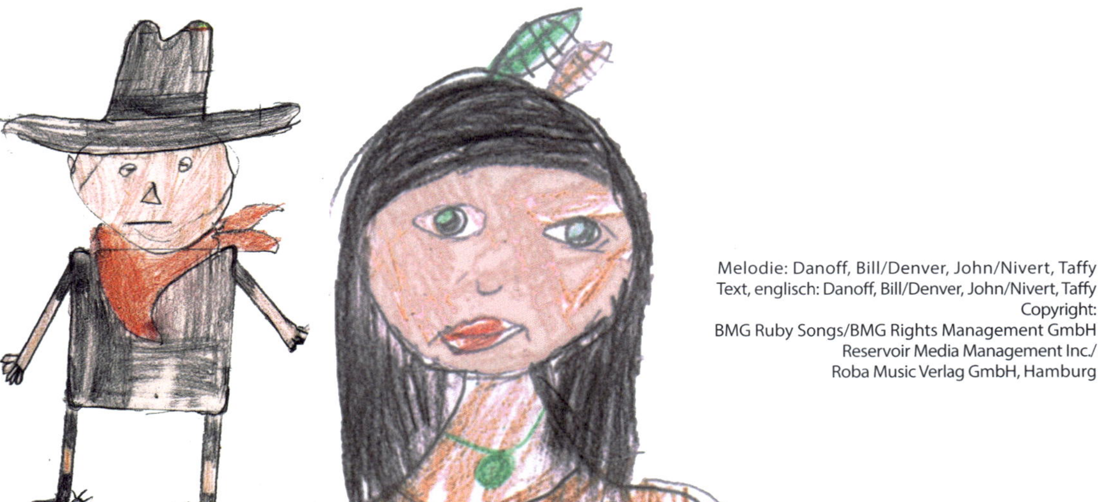

Melodie: Danoff, Bill/Denver, John/Nivert, Taffy
Text, englisch: Danoff, Bill/Denver, John/Nivert, Taffy

Stand By Me

A-Dur - Akkorde **A D E F#m**

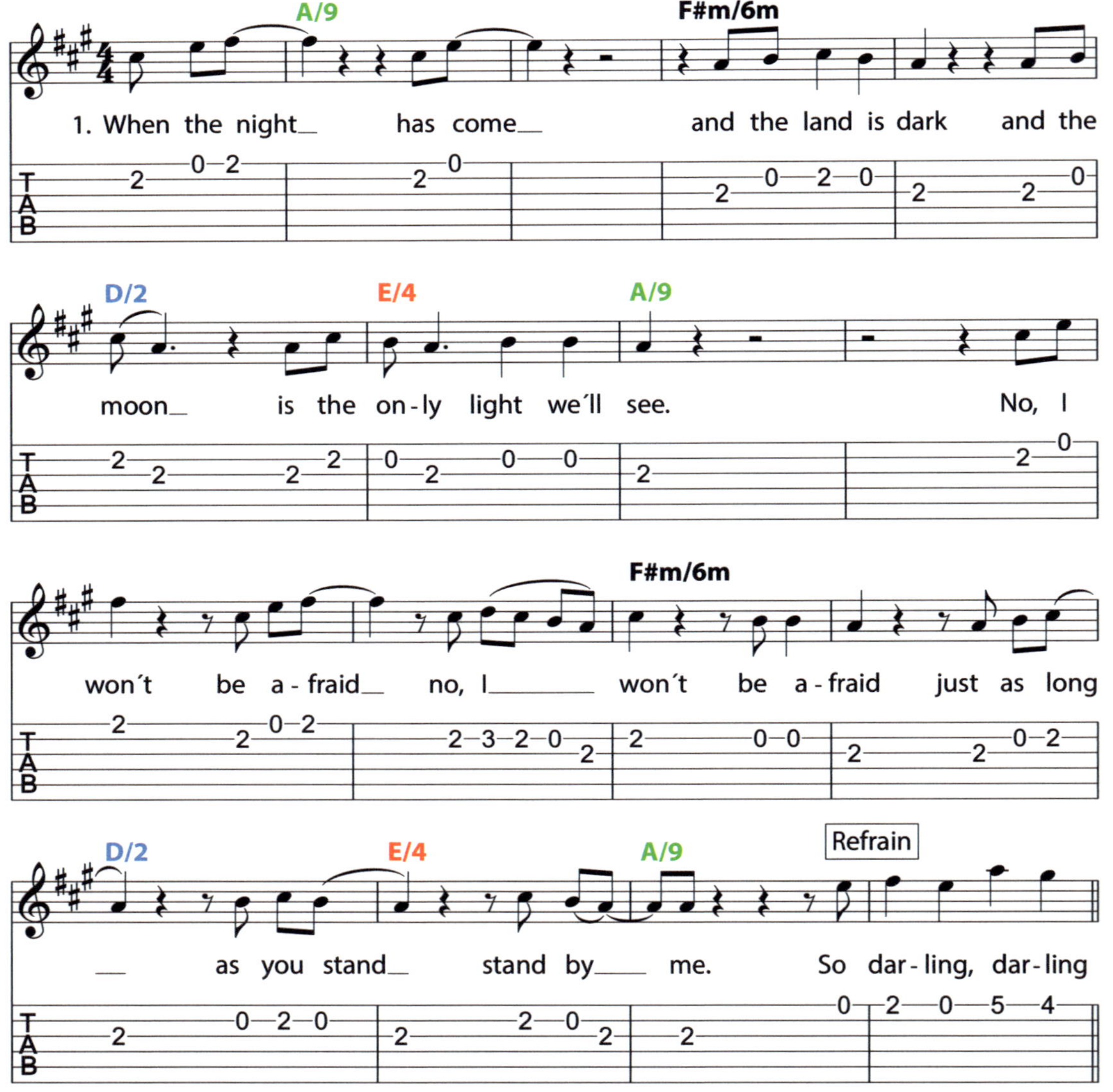

Melodie & Text: King, Ben E./Leiber, Jerry/Stoller, Mike

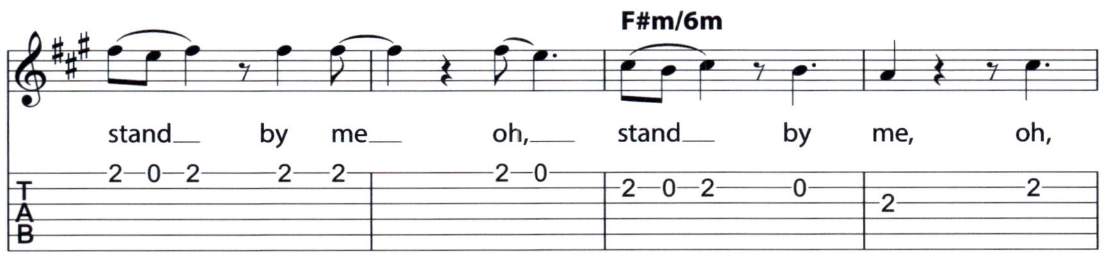

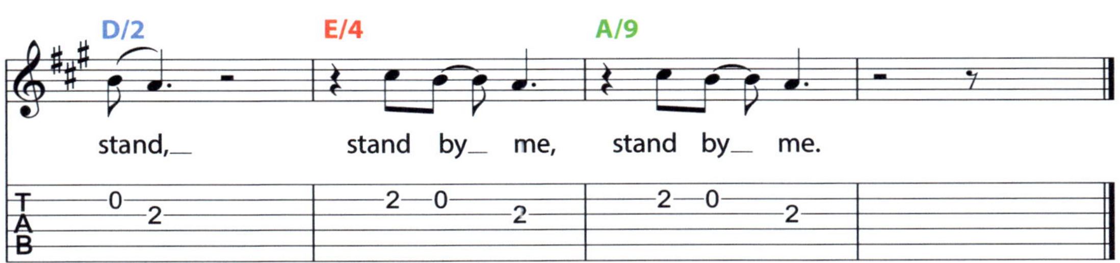

A/9 F#m/6m
2. If the sky that we look upon should tumble and fall
D/2 E/4 A/9
or the mountain should crumble to the sea.
A/9 F#m/6m
I won´t cry, I won´t cry, no, I won´t shed a tear
D/2 E/4 A/9
just as long as you stand, stand by me.

Knockin´ On Heaven´s Door

G-Dur - Akkorde **G Am C D**

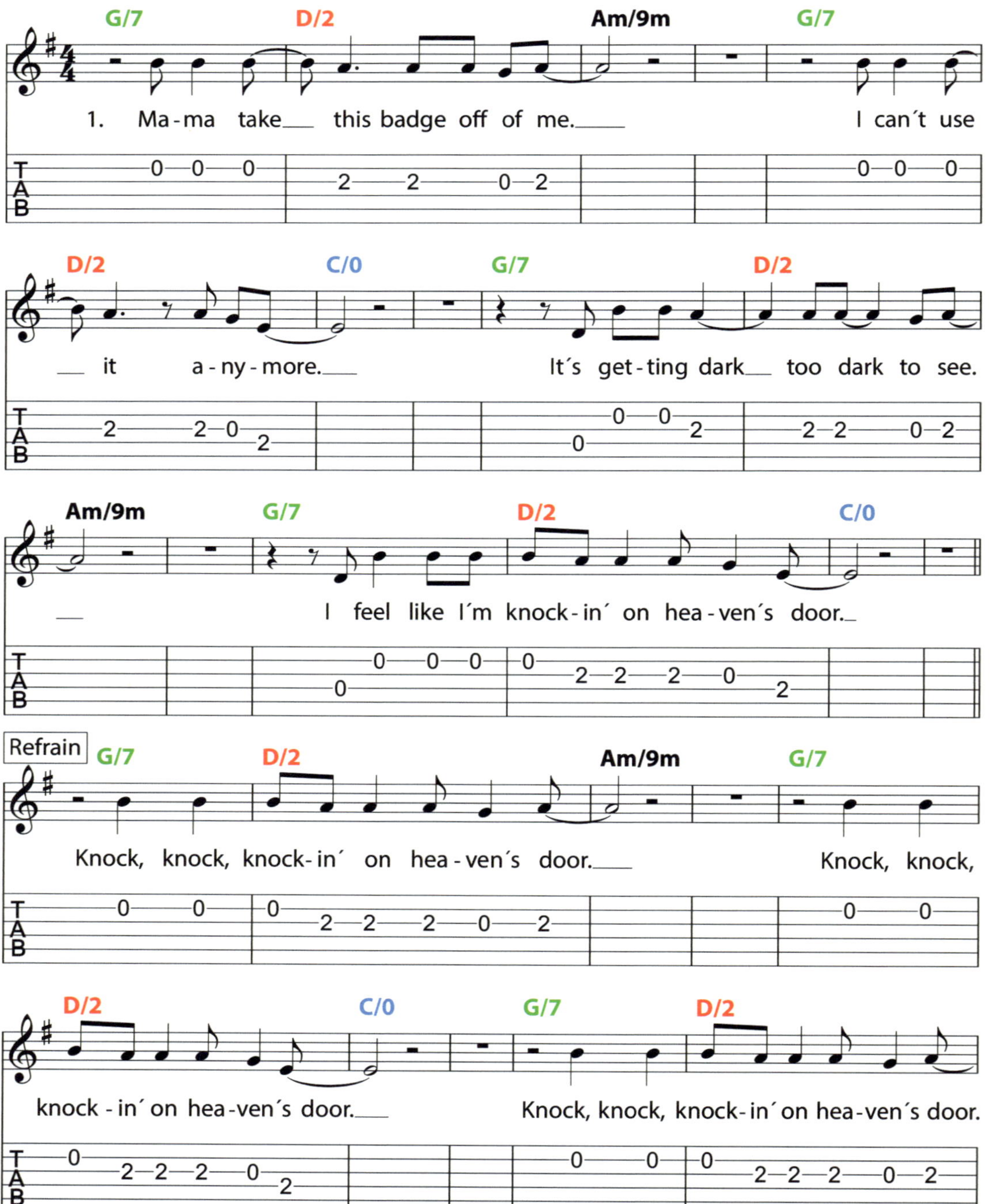

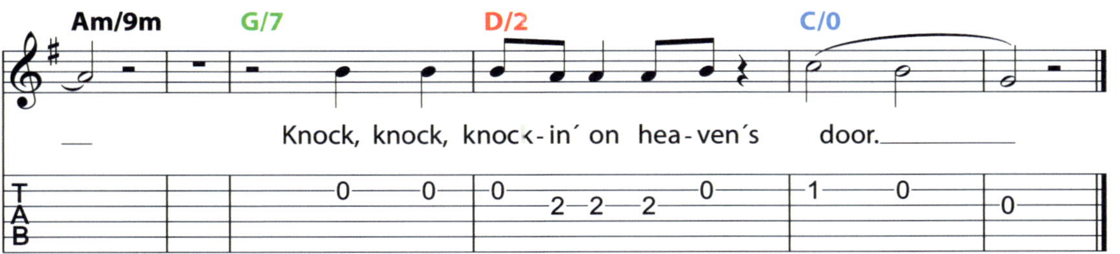

G/7 **D/2** **Am/9m**
2. Mama put that gun to the ground.
G/7 **D/2** **C/0**
I can´t shoot them anymore.
G/7 **D/2** **Am/9m**
There is a long black cloud coming on down.
G/7 **D/2** **C/0**
I feel like I´m knockin´ on heaven´s door.

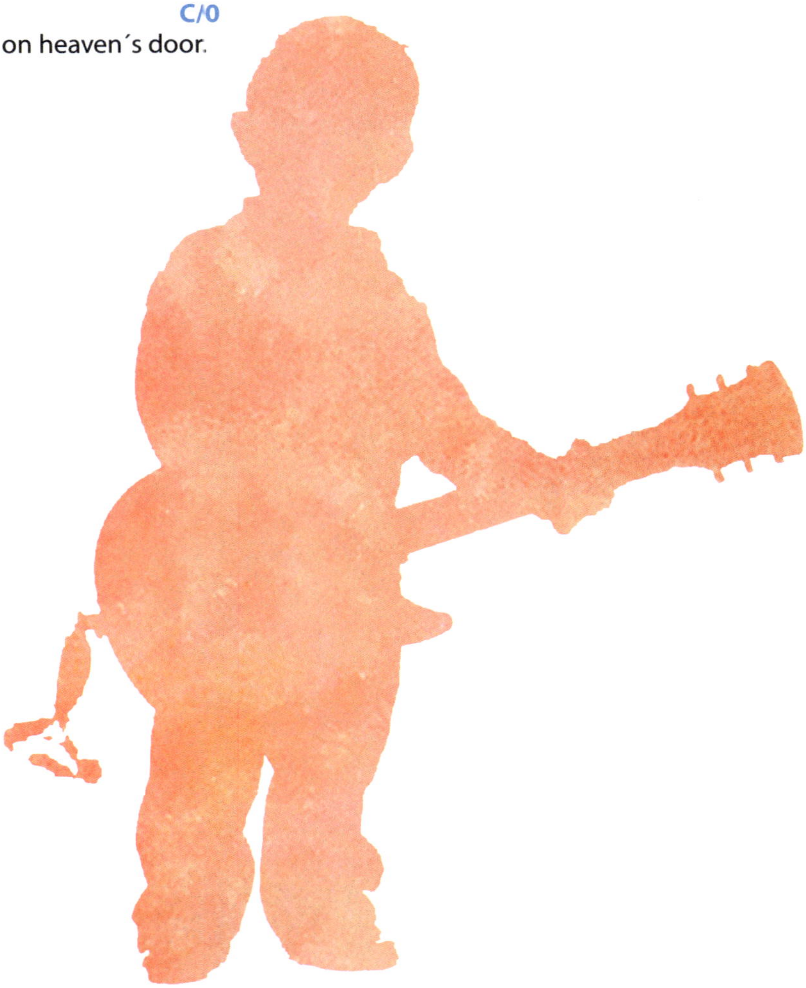

Wonderful Tonight

G-Dur - Akkorde **G C D Em**

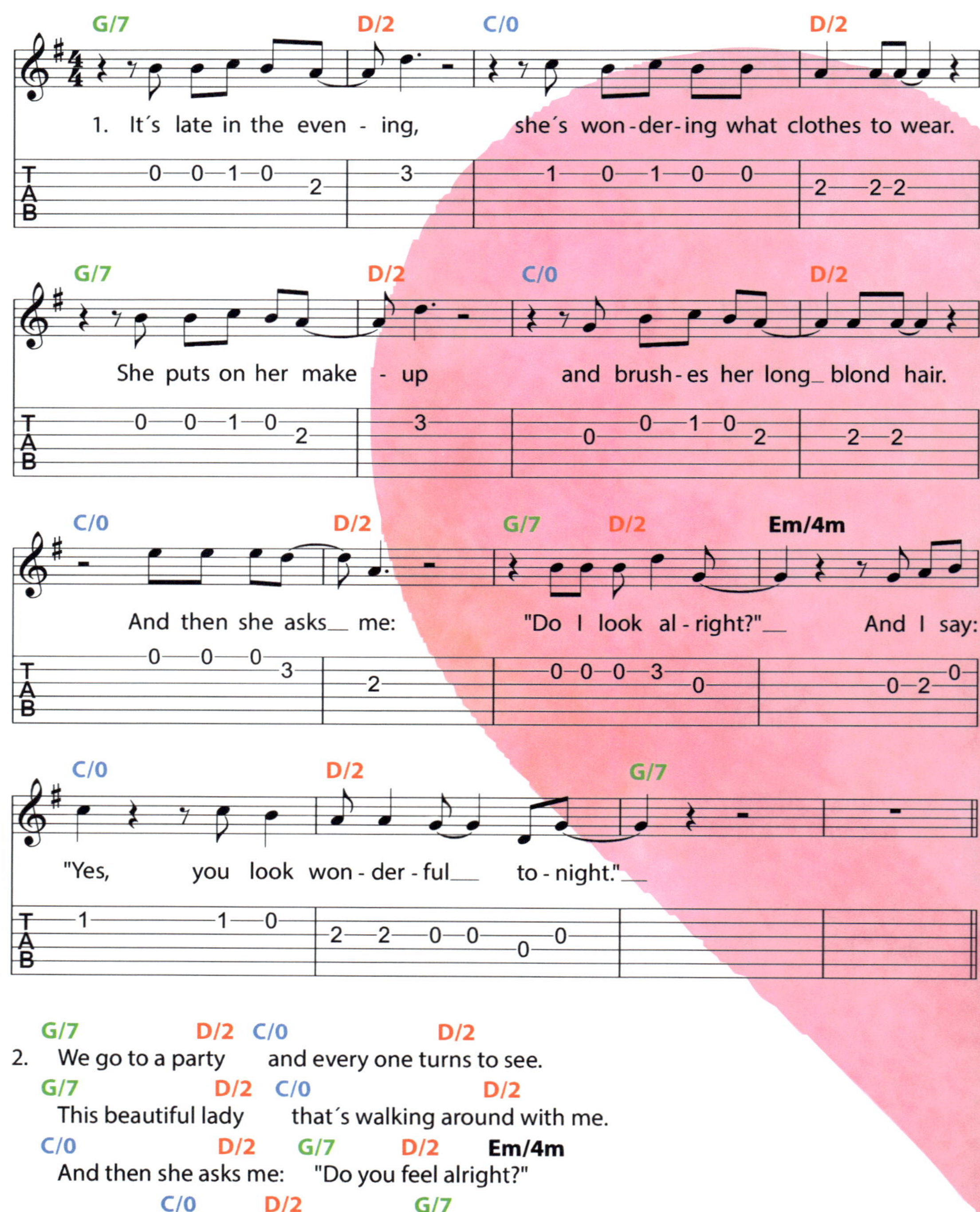

G/7 D/2 C/0 D/2
2. We go to a party and every one turns to see.
G/7 D/2 C/0 D/2
This beautiful lady that´s walking around with me.
C/0 D/2 G/7 D/2 **Em/4m**
And then she asks me: "Do you feel alright?"
C/0 D/2 G/7
And I say: "Yes, I feel wonderful tonight."

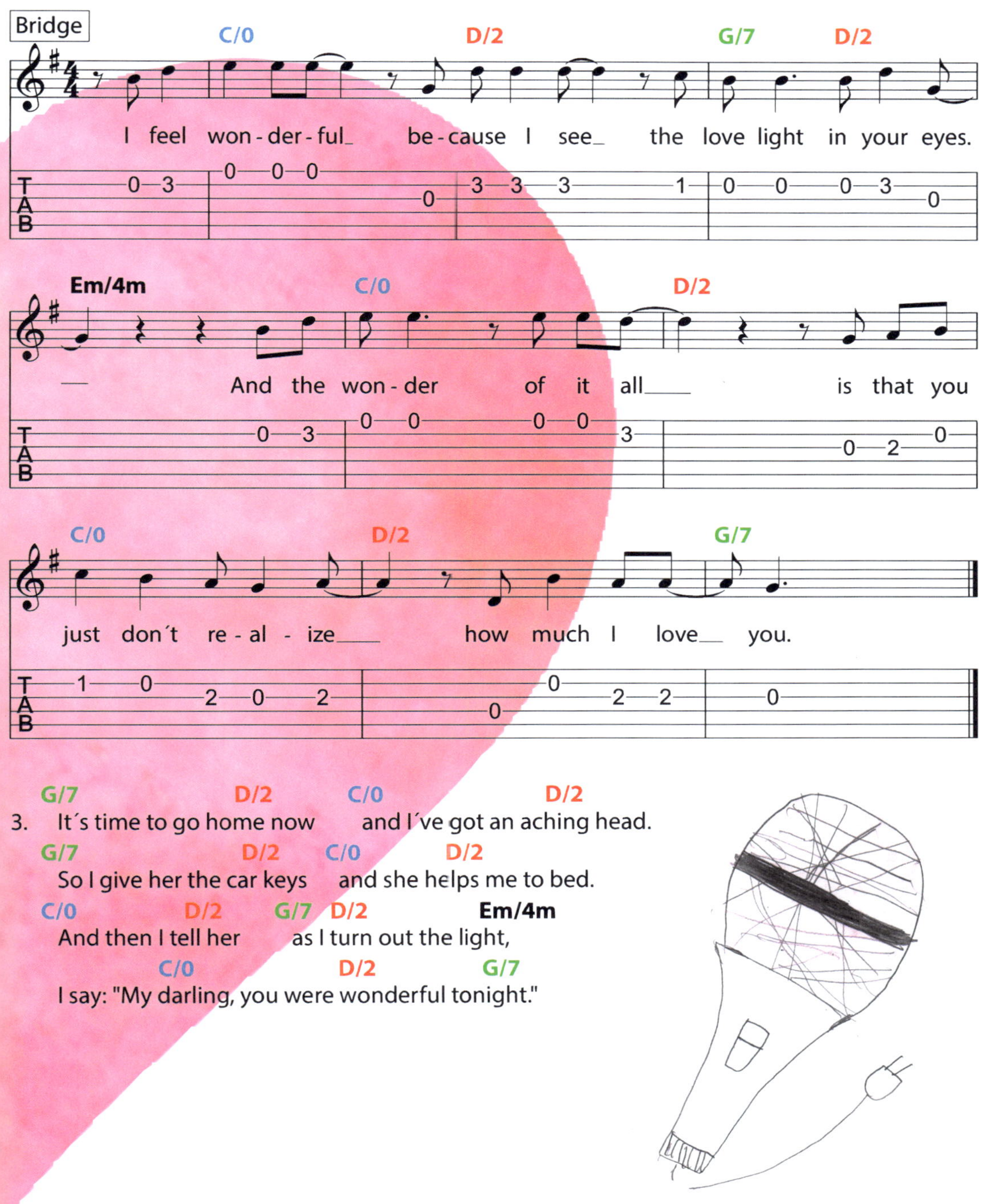

G/7 D/2 C/0 D/2
3. It´s time to go home now and I´ve got an aching head.
G/7 D/2 C/0 D/2
So I give her the car keys and she helps me to bed.
C/0 D/2 G/7 D/2 Em/4m
And then I tell her as I turn out the light,
C/0 D/2 G/7
I say: "My darling, you were wonderful tonight."

Notizen

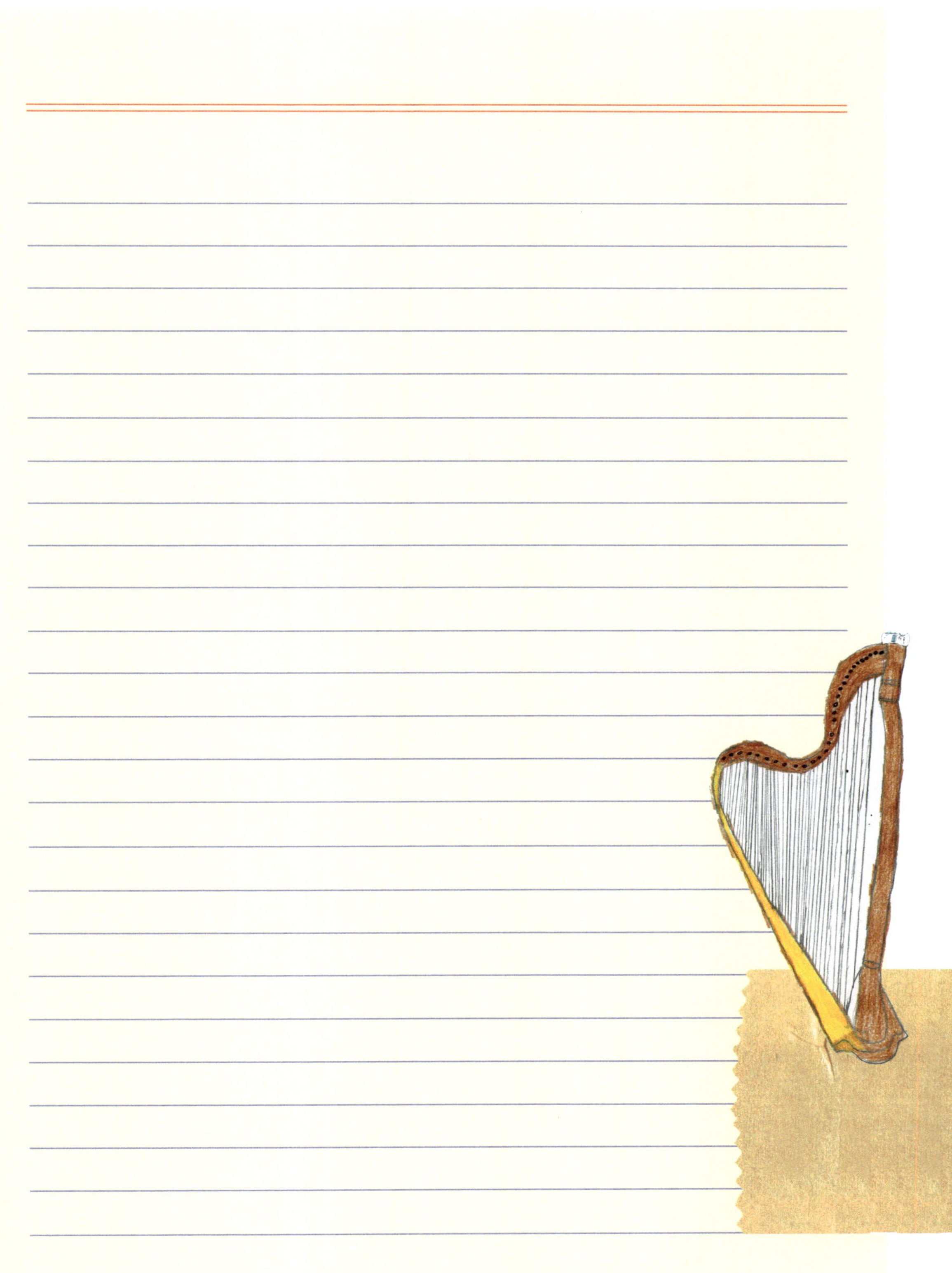

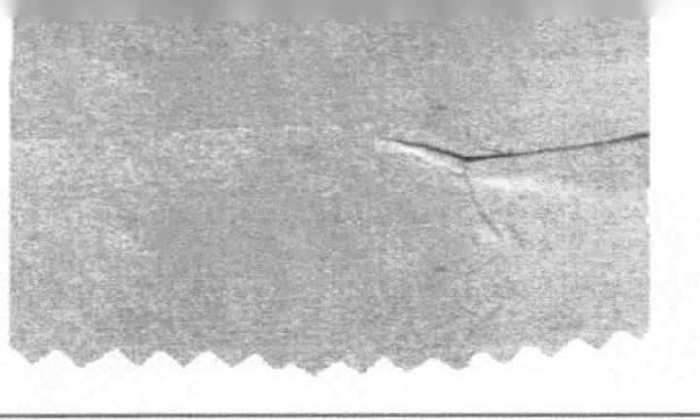